SECRETS DE COMMENTATEURS SPORTIFS

Dans la même collection :
Riolo, Daniel et Paillet, Christophe, *Secrets de coachs*
Chaumier, Denis, *Secrets de présidents*
Carrey, Pierre et Endrizzi, Luca (dir.), *Secrets de maillots jaunes*

Collection dirigée par Bertrand Pirel
Ouvrage dirigé par Donovan Villemonteil

Couverture et mise en pages : Christophe Petit

34-36, rue La Pérouse
75116 Paris

Crédits photos : Anne-Sophie Bernadi (Mons Frédéric/Presse Sports) ; Smaïl Bouabdellah (Porcu Frédéric/Presse Sports) ; Alexandre Boyon (Prevost Jérôme/Presse Sports) ; Julien Brun (Philippe Lecoeur/FEP/Icon Sport) ; Lionel Chamoulaud (Martin Richard/Presse Sports) ; Chips et Noi (Garnier Étienne/Presse Sports) ; David Cozette (Porcu Frédéric/Presse Sports) ; Benjamin Da Silva (Agence Panoramic) ; George Eddy (Porcu Frédéric/Presse Sports) ; Julien Fébreau (Sandra Ruhaut/Icon Sport) ; Stéphane Guy (Hugo Pfeiffer/Icon Sport) ; Jean-Michel Larqué (De Martignac/Presse Sports) ; Matthieu Lartot (Seguin Franck/Presse Sports) ; Jean-Louis Moncet (Mantey Stéphane/Presse Sports) ; Patrick Montel (Papon/Presse Sports) ; Alexandre Pasteur (Bade Bruno/Presse Sports) ; Jean Rességuié (Johnny Fidelin/Icon Sport) ; Didier Roustan (Amandine Noel/Icon Sport) ; Thomas Ferro Villechaize (Luttiau Nicolas/Presse Sports)

ISBN : 9782755667349
Dépôt légal : mai 2023
Imprimé en France par Corlet
N° d'imprimeur : 23040189 - avril 2023

CHARLES THIALLIER & JÉRÉMY SAHAKIAN

SECRETS DE COMMENTATEURS SPORTIFS

Hugo Sport

SOMMAIRE

AVANT-PROPOS

Le métier de commentateur sportif a cela de fascinant qu'il réveille des souvenirs enfouis au plus profond de nous. Les Français se souviennent tous de l'envolée de Thierry Roland, le 12 juillet 1998 alors que l'équipe de France venait de remporter sa première Coupe du monde : « Après avoir vu ça, on peut mourir tranquille ! Le plus tard possible, mais on peut. » La génération 1990, dont nous faisons partie, a vu son adolescence bercée par la voix grave et enivrante de son successeur sur TF1, le regretté Thierry Gilardi. Nous la retrouvions avec une certaine impatience, deux fois par mois en milieu de semaine, pour nous conter les grandes soirées européennes de football. Thierry Gilardi, lui aussi, a marqué les esprits des Français un 9 juillet 2006 à l'occasion d'une finale de Coupe du monde épique. La France et l'Italie sont à égalité (1-1) lorsque l'icône nationale, Zinédine Zidane assène un violent coup de tête au défenseur italien Marco Materazzi. Carton rouge ! Une fraction de seconde plus tard, alors qu'il découvre l'image en même temps que vingt-deux millions de français, il parvient à trouver les mots justes : « Pas ça Zinédine, pas maintenant... Pas après tout ce que tu as fait ! »

Les années ont passé, la diffusion du sport à la télé s'est démocratisée et le commentateur continue d'émerveiller ou de susciter la controverse. Pour s'en convaincre, il suffit de se rendre sur le réseau social Twitter les jours de grands événements sportifs. Le nom du commentateur est quasi systématiquement affiché en tendance de l'agora du XXIe siècle. Il suffit d'un mot de trop, d'un propos moins mesuré ou d'une tournure maladroite pour attiser un déchaînement virtuel. À l'inverse, quand il capture l'attention de son auditoire, sa réputation virtuelle s'en voit décuplée. Plusieurs commentateurs que vous retrouverez dans cet ouvrage en ont fait l'expérience, dont Julien Fébreau, le commentateur Formule 1 de Canal+, qui accompagne Pierre Gasly jusqu'à la victoire au Grand Prix d'Italie 2020 en clamant au micro : « Accélère, accélère ! » Deux mots qui se sont immédiatement transformés en hashtag et sont aujourd'hui encore des mèmes viraux sur les réseaux sociaux.

Que le métier de commentateur puisse émerveiller n'est finalement pas si étonnant. Alors que les audiences TV de beaucoup de programmes s'effondrent ces dernières années, le sport semble constituer l'un des derniers éléments rassembleurs du petit écran. Vêtu du costume d'intermédiaire entre l'événement sportif et le téléspectateur, le commentateur s'invite pour quelques heures, chaque semaine, dans le salon des fans. Par son phrasé, son timbre de voix ou ses variations de rythme, il accompagne et intensifie des moments déjà chargés d'émotions. Il devient en somme un compagnon de route. « Le commentaire sportif c'est très simple, c'est mettre la bonne parole, sur la bonne image, au bon moment. Ça paraît très simple, mais il n'y a rien de plus difficile ! », résume George Eddy, pionnier de la diffusion du basket à la télévision en France dans les années 1990. C'est sans doute le point clé de cet ouvrage : comprendre ce que ce métier nécessite au quotidien. Du temps de nos études en école de journalisme, ce métier était souvent raillé, considéré comme une forme de « sous-journalisme ». Pourtant commenter devant des milliers, voire des millions de téléspectateurs, est un exercice qui ne permet pas l'improvisation. Il faut être capable d'imposer un style singulier, de proposer un vocabulaire riche et varié et de susciter l'émotion. Par ailleurs, le commentateur est aujourd'hui le seul journaliste à pouvoir s'exprimer librement, sans prompteur, lors d'un direct pouvant s'étirer sur plusieurs heures. En plus d'un travail minutieux en amont de l'événement, ses facultés d'analyse et d'adaptation face à l'imprévu sont régulièrement mises à l'épreuve. « Quand le match plonge dans l'irrationnel, c'est là que l'on voit qui on est. Comme commentateur. Toutes nos méthodes, tous nos codes tombent. Tu te retrouves dans un moment que tu as rêvé de vivre et c'est là que ressort qui est profondément la personne qui commente », explique Matthieu Lartot, voix du rugby sur France 2.

Voilà pourquoi chacun tente d'imposer sa patte, en s'adaptant aux spécificités de son sport, de son audience et avec une aspiration : s'approcher de la perfection. Une volonté souvent vaine : « Tu ne peux jamais être satisfait d'un commentaire, il y a toujours quelque chose que tu regrettes, que tu n'as pas dit ou que tu as mal dit. Le commentaire parfait n'existe pas, il est quasi inaccessible », juge Stéphane Guy, ancien commentateur vedette de Canal+ et aujourd'hui chez RMC Sport.

Malgré l'exigence et la beauté d'un métier où se sublime la passion, les intervenants de ce livre s'accordent sur l'aspect secondaire de leur rôle. Le téléspectateur, comme l'auditeur, est attiré par la compétition sportive, sa dramaturgie et son intensité. « C'est l'événement qui fait le commentateur. Une finale de Coupe du monde, tu mets Laurent Romejko et Évelyne Dhéliat, les gens regardent quand même. L'image prime. Il faut rester humble. Les gens ne viennent pas pour nous », détaille

Alexandre Boyon, voix des sports olympiques sur France Télévisions.

Là est la genèse de ce livre : donner la parole à celles et ceux qui racontent les plus grandes compétitions de sports. Il y a bien sûr des absents. Nous avons une pensée particulière pour Charles Biétry, qui a influencé et lancé la carrière de tant d'intervenants de ce livre et a été l'un des grands précurseurs de la diffusion de la Ligue 1 sur Canal+. Il aurait souhaité s'exprimer, mais a dû renoncer pour raisons personnelles. D'autres n'ont jamais répondu à nos sollicitations ou se sont ravisés malgré un premier consentement, mais l'immense majorité a adhéré d'emblée au projet. Les présents nous ont offert une heure – parfois plus – de leur temps. Davantage que des entretiens, ce sont des moments de partage dont il résulte l'évocation, toujours très personnelle, de la science du commentaire et la restitution de moments forts et intimes.

En fin de rencontre, les commentateurs sont interrogés sur leur « anecdote secrète ». L'objectif avoué : clore la discussion sur un ton plus léger et vous offrir un instant inédit de leur vie. Certains nous en proposent plusieurs, d'autres ne parviendront jamais à raviver « le souvenir », au terme d'interviews déjà parsemées de tant de confessions. Mais tous ont su nous transporter dans leur univers, nous faire rêver, partager leur passion et leur amour du métier avec cette envie de vous transmettre un petit bout de leur histoire, de vous ouvrir les portes des coulisses et de lever le voile sur un métier qui interroge autant qu'il séduit.

Barcelona
CANAL+
CANAL+
CANAL+
CANAL+

JEAN-LOUIS MONCET

« ON VOYAIT SENNA ALLONGÉ SUR LA PISTE. »

D'une enfance marquée par les exploits de Juan Manuel Fangio à une fin de carrière rythmée par les coups d'éclat de Lewis Hamilton, Jean-Louis Moncet a traversé les époques et côtoyé les plus grands champions de l'histoire de la Formule 1. Il est pour certains, la voix du sport automobile des années 1990, au cœur de la rivalité Prost-Senna, pour d'autres le « professeur » de TF1, capable de poser des mots simples sur des innovations technologiques complexes, afin d'en expliquer les subtilités à un public constitué en partie de novices. Sur la première chaîne d'Europe, Jean-Louis Moncet a presque tout connu : le rôle d'animateur, de consultant, d'intervieweur comme celui d'envoyé spécial dans les stands durant les Grands Prix.

De son intarissable mémoire, jaillissent forcément mille-et-une anecdotes. Nul doute que plusieurs heures d'interview n'auraient pas suffi à restituer la richesse de ses souvenirs. Alors l'ancien commentateur nous guide vers l'essentiel : la mort tragique d'Ayrton Senna, l'avènement de Michael Schumacher et sa complicité avec des personnages comme Jacques Laffite et Alain Prost. Tout cela, parsemé de savoureuses confessions sur les coulisses du monde la F1. Son monde, en somme, durant près de quarante ans.

D'où la passion du sport automobile vous vient-elle ?

Une partie de ma famille habitait en Aveyron et une autre avait migré au Mans, proche du circuit des 24 Heures du Mans. À l'âge de cinq ans, je me suis intéressé à ces sports prototypes. D'ailleurs, à l'époque, les voitures qui atteignaient les vitesses les plus folles, ce n'étaient pas les F1, mais celles des 24H, grâce à leur aérodynamisme. La passion est venue comme ça.

Qui sont les champions de votre enfance ?

C'est simple : Fangio ! Vous pouvez tourner le problème dans tous les sens, c'était lui. Il gagnait tout, il avait une aura. Il y a aussi ce Grand Prix à La Havane où il est enlevé par les troupes de Fidel Castro (*1958*). Il n'y a qu'un seul nom : Fangio. Juste derrière, je mettrais Stirling Moss, le premier champion sans couronne. Il a toujours eu une petite supériorité sur Fangio en Endurance, mais pas en Formule 1. Sinon, j'aimerais vous citer Alberto Ascari, bien entendu, et Peter Collins qui se tue en Ferrari en 1958.

Racontez-nous vos débuts dans le journalisme.

C'est en ayant fait des études de lettres que m'est venu le goût du journalisme, mais je ne pensais pas à la télévision. J'ai rencontré Gérard Crombac, le rédacteur en chef de *Sport Auto* qui m'a fait venir. Au début je reprenais ses papiers et un jour il a décidé de m'envoyer en reportage un peu partout dans le monde : au GP de Rome 1974 et surtout au Rallye Safari 1975. C'est une course importante, car j'y fais la connaissance de Jacques Bonnecarrère. C'est lui qui me dit : « Je viens de fonder *Automoto*, j'ai besoin de spécialistes comme toi. » Tout démarre de là, c'est le tournant de ma carrière. Pour la première fois, je me lance en télévision. Le jour de mon premier montage, les mecs m'engueulaient dans tous les sens parce que je ne comprenais rien.

Comment se présente l'opportunité de commenter votre premier Grand Prix ?

Il se passe un paquet d'années entre mon entrée à *Automoto* et mon premier commentaire. À partir de 1980, je couvre les saisons complètes de Formule 1. En janvier 1980, en Argentine, Alain Prost débute en F1 et moi aussi. En 1987 TF1 est privatisé et arrive un nouveau patron des sports : Jean-Claude Dassier. Il n'avait pas sa langue dans sa poche. Quand il nous engueulait, on l'entendait deux étages au-dessus ! Mais c'était un vrai grand patron, un taulier ! Dassier décide de changer ses équipes de commentateurs. José Rosinski, qui était excellent, est écarté et il en a beaucoup souffert. Et voilà comment je me retrouve en duo avec Jean-Louis Bernardelli pour la saison 1990. Il était le speaker-animateur et j'étais plutôt le technicien.

Quel est l'état de la couverture médiatique de la F1 à vos débuts ?

L'intérêt a grimpé très vite, car on avait sept pilotes français, dont Pironi, Arnoux, Depailler, Laffite et puis Alain Prost ! J'appelais ça « le temps des copains ». Tout ça a contribué à faire grimper la F1 à un haut niveau en France. À l'époque, c'est l'un des vecteurs importants du sport. Après c'est descendu, jusqu'à la série Netflix qui a réintéressé les jeunes.

Quelles sont vos conditions de travail lors de vos premiers commentaires ?

De temps en temps, on avait des écrans noirs. Jusqu'à ce que Bernie Ecclestone ne développe le signal international, le Grand Prix revenait au réalisateur de la chaîne nationale. En Espagne les courses étaient filmées de loin, les voitures avaient la taille de têtes d'épingle... Il y a quelques années, Julien Fébreau m'avait proposé de commenter avec lui les essais libres d'un

Grand Prix, j'étais ébloui. Il avait son mur avec les images, les chronos, c'était formidable. C'est mieux que d'avoir deux écrans minables et de devoir faire soi-même le tour par tour, avec un papier et un crayon !

Que souhaitiez-vous alors impulser à l'antenne ?

Dans mon premier couple de commentateurs, mon rôle était de faire remarquer les choses aux téléspectateurs. Par exemple, pour notre tout premier Grand Prix, à Phoenix en 1990, on est sur place en Arizona et il fait une chaleur de dingue. Je vois bien que les pilotes souffrent. Aux deux-tiers de la course, je dis à Jean-Louis : « Certains pilotes commencent à basculer la tête dans tous les sens, ça peut perturber la vision et entraîner des sorties de route. » Dassier m'avait dit : « C'est ça que tu dois faire ! » Après, je suis devenu animateur avec des consultants comme Prost ou Laffite. C'était la crème !

Avant que Prost ne devienne consultant, comment traitiez-vous sa rivalité avec Senna ?

Ce n'était pas simple, car il fallait respecter l'un et l'autre, avec une petite préférence naturellement pour Prost, mais sans négliger Senna. Je vais vous parler d'un épisode qui a été important dans ma vie. Dassier me convoque en 1992 et me dit texto : « Tu m'emmerdes à parler de toutes les équipes, les traîne-lattes du fond de grille ! Je ne veux t'entendre parler que de McLaren, Ferrari et Williams ! » Donc on se concentre sur Prost et Senna. Depuis 1990, c'est la guerre totale. Jacky Ickx me dit : « Je ne sais pas si tu te rends compte, mais on vit une période exceptionnelle, comme on n'en reverra peut-être plus jamais. » Ce duel était tellement au sommet qu'il monopolisait toute l'attention.

Quels rapports entreteniez-vous avec le Brésilien ?

Senna était assez capricieux. Pendant un temps, il me donnait ses rapports de boîte de vitesse. J'étais fier. C'était bien à l'antenne de pouvoir dire : « Senna passe ce virage comme ça. » Un beau jour quelqu'un avait dû lui dire : « TF1 n'est pas gentil avec toi », alors que ce n'était pas vrai du tout et lui m'avait dit : « Je ne te les donne plus ! » On était sur la pointe des pieds, il fallait avancer à pas comptés. D'autant que même s'il n'y avait pas les réseaux sociaux, les téléspectateurs envoyaient des courriers. Je fais une parenthèse, mais bien des années plus tard, Jacques Laffite fait un commentaire un peu « olé-olé » sur Kimi Raïkkönen et comme toutes les téléspectatrices étaient amoureuses du Finlandais, il s'est pris cinquante lettres dans la tête ! (*Rires*) Il fallait faire attention. De temps en temps il fallait même aller se justifier auprès du grand patron qui était Mougeotte...

Comment gérez-vous l'accrochage entre Prost et Senna à la fin de la saison 1990 ?

En 1989, j'avais observé le freinage d'Alain à Suzuka et je m'étais dit dans ma tête : « Il ne se rabat pas, il ne cherche pas à freiner Senna, il va le mettre dans un piège. » Et quand Senna s'est porté à sa hauteur, hop terminé ! (*Les deux pilotes s'accrochent et Prost est champion du monde*) Et donc en 1990 : pan ! Senna le percute après son bon départ ! Et là, ce n'est pas Prost et Senna qui m'ont fait bondir (*rires*), c'est le fait qu'il était 5 h du matin et qu'on n'avait plus rien à raconter au bout de 200 mètres ! Ça, c'est la solitude du commentateur. Sur ce coup-là, on n'avait pas pris parti, moi je trouvais que le choc avait été très violent et qu'ils auraient pu se faire mal, mais ça s'est arrêté là. On se souvenait de 1989 et personne n'a dit : « Ce fumier, ce salaud ! » Et puis je rappelle que Thierry

Roland s'était fait mettre à pied pour avoir traité un arbitre de salaud (*rires*) ! Le dernier gros mot à l'antenne, c'est lorsque Schumacher accroche Villeneuve en 1997 et que Jacques Laffite sort : « Oh quel con ! » Bon ça, c'est passé dans les mœurs (*il éclate de rire*).

En 1994, vous commentez le week-end noir d'Imola. Celui de la mort de Senna…

Le week-end démarre avec l'accident de Barrichello, le vendredi. Il s'en sort avec un bras dans le plâtre. Le samedi, c'est grave, le pauvre Ratzenberger se tue. Et entre-temps, le vendredi après-midi, Senna effectue un tour commenté, en exclusivité mondiale pour TF1. Je donne les images et les sons captés le long du circuit au monteur, qui m'appelle en fin de journée et me dit : « Jean-Louis, il faut que tu viennes voir, il y a quelque chose dans le tour de Senna, je ne sais pas si je le laisse. » C'est le fameux message pour Prost : « Alain, mon cher ami, tu me manques ». C'est vrai que Senna était un peu changé. Bien sûr, il fallait garder ce passage et le traduire. Ça nous a servi pour *Automoto*, pour le lancement du Grand Prix et pour ce qui est arrivé derrière… Senna quitte la piste dans Tamburello et se tue.

Que se passe-t-il alors dans la cabine ?

Johnny Rives est à ma gauche, Alain Prost à ma droite… (*Il marque un silence*) Comment ? Pourquoi ? On s'est dit : « C'est gravissime, il est sans doute mort ! » Mais on se l'est dit dans la tête. On voyait Senna allongé sur la piste et ce qui était sûr pour nous trois, c'est qu'avec un carton pareil ce ne serait plus comme avant. Notre monde de la F1 allait changer. Johnny et Alain se sont effondrés et j'ai continué quasiment tout seul, en leur mettant un petit coup de coude de temps en temps pour leur dire de commenter un peu. Il faut continuer, tenir l'antenne, alors qu'on ne sait rien. On en a pris plein la tête une nouvelle fois. Incroyable, mais vrai, *Libération* et *Le Monde* ont pris notre défense en écrivant « pour que les commentateurs s'arrêtent de parler, encore faut-il que les images s'arrêtent de tomber ». C'était littéralement dramatique.

Ayrton Senna était-il toujours fâché contre vous avant ce week-end tragique ?

Il ne nous en voulait plus depuis son arrivée chez Williams-Renault. La conférence de presse pour l'annonce de son transfert a lieu à la fin de la saison 1993. Ce jour-là, on entre dans la pièce, il nous montre du doigt avec mon ami Johnny Rives et nous fait signe : « Tous les deux : là, devant ! » On obéit et on s'installe devant. Il voulait la réconciliation complète. Donc on était réconciliés.

Ce week-end dramatique modifie-t-il votre perception des accidents que vous êtes amené à commenter par la suite ?

C'est toujours pareil. Dans le direct il faut tout voir. C'est un média chaud. Il faut vite expliquer. Mais par exemple, lorsque l'on voit la première image de Massa en Hongrie (*en 2009 le Brésilien, sort de la piste, inconscient, après avoir été heurté à pleine vitesse par un ressort de suspension au niveau du casque*), que peut-on expliquer ? On ne voit rien, on ne sait pas. C'est là qu'il faut être modéré : « Qu'a-t-il pu se passer ? » Il faut de la sobriété, c'est le seul point fort que je m'accorde.

Avez-vous craint de revivre le scénario d'Imola 1994 ? Par exemple lors du crash de Schumacher à Silverstone en 1999 ?

Il avait tapé fort, mais il finit par faire un signe. Je me souviens qu'à l'antenne je sors une phrase de toubib : « Il y a une jambe gauche et un bras abîmé. » Ma femme étant dans la profession chirurgicale, j'ai parlé comme si j'étais à l'hôpital (*rires*). Schumacher ce n'était pas aussi gravissime, les voitures étaient bien plus solides. Mais il y a des fois où l'on serre les fesses, ça s'entend, on respire violemment. Heureusement, la plupart du temps... Je continue de toucher du bois ! (*Il se baisse pour toucher le sol en parquet*)

Quid de l'accident de Kubica au Canada en 2007 ?

Kubica, je ne l'ai dit à personne, je l'ai vraiment gardé pour moi : je voyais ses pieds. Tout était coupé autour de ses pieds, qui étaient en dehors du châssis. Je ne l'ai pas fait remarquer parce que je me suis dit : « C'est ce qu'il y a de plus grave, le châssis a explosé, il n'y a plus la boîte de sécurité à l'avant... Mon Dieu ! » Et puis non, il est sorti sur ses deux pieds de l'hôpital, le lendemain ou le surlendemain. Après, Christophe Malbranque m'a demandé : « Mais pourquoi tu ne l'as pas raconté ? » Je lui ai répondu : « Repasse les images, je n'ai pas pu le dire. »

Revenons sur Schumacher. Avez-vous immédiatement la sensation d'assister à l'éclosion d'un champion ?

Oui ! Ce qui s'est vu tout de suite, c'est sa bravoure extraordinaire. Le talent, ça je n'en parle même pas. Et très rapidement aussi : une petite part d'ombre. De temps en temps, il a fait des trucs... Damon Hill, Jacques Villeneuve ! (*En 1994, Schumacher est sacré champion après avoir provoqué une collision avec Damon Hill lors du dernier Grand Prix. En 1997, l'Allemand tente une manœuvre similaire sur Villeneuve, dont il est cette fois victime, permettant au Canadien de remporter le championnat*) Mais regardez, le soir de son titre mondial, Villeneuve nous invite à sa fête avec Jacques Laffite. Et qui voit-on se pointer ? Michael ! Après ce qu'il lui avait fait ! (*Il éclate de rire*) Ça, c'est

Schumacher. Moi je me serais planqué derrière une porte et je me serais fait tout petit. Lui pas du tout !

Est-ce à dire que Schumacher est une personne différente, une fois sorti du baquet ?

Complètement. Il a fait des choses absolument formidables pour l'institut du cerveau et de la moelle épinière, il a donné énormément d'argent, il a fait beaucoup de bien. Et Schumacher, pour nous les TV, c'était un mec génial ! S'il disait oui à une interview, il n'y avait jamais rien de travers. On avait un vrai pro, qui était carré, qui parlait et décrivait impeccablement, qui connaissait bien sa voiture, qui avait toujours un petit geste gentil comme un petit coucou à la caméra. Un pro ! Il m'avait dit un jour : « On doit toujours rendre aux fans, car sans eux, on ne serait pas là. » La leçon d'un professionnel. Le contraire de Jacques Villeneuve ! (*Il souffle*) Pour les interviews de Jacques, on poireautait trois heures... Montoya aussi ! Il demandait parfois s'il fallait faire venir la lumière... Mais bien sûr qu'il le fallait ! Parce qu'on avait attendu tout l'après-midi et qu'il faisait nuit. Des mecs impossibles.

Revenons sur votre carrière. Pour quelles raisons troquez-vous le rôle de commentateur principal pour celui d'envoyé spécial dans les stands, en 1997 ?

TF1 décide d'installer Pierre Van Vliet avec Jacques Laffite. Il fallait du changement, il y avait un nouveau producteur. On me dit : « Jean-Louis, tu connais tout le monde, tu vas aller dans le paddock. » Je voyais ce nouveau rôle comme une régression au départ, j'étais en colère ! Et puis au bout de trois Grands Prix, j'étais dans le jeu. C'était bien plus libre, on faisait la grille de départ, on calait des rendez-vous avec les pilotes, c'était formidable. Et pour la course, j'avais un avantage important : j'étais le seul admis chez Ferrari par Jean Todt, avec mon confrère italien de la Rai ! Il ne voulait pas d'autre journaliste dans les stands.

Arrive ensuite Denis Brogniart à la présentation, comment collaborez-vous ?

Il avait peur du trou noir, il fallait que je sois à ses côtés. Il me faisait briller, il m'appelait « le Professeur ». Ce sont des années où je me suis régalé. J'avais mes entrées avec les chefs mécanos, les attachés de presse de toutes les équipes, on était dans l'action. Après je filais faire le troisième commentateur.

Depuis les stands vous êtes témoin de scènes marquantes, comme à Spa en 1998, où Schumacher souhaite en découdre avec Coulthard après leur accrochage...

Ce que j'ai vu, c'est le mécano de McLaren, un grand balèze, qui entourait Schumacher. Chez Ferrari, ce n'était pas que Michael : tout le monde était persuadé que la manœuvre de Coulthard était volontaire ! Alors, Schumacher va le voir pour lui casser la figure. Et ça je l'avais repéré de suite, on a pu le commenter en direct. C'était même assez amusant, parce que je ne pouvais épouser ni la colère de Schumacher, ni la couardise de Coulthard ! Mais le moment qui m'a le plus marqué avec Schumacher, c'est Monaco 2006. J'étais très copain avec Jacky, le patron des commissaires de la Rascasse. Michael s'arrête en travers de la piste, juste avant le rail alors qu'il a le meilleur chrono des qualifications. Là, Jacky me voit et me dit : « Schumacher sait que tant que son moteur tourne, nous n'avons pas le droit d'approcher de sa voiture pour la dégager. » Il avait fait exprès de laisser son moteur tourner parce qu'Alonso arrivait et avait réalisé le meilleur temps sur les deux premiers secteurs, il allait prendre la pôle ! Jacky a été obligé de faire un rapport. Il a été convoqué par le président de l'Automobile Club de Monaco pour expliquer la manœuvre et Schumacher est parti dernier sur la grille le lendemain. Ça changeait tout pour l'émission du lendemain. Brogniart comptait faire la bringue, mais je lui ai dit : « Denis, avec ce qu'il vient de se passer, il faut tout revoir. » On a modifié toute la structure de l'émission. Et il y a une autre anecdote comme ça...

Allez-y !

C'est à Budapest. Hamilton part avec des pneus qu'il doit chauffer pour la dernière manche de qualifications, alors qu'Alonso choisit les ultra-tendres, c'est à dire : un tour de lancement, un tour de qualif et c'est fini. Les deux sont coéquipiers, donc Hamilton doit laisser passer Alonso. Mais que se passe-t-il alors dans la tête de Lewis ? Il part devant Alonso pour la première tentative et ne le laisse pas passer. La colère saisit Ron Dennis, le patron de McLaren. Il jette ses écouteurs et donne l'autorisation aux mécaniciens d'Alonso de bloquer Hamilton pour la seconde tentative. Le père d'Hamilton va se plaindre auprès de la FIA et l'affaire prend une telle proportion qu'à trois heures du matin, Alonso est pénalisé de cinq places sur la grille. Le matin, je prends mon petit-déjeuner, je découvre l'information par SMS et je vois Denis descendre les escaliers pour aller faire son jogging : « Denis ! Regarde ce qu'il se passe. Pas de jogging ! » On a encore tout changé.

Parlez-nous également du final du GP du Brésil 2008, lorsque le stand Ferrari est persuadé que Massa est champion du monde. Vous êtes le premier, sur TF1, à comprendre que ce n'est pas le cas.

Jacques et Christophe n'ont pas vu tout de suite qu'Hamilton avait dépassé Glock. C'est pour ça qu'être à trois c'est bien.

Je l'ai fait remarquer, c'est une de mes fiertés, mais j'étais là pour ça. Si je ne l'avais pas fait, ils m'auraient dit : « Bon, Jean-Louis, tu sers à quoi ? » Ce moment est fort pour deux raisons : ce bouleversement à 200 mètres de la ligne d'arrivée et parce que j'ai toujours aimé Massa. Je me suis dit : « Mince, il ne sera pas champion du monde et il ne le sera jamais, car tout le monde lui fait jouer le rôle de second pilote. » Alors de temps en temps, j'ai pris le parti de Massa, notamment à Hockenheim en 2010, contre Alonso que j'aime beaucoup. Ferrari décide de faire passer Alonso devant, ce n'était pas très « smart », mais ce sont les consignes d'équipes et elles existent depuis que la course automobile existe. C'est une hypocrisie de se voiler la face.

Justement, en 2002 en Autriche, Ferrari demande à Barrichello de laisser gagner Schumacher. Est-il vrai que les mots de votre collègue Pierre Van Vliet lui coûtent sa place sur TF1 ?

Pierre avait déjà chatouillé d'un peu près Flavio Briatore. Ça n'avait pas plu parce que Briatore était très proche de Patrick Le Lay, le grand patron de TF1. Donc, déjà ça avait frotté... Et le fait de dire cette phrase : « Quand on voit ça, on a honte d'être français » (*Jean Todt, alors directeur de la Scuderia Ferrari, est français*), ce n'est passé nulle part. Ni chez Jean Todt ni à TF1. Il était au bord de l'escalier, c'est sûr que Jean Todt l'a poussé, mais Flavio s'était occupé de la question. La conclusion générale que j'en tire, c'est que lorsqu'on fait ce métier-là, il y a un piège dans lequel on ne doit jamais tomber, c'est de penser qu'on est acteur. Vous avez beau être le plus grand commentateur, vous n'êtes pas un acteur, vous êtes juste une caisse de résonance. De temps en temps, certains se prennent pour des acteurs et c'est là que c'est dangereux.

Vous êtes connu pour avoir développé des palettes afin de vulgariser les aspects techniques de la F1, à l'antenne. Était-ce votre idée ?

Non, l'idée vient d'un nouveau producteur avec qui je ne m'entendais pas du tout, mais il faut lui reconnaître ça. Il avait raison. Pour 70 % des gens, ça reste ma marque de fabrique. C'est pour ça que Brogniart m'appelait « le Professeur ». Les animations étaient faites par un Italien, un pilote de F3000 qui adorait la F1. En revanche, vous avez employé le mot « palettes » et les palettes, c'est plutôt Canal+. Quand Canal fait quelque chose, ils le font vraiment bien. En 2013, je les rejoins et on me demande de faire Formula One avec Margot Laffite et Thomas Thouroude pour débriefer les Grands Prix. Et dans la cave de Canal... il y avait une F1 ! Ils s'étaient débrouillés pour avoir une Renault non labellisée et ils m'avaient dit : « Jean-Louis on ne va plus faire d'animations, tu vas expliquer tes palettes sur la F1. » Ça, c'est Canal ! Personne n'avait eu cette idée-là.

Comment réagissez-vous au moment où TF1 perd les droits de diffusion de la F1 ?

C'était dans l'air, on avait dit au revoir au Brésil à la fin de la saison 2012. Christophe Malbranque sort : « Peut-être à l'année prochaine. » Après ça : silence radio ! Et un beau matin *L'Équipe* annonce que Canal+ a les droits. On n'avait pas été prévenus, ni Christophe, ni Jacques, ni moi. Personne ! C'est du TF1 tout craché.

Un mot pour terminer, sur vos complices à l'antenne : Jacques Laffite, Alain Prost...

Jacques, c'est un bonheur d'être son ami, de voyager, de commenter avec lui. C'est le vagabond de la jet-set ! Jamais levé à l'heure, il fait les choses comme il a envie de les faire, c'est quelqu'un d'imprévisible. Un jour, avant d'embarquer pour Tokyo, il avait acheté une bouteille de Pétrus au duty free, parce que le vol était long et qu'il voulait la boire dans l'avion. Alain, lui c'est le professionnel jusqu'au bout des ongles. Quand il était pilote, il était capable de repérer les problèmes sur les voitures des autres au moment où il les doublait : l'intelligence de la course ! En 2016, je vois Nico Rosberg et je lui demande ce qu'il a vu sur la piste, il me répond : « Mais tu crois que j'ai le temps de m'occuper des autres ? » Ce n'est plus la même époque !

Votre anecdote secrète ?

Le jour de la mort de Senna, il y avait une caméra témoin dans la cabine pour faire des plans d'Alain (*Prost*). Et quelqu'un a réussi à pirater les images et le son. Des années après, le gars m'appelle. Il s'appelle Brice. Il me dit : – « Vous savez, j'ai votre enregistrement sur l'accident. » – « Mais comment vous avez fait ça ? » – « Avec mon frère, on est un peu bricoleurs, on installe des antennes... » Il ajoute : « À la fin, on vous entend sangloter et on vous voit en train de vous essuyer les yeux. » Il m'a envoyé les images. Alain n'est plus là, Johnny est parti écrire son papier pour *L'Équipe*, les gars de TF1 sont en train de démonter la cabine et moi je suis comme un con et je me mets à pleurer. Rien ne sera plus comme avant. Un pan de mur de votre vie vient de s'effondrer.

JEAN-MICHEL LARQUÉ

« ON NE SE PRENAIT PAS AU SÉRIEUX. ON ÉTAIT DES SUPPORTERS ET ON LE REVENDIQUAIT. »

Jean-Michel Larqué, c'est avant-tout plus de 400 matchs et de 100 buts inscrits sous le maillot de la grande équipe de l'AS Saint-Étienne. Avec les Verts, il remporte sept titres de champion de France et soulève trois Coupes de France. Le 12 mai 1976, jour des célèbres « poteaux carrés », il est le capitaine d'une équipe vaincue par le Bayern Munich en finale de la Coupe des clubs champions, mais honorée par une marée humaine lors d'un défilé sur les Champs-Élysées.

Quelques années plus tard, Jean-Michel Larqué devient le pionnier des consultants football en France. Très vite indissociable de son duo avec Thierry Roland, l'ancien joueur de l'équipe de France conquiert des générations d'amoureux du ballon rond, à travers les épopées des Bleus sur TF1. La nuit de Séville en 1982, les sacres de 1998 et 2000 ou encore la finale de Berlin en 2006 : Jean-Michel Larqué est de tous les rendez-vous.

Doté d'une expertise technique et d'une science du jeu hors du commun, l'actuel consultant de RMC adhère immédiatement à notre projet de livre : « Ce sera avec plaisir, mais par téléphone, car je vis au Pays basque. » Le rendez-vous est pris. Il dure un peu plus d'une demi-heure, au cours de laquelle aucune question n'est éludée. Y compris celles ravivant les rares souvenirs douloureux d'une carrière marquée par d'innombrables temps forts et de quelques moments d'histoire, entrés dans la légende.

Vous êtes le premier footballeur reconverti consultant. Peut-on vous considérer comme un précurseur ?

Oui, il y avait déjà un consultant rugby, Pierre Albaladejo qui œuvrait sur Antenne 2. Mais au football, il n'y en avait pas. Ça se faisait en tandem et Thierry Roland commentait avec Bernard Père à l'époque. J'ai été le premier, tout à fait par hasard, sur l'intervention de monsieur Raymond Castans le patron de RTL, qui était à cette époque l'un des partenaires majeurs du Paris Saint-Germain. Il m'avait encouragé. Enfin... il m'avait presque obligé à opter pour cette reconversion, alors que je n'y connaissais strictement rien.

À ce moment-là, imaginez-vous effectuer la carrière que vous avez connue ensuite ?

Pas une seconde ! Vous savez quand on est footballeur, d'abord amateur, puis stagiaire, puis professionnel et éventuellement international, on sait que le chemin est long, semé d'embûches. Non, je ne l'imaginais pas une seule seconde d'autant que je n'avais strictement aucune formation de journaliste, aucune formation de consultant, je ne m'étais jamais mis derrière le micro pendant une heure et demie. Je partais totalement dans l'inconnu, je n'avais strictement aucun repère et le seul conseil que l'on m'avait donné, c'était d'essayer d'être un téléspectateur regardant le match dans son canapé, avec un copain à côté. Le copain en l'occurrence, c'était Thierry Roland. Lui, parlant de l'ambiance, faisant passer des émotions et moi lui répondant sur le plan tactique ou technique.

Comment travailliez-vous à cette époque où l'accès au sport était plus restreint ?

Même si les talk-shows TV ou radio étaient très très rares, je m'intéressais beaucoup au football depuis ma première enfance. J'étais entretenu par une famille de footballeurs, par des cousins qui étaient footballeurs, par des tontons qui l'étaient aussi, par mon papa qui était entraîneur et qui me racontait les exploits des anciens. Et moi, dès l'âge de sept-huit ans, je connaissais les footballeurs, je m'intéressais au football pro, au football amateur, au Stade de Reims, mais aussi à la JAB de Pau qui était mon club. Donc j'ai toujours été intéressé par le football. Quand je suis arrivé à l'antenne, je n'étais pas complètement nu, je connaissais l'histoire du football depuis 1958 et la Coupe du monde en Suède. J'avais alors à peine onze ans. Donc m'informer, évoquer l'histoire du football depuis l'après-guerre, ce n'était pas un problème. Par contre les conseils ont été extrêmement rudimentaires. Allez, pour être très positif, je vais simplement dire que Robert Chapatte avait toute confiance en moi... (*Rires*) Voilà... Et que c'était un petit peu : « Débrouille-toi, forme-toi sur le tas et puis on verra comment ça évolue ».

Quel est votre premier grand souvenir en tant que consultant ?

C'est le 5 mars 1980, la date du début de notre collaboration avec Thierry. Un quart de finale de Coupe UEFA entre Saint-Étienne et Mönchengladbach. Nous étions en trio parce que Bernard Père œuvrait encore, mais le départ, c'est celui-là. C'est un bon souvenir en tant que consultant et un mauvais en tant qu'ancien joueur de l'ASSE, puisque ce jour-là, les Verts avaient été très sèchement battus par le Borussia (1-4).

Bien des années plus tard, vous serez amené à commenter les épopées de l'Olympique Lyonnais en Ligue des champions. Comment le Stéphanois de cœur parvient-il alors à mettre de côté la rivalité ?

L'émotion était plutôt du côté de Thierry. Moi, il m'arrivait d'être enthousiaste sur un coup franc de Juninho ou une belle action de Benzema. Mais je n'avais pas d'aversion particulière envers les Lyonnais, je ne suis pas de ce genre de personnage. À cette époque-là, Lyon dominait assez largement Saint-Étienne alors que lorsque je jouais, Saint-Étienne dominait très largement l'Olympique Lyonnais, donc il n'y avait pas véritablement de haine. Je dis de la « haine », parce que c'est devenu de la haine, avec tous les excès engendrés par la suite, par les groupes de supporters. Mais moi je n'ai jamais eu envers l'Olympique Lyonnais, l'aversion qu'un Raymond Domenech a pu avoir envers l'AS Saint-Étienne. Je ne sais pas si c'est une preuve de sagesse, mais ça reste du football donc je n'avais aucune raison de ne pas faire de façon propre et honnête, mon métier de consultant, simplement parce que c'était l'OL.

Comment votre relation avec Thierry Roland s'est-elle construite ?

Notre relation date des années où j'étais joueur. Vous savez, à l'époque il y avait quelques journalistes parisiens qui suivaient l'AS Saint-Étienne parce que c'était l'équipe phare. Ça incluait deux ou trois journalistes TV et deux ou trois des radios : Guy Kédia, Eugène Saccomano, Jacques Vendroux... Puis il y avait une poignée de journalistes de la presse écrite. C'était un contingent extrêmement réduit. Et puis les rapports avec les journalistes n'étaient pas ce qu'ils sont aujourd'hui. Il n'y avait pas de zones mixtes. Les journalistes venaient dans les vestiaires dix minutes après le coup de sifflet final. Ils faisaient les interviews dans les vestiaires alors qu'on avait à peine pris la douche. Notre relation avec Thierry date de cette époque-là, des années 1972 à 1976.

Vous le connaissiez donc déjà très bien. L'adaptation au micro en a-t-elle été facilitée ?

Elle est d'autant plus facile quand chacun se respecte. Moi je n'allais pas sur le domaine de Thierry, il n'était pas question que je sois un commentateur. Et Thierry n'allait pas sur mon domaine non plus. Bon, parce que ça ne l'intéressait pas trop, il faut le dire (*rires*). Lui, il aimait l'émotion, c'était surtout ça et c'est ce qui a probablement fait la force de notre duo.

Quel est le premier match marquant de votre binôme en Coupe du monde ?

C'est 1982, en Espagne. Séville. C'est arrivé très vite. Nous avons été gâtés, très chanceux. Je le dis toujours : j'ai eu une chance inouïe. Le football français a longtemps été au fond du trou. On faisait une Coupe du monde de temps en temps, on était d'ailleurs arrivés en demi-finale tout à fait par hasard en 1958. Puis on disparaissait, on revenait... Comme en 1966 en Angleterre, mais sans passer le premier tour, puis en 1978 en tombant dans le groupe de la mort avec l'Argentine et l'Italie... Vous voyez, ce n'était pas simple. Mais à partir de 1982, on a été très gâtés par le football français. Par l'équipe de France, mais aussi par les clubs. Vous faisiez allusion à l'Olympique Lyonnais, mais on a connu des Girondins de Bordeaux performants en 1985, l'Olympique de Marseille dans les années 1990. Après, bien sûr, l'équipe de France 1998. On a été très très très chanceux. Le football était un peu notre propriété, notre petit coin secret, notre petit jardin privé. On était les commentateurs des Coupes d'Europe, des Bleus, de la Coupe du monde. On était très souvent dans le salon des téléspectateurs.

En 1998 justement, le succès des Bleus offre une surmédiatisation à votre duo. Sentez-vous le regard des gens changer ?

Oui, mais avec Thierry, on n'a jamais estimé que nous étions des gens importants dans la réussite d'une retransmission. On a considéré très humblement que nous n'étions que des petits partenaires et que la vedette, c'était le match, c'étaient les joueurs, les entraîneurs. Je crois que ce qui a fait notre succès, c'est d'abord qu'on ne se prenait pas au sérieux. On était des supporters et on le revendiquait, au grand dam de certains qui considéraient qu'on devait être des gens extrêmement neutres. Probablement des gens qui ne connaissaient rien aux commentaires, qui n'avaient jamais commenté ni fréquenté une tribune de presse. Ils auraient été surpris par l'enthousiasme des reporters sud-américains, colombiens, italiens, espagnols et ils auraient tout de suite compris qu'on pouvait très bien commenter son équipe en étant un petit peu chauvin. Ce qui a fait la force, c'est l'émotion, parce que Thierry était un gamin qui vivait le match comme un gamin, qui s'enthousiasmait comme un gamin. Il disait parfois des vérités qui choquaient, mais sans le rechercher réellement. On s'en moquait, on ne se posait même pas la question, ce n'était pas notre objectif. On faisait bien notre boulot et nous n'étions qu'une petite composante à la marge d'un match. Moi, ce que je regrette aujourd'hui, c'est que certains imaginent qu'ils sont plus importants que le match ou les joueurs. C'est terrifiant ! Je regrette aussi la manière dont on abreuve les gens d'informations, maintenant. Je serais curieux de poser la question aux téléspectateurs à la fin d'un match : de savoir s'ils se rappellent des statistiques qui ont été données tout au long de la rencontre ? Je suis sûr qu'on serait surpris par le peu d'intérêt qu'ils y portent.

Le 12 juillet 1998, les mots de Thierry Roland entrent dans la légende. Quant à vous, certaines phrases restent en mémoire, comme sur le troisième but : « À gauche… Ils ne reviennent pas les Brésiliens. À gauche, allez à gauche, à gauche… » C'est aussi une marque de fabrique, vous sentiez les coups venir…

Oui, mais parce qu'on est dedans. Je me rappelle en 1982, sur le but de Gigi (*Giresse*), Didier Six a le ballon et je lui dis : « En retrait pour Giresse, en retrait pour Giresse. » Il ne m'entend pas, on est au stade Sánchez Pizjuán. Mais quand on est dans l'action, on essaie de transmettre aux téléspectateurs ce que le joueur devrait faire. Ça se termine bien de temps en temps et ça se termine moins bien, le plus souvent. Mais un consultant doit être là pour vulgariser, pour dire aux téléspectateurs : « Voilà ce qu'il devrait faire et pour quelle raison. Voilà ce qu'il ne doit pas faire et pour quelle raison. Voilà pourquoi il a réussi un contrôle, voilà pourquoi il ne l'a pas réussi… » Moi, je suis abasourdi aujourd'hui quand j'entends : « Oh, quelle belle frappe ! » Si un consultant est là pour dire « Oh, quelle belle frappe », franchement… Souvent d'ailleurs, c'est à côté ! Mais explique-moi pourquoi elle est bien frappée ! Explique-moi pourquoi ! On ménage les joueurs maintenant. On ne dit jamais qu'untel a manqué une frappe, on ne dit pas qu'il a manqué un contrôle, on dit que « le ballon lui a échappé », voilà ce sont des termes : « Le ballon lui a échappé. » Non, coco ! Le ballon ne lui a pas échappé, il n'a pas fait un bon contrôle ! Pour telles et telles raisons. Mais c'est peut-être compliqué d'expliquer. Peut-être qu'ils n'arrivent pas à le détailler de manière suffisamment précise, mais je pense qu'un consultant est là pour ça. Il n'est pas là pour dire « Oh, quelle belle frappe, oh, quelle bonne passe » ou « Le ballon lui a échappé ». J'ai du mal, voilà.

Vous avez travaillé avec Thierry Roland, Thierry Gilardi, Christian Jeanpierre. Quelles étaient les spécificités de chacun ?

Thierry Roland était dans l'émotion, il se foutait que l'équipe joue en 4-3-3 ou en 4-4-2 avec un milieu en losange pointe haute, pointe basse... C'était le cadet de ses soucis. C'est d'ailleurs le cadet des soucis des téléspectateurs. On en fait des caisses, mais le téléspectateur, si vous lui demandez s'il préfère que ce soit un 3-5-2 ou un 5-3-2, il s'en moque. Thierry Gilardi, lui, était dans le stress, c'est un garçon qui était très tendu. Il était très offensif, mais même en étant offensif, même en étant dans l'enthousiasme, il gardait toujours beaucoup de lucidité. Son phrasé à propos du coup de tête de Zidane le prouve. Christian Jeanpierre au contraire, était plutôt sur la retenue, ce qu'on lui a reproché très souvent. Il était plus prudent, n'osant pas, essayant de ménager.

Si l'on vous demandait le meilleur et le pire souvenir de votre vie de consultant, lesquels ressortiriez-vous ?

Ah, le meilleur moment, c'est compliqué. Vraiment ! Prenez 2006... Comment cette équipe de France arrive-t-elle en finale de Coupe du monde ? Quand vous avez les poteaux avec vous, au lieu d'être sortants, ils sont rentrants. Et moi pendant toute ma carrière de consultant, je n'ai eu que des poteaux rentrants. C'est fabuleux.

Même les moments pathétiques, tristes, honteux, ont été des moments forts. Knysna, ça a été un moment fort, même si on s'en serait passé, mais ça reste un feuilleton fabuleux. Le plus triste, c'est Furiani. Là, je suis dans le drame.

Parmi les moments difficiles de votre carrière, il y a cet Euro 2012. Vous restez à l'antenne malgré le décès de Thierry Roland. Comment trouvez-vous les ressources ?

Écoutez, là, c'était un petit peu différent du décès de Thierry Gilardi où je n'avais pas voulu commenter le match d'après qui était un France-Angleterre, en amical au Stade de France. Pour Thierry Roland, non, je ne suis plus dans la compétition, elle est morte et enterrée, d'autant que l'équipe de France n'est pas très performante à ce moment-là. On y reste parce qu'il y a aussi des anecdotes. Le jour de France-Ukraine, Thierry est à l'hôpital. Moi j'ai Thierry au téléphone, il vient de regarder le match, il me dit : « Ah ! C'était bien, putain ! Oh, puis, quel orage ! Mais je suis resté, je me suis accroché, j'ai regardé ! » Et puis vers trois heures du matin, c'est le drame... Mais, j'avais cette impression que Thierry était toujours là. J'ai eu le sentiment qu'il était toujours avec moi dans cette compétition.

Considériez-vous Thierry Roland comme un membre de votre famille ?

Oui, bah oui ! Vous ne vous asseyez pas sur trente-cinq ans d'amitié comme ça. Parce qu'on s'appelait tous les jours, parce qu'il me racontait toujours la même chose et ça me faisait tout le temps rire. C'était : « Alors, mon petit Jean-Mimi, je t'annonce, là je vais acheter Le Parisien qui n'est plus libéré. » C'était immuable. Ses tics, ses manies me faisaient rire. Et il aimait ça, il aimait raconter des conneries. Sur le sport et surtout le football, Thierry était un gosse. C'est le gamin qui collectionne tout, qui regarde tout, qui est passionné. Et on a toujours un regard différent et souvent plus de tendresse pour un jeune que pour une personne de son âge.

Comme dans toutes les familles, il y a parfois des frictions. Quel regard portez-vous sur ce fameux « clash » qui vous oppose en 2002, à propos de places de match ? Cela vous agace-t-il ?

Mais non ! On en a rigolé après parce qu'il y avait le garçon qui était au centre de notre discussion. Il s'appelait « Petit » et il transportait... (*Il s'interrompt pour rire*) Pendant un mois, il trimballait les valises de Thierry qui étaient pleines de documents. Thierry n'avait pas d'informatique, il n'avait pas un PC avec lui, c'était la collection de *France Football*, de *Onze Mondial*, de *L'Équipe* (*éclats de rire*) ! Et ce garçon n'y était pour rien, cette histoire de places c'est croquignolesque. Thierry était vexé parce qu'il n'avait pas eu ses trois places, mais le gamin qui était avec nous, je le redis, il n'y était vraiment pour rien. Et puis on en avait ras-le-bol de cette Coupe du monde, qui n'était ni faite, ni à faire. Bon, parce que quand vous passez quelques semaines en Corée, même si c'est du Sud, heureusement qu'il y a le football, quoi...

Place à l'anecdote secrète...

Oh ! J'ai une anecdote qui est sympa, mais qui n'a rien à voir avec les deux Thierry ni avec Christian Jeanpierre... On était dans un minibus avec Arsène Wenger avant un match des Bleus pour TF1 en 2008. Et pendant le trajet, Arsène préparait son équipe pour un tour préliminaire de Ligue des champions. Donc j'ai été le premier journaliste à avoir cette équipe d'Arsenal. On était en Suède. Il me disait : « Bon voilà, j'ai tous ces joueurs qui étaient à l'Euro, ce n'est pas évident. » Et puis il a enchaîné : « Elle est pas mal quand même mon équipe, hein ? », alors qu'il était privé de tous ses internationaux... Et effectivement, l'équipe qu'il avait présentée s'était qualifiée (*2-0 puis 4-0 face à Twente*). Et c'est sur ses genoux dans le minibus qu'il avait mis tout ça en place !

PATRICK MONTEL

« "ALORS PEUT-ÊTRE", C'EST LE RÉSUMÉ DE TOUTE LA VIE. »

Patrick Montel accepte le principe d'une interview à une seule condition : « On fait ça l'après-midi. Le matin c'est impossible, j'écris. » Rentré au service des sports de France Télévisions en 1983, il s'impose comme la voix de l'athlétisme au début des années 1990. Pendant plus de trente ans, il vit de l'intérieur et narre certains des plus grands exploits de l'histoire du sport, parmi lesquels les records du monde et les titres olympiques d'Usain Bolt.

La rencontre a lieu au Barolo, un restaurant de Joinville, en banlieue parisienne. La Coupe du monde de football vient tout juste de débuter et avec elle ses moments hors du temps, ces matchs qui resteront gravés. Quelques minutes auparavant, l'Arabie Saoudite d'Hervé Renard vient de faire chuter le futur champion du monde argentin. Lorsqu'il débarque, l'ancien complice de Stéphane Diagana est scotché. Les yeux brillants, il refait le match avec passion. On l'imagine alors devant sa télévision, sautant et hurlant avec la même ferveur qu'à l'antenne, sur chacun des trois buts d'une rencontre renversante. Le serveur interrompt nos songes. Patrick Montel commande un espresso et l'interview débute, sans transition, mais avec l'obligation de le tutoyer. Il est l'heure de rembobiner la boîte à souvenirs, de se remémorer ses débuts aux côtés de Thierry Roland et Roger Couderc, comme son départ polémique de France Télévisions. La discussion s'anime et le voilà esquissant un rêve : celui de mourir le micro en main.

Raconte-nous tes débuts. Il paraît que tu commences ta carrière en tant que professeur d'économie ?

Oui, mais mon intérêt pour le commentaire de sport démarre bien avant cela. On m'a raconté que dès l'âge de 3 ans, j'éteignais le son de la télé pour commenter à la place des mecs. C'est ma passion depuis que je suis petit, je ne sais pas pourquoi. En revanche je n'ai jamais imaginé que ça puisse être mon métier. Pour moi, c'était juste un passe-temps. Une façon de tromper la solitude et l'ennui. Cette notion est importante. J'étais un gamin qui se faisait chier, sans copain, qui passait des vacances seul. Je devais m'inventer un univers et le commentaire m'a permis de m'inventer cela, de me trouver un ami et quelque part de nourrir l'espace. Mes premiers commentaires, c'est le Tour de France à la radio. Le Tour et la radio c'est ce qui stimule l'imaginaire. Tu te télé-transportes là où le coureur se trouve et tu inventes ta propre histoire avec des cartes. Je commentais ça tout seul chez moi.

Tu te sentais seul à ce point pendant l'enfance ?

Oui. J'ai toujours eu du mal à me lier avec les autres. Je me suis vite retrouvé seul et je me suis inventé des amis imaginaires. Je vivais en banlieue parisienne et j'étais sauvage.

Quels sont tes premiers souvenirs du Tour de France ?

C'est Jacques Anquetil, avec qui j'ai eu l'occasion ensuite de commenter une (*seule*) étape du Tour. Ça reste mon plus grand souvenir, bien qu'inachevé. Car ce jour-là, j'ai été dégagé de mon poste de commentateur avant l'arrivée de l'étape, ce qui je pense est unique dans l'histoire du Tour à la télévision ! Ça reste une histoire magnifique, car je suis entré par effraction à la télé, j'ai profité des espaces libres. J'ai commenté cette étape avec lui, mais je n'étais que le remplaçant du commentateur principal qui est arrivé au bout d'une heure et qui m'a dégagé de la position de commentateur. Sur le coup j'avais de l'amertume. Mais aujourd'hui, ça me porte. Je me dis que même quand on te dégage, qu'on ne veut pas de toi, il faut être capable de te relever et de prendre un autre espace. J'ai ensuite percé sur l'athlétisme et le football. Mais le vélo je n'y suis jamais revenu.

Est-ce un regret de ne pas avoir commenté davantage de cyclisme ?

Non, car je peux commenter n'importe quoi. Mais je pensais vraiment que j'avais une place dans le vélo. Robert Chapatte (*ancien coureur devenu commentateur dans les années 1960*), qui devait commenter, est tombé malade sur le Tour. Le réalisateur a paniqué, car il n'y avait personne pour commenter. J'étais le seul sur site. Il est venu me chercher et m'a demandé de commenter. Je me suis retrouvé face à Jacques qui a eu une attitude tellement bienveillante. Puis Patrick Chêne (*commentateur du Tour de France entre 1989 et 2000*) est arrivé, il m'a dit : « C'est pour moi », et il m'a arraché de la position de commentateur. Malheureusement, je me suis laissé faire...

Qu'est-ce que tu admires tant chez Anquetil ?

C'est un seigneur. Un vrai. Il y en a peu dans le sport. Je n'en ai rencontré que deux : Jacques Anquetil et Éric Tabarly. Un seigneur, c'est un mec qui est au-dessus, qui n'a pas besoin de parler. Il était ultra bienveillant, ne te faisait jamais subir sa personnalité. Avec ces deux personnes-là, j'avais l'impression d'exister tout en sachant que j'étais inférieur. Ils transmettaient cette confiance qui fait que plus rien n'est impossible.

Comment s'opère ton arrivée dans le journalisme ?

Il m'est arrivé le drame de ma vie. Le 15 mars 1982, mon meilleur ami, journaliste à Antenne 2 se tue sur l'autoroute A4 (*Dominique Duvauchelle*). Je commençais à devenir fou et je me suis dit que soit je devenais vraiment fou, soit je le remplaçais. Il y a une certitude qui m'a toujours porté : qu'il était entré en moi et qu'il m'aiderait à le remplacer. J'ai fait le siège d'Antenne 2 pendant trois ans. J'étais prof d'économie l'année et stagiaire à Antenne 2 sans carte de presse, en juillet-août. Je n'ai pas fait d'études de journalisme. La troisième année, Christian Quidet (*ancien directeur du service des sports d'Antenne 2*) m'a embauché contre l'avis des syndicats, sans carte de presse.

De quand datent tes premiers commentaires avec France TV ?

C'est la Coupe du monde 1986 au Mexique. Une histoire de fou ! Drucker et Pivot sont partis sur place. Les jeunes journalistes sont restés à Paris. Mais on apprend qu'il y a eu un séisme au Mexique, qui a fait énormément de victimes, et que les commentaires sur place sont coupés. L'image est restaurée, mais pas le son. Du coup, on doit commenter au pied levé, dans une petite cabine avec un écran noir et blanc. Je prends un pied incroyable ! *Newsweek* fait un sujet sur nous. Tout le monde commence à nous respecter. On ne touche plus terre. C'est pour cela que j'ai toujours pensé que mon pote était avec moi, car d'un seul coup les portes se sont ouvertes. Ça m'a permis de m'apercevoir que j'avais une certaine capacité pour le commentaire et que j'arrivais à transmettre des émotions.

À l'époque, Thierry Roland est la grande figure du commentaire. Est-ce un modèle ?

Oui, je m'amusais à l'imiter gamin. Je l'ai adulé. J'avais un poster de lui dans ma chambre. J'ai été déçu par la suite, parce qu'il avait des idées politiques qui étaient à l'opposé des miennes. Mais j'ai toujours eu une tendresse infinie pour lui. C'était un gamin et il l'est resté. Il n'a jamais triché. Ce qu'il a dit, il ne l'a jamais regretté. Heureusement qu'il n'y avait pas les réseaux sociaux à l'époque, sinon il aurait été en prison. Mais j'ai toujours adoré Thierry, son franc-parler. Il a fait chier les mecs pour rentrer dans le journalisme sans formation. Son histoire, c'est un peu la mienne.

Il t'aide quand tu arrives à Antenne 2 ?

Non, pas du tout. Le journalisme c'est un milieu où personne ne t'aide. C'est un milieu où l'on se méfie de ceux qui arrivent. Mais ça, je m'en fous. J'ai aimé Thierry et je le revendique. Je l'ai toujours défendu sur ses dérapages. Thierry n'avait pas de garde-fou. C'est hyper dangereux, mais tellement plus fort.

Les garde-fous dont tu parles ne sont-ils pas inhérents à notre époque ?

Bien sûr. C'est ça être un vieux con. Mais ça n'empêche que le sport est le dernier sujet sur lequel tu peux t'exprimer en direct. On n'a pas de prompteur. Mais le problème aujourd'hui, c'est qu'au moindre dérapage, on te coupe la tête. À l'époque, il n'y avait que le courrier du téléspectateur.

On a revu tes premières vidéos sur Antenne 2, cette fameuse Coupe du monde 1986, et on ne reconnaît pas le Patrick Montel actuel, tu sembles discret, presque timide.

Oui, car je suis rentré dans le journalisme avec mon pote sur le porte-bagage. Ça ne m'a jamais quitté. Je suis devenu moi-même au fil des années, mais au début, j'avais l'impression qu'on était deux. Et puis imagine moi, au début quand j'arrivais en conférence de rédaction, il y avait Bernard Père,

Pierre Salviac, Thierry Roland. J'avais juste le droit de fermer ma gueule. Aujourd'hui, les gamins l'ouvrent, car on est transparents. Mais à l'époque, si tu l'ouvrais, on te disait : « T'es qui ? » Ils étaient limites méprisants, violents. On les appelait « les Barons » et ils te faisaient comprendre que tu n'avais pas ta place. Si tu étais une femme, c'était encore pire. Moi, je me faisais tout petit.

Tu nous rappelles un peu l'interview de Benzema après son Ballon d'Or qui évoquait cette transition entre deux époques.

Bien sûr. C'est tout à fait ça. Moi quand j'arrive à la télé, il y a trois chaînes. Les mecs qui sortaient de Stade 2, c'étaient des stars. Il y avait 300 personnes qui les attendaient à la sortie pour leur demander des autographes. J'ai été surpris. Surpris par leur petit niveau intellectuel global, leur vulgarité, mais en même temps très impressionné. La première fois que j'ai vu Couderc, il m'a dit : « Petit, va me monter le sujet rugby pour Stade 2. Mets ce que tu veux. » Il arrivait en plateau sans regarder le sujet, la clope au bec, c'était complètement autre chose.

Aujourd'hui tu n'as pas l'impression d'être une star aux yeux des Français ?

Pas du tout. Je compare le boulot de journaliste sportif à celui d'instituteur au début du XXe siècle, où l'instituteur était un notable au même titre que le curé, le notaire. Aujourd'hui, c'est un ouvrier spécialisé. Le journaliste, c'est pareil. Je suis à la jointure entre les deux, à la limite de l'ouvrier spécialisé. Et les journalistes d'aujourd'hui, quel que soit leur talent, ne seront jamais que des ouvriers spécialisés.

Reprenons le fil de ta carrière. Quand deviens-tu commentateur d'athlétisme ?

Ça démarre sur un coup de chance. L'athlétisme ce n'était pas un gros sport, j'étais numéro 3 au départ. Thierry Roland, le numéro 1, part chez TF1 et Gilles Cozanet, le numéro 2, devient rédacteur en chef. En un instant je passe numéro 1, c'est la chance de ma vie ! Ça se passe en 1990. Je rencontre Bernard Faure (*ancien consultant sur France 2, champion de France de Marathon en 1982*) et cette histoire va durer plus de 20 ans. L'athlé, à l'époque, était en crise. Ce n'était pas du tout télégénique et on va inventer une autre manière de le raconter, en réduisant les temps morts, en les nourrissant d'histoires, de reportages, d'interviews. Ça devient un show télévisuel, l'athlétisme a commencé à cartonner. Et comme j'étais seul à m'en occuper, j'ai pu poser ma signature. J'étais commentateur, mais aussi producteur et concepteur.

Quels sont les atouts d'un bon commentateur d'athlétisme ?

Je pense qu'il faut savoir à qui l'on parle. J'ai toujours eu la chance de bosser pour une chaîne généraliste, de ce fait, je devais parler à tout le monde. Les spécialistes de l'athlé n'avaient pas besoin de moi. En revanche, le grand public a besoin qu'on lui transmette de l'émotion sur un sport aussi technique. Et pour ça, il faut aimer les gens ! Si tu ne les aimes pas, tu ne peux pas transmettre. J'étais sauvage oui, mais désireux d'être aimé. Cela ne se bosse pas. Bien sûr que l'on prépare les événements. Mais attention, la technicité tue l'émotion. C'est la raison pour laquelle on a inventé le rôle du consultant. Il arrive après l'émotion, en numéro 2. Je pense que s'il arrivait en numéro 1, il tuerait l'émotion. L'alchimie des deux est capitale.

T'es-tu souvent réécouté ?

Jamais. Ça tue la spontanéité et l'émotion est liée à la spontanéité. Le commentaire, c'est une partie de toi que tu mets sur la table. Ce sont les tripes.

Tu donnes l'impression, dans tes commentaires, de connaître intimement les athlètes. Est-ce la réalité ?

Je suis content que vous disiez ça, mais non, ce n'est pas la réalité. Je ne les connais pas tous. Certains je ne les connais même pas du tout. En revanche ce qui me porte c'est que je les imagine. Je ne les aime pas pour ce qu'ils sont, mais tels que je les imagine. Parfois, lorsque j'en rencontre certains en vrai, je suis déçu. Mais au fond ce sont tous mes potes, je les vis et je les retranscris comme je les rêve. Alors de temps en temps, il y a une alchimie. Ce quelqu'un que tu as fait ton ami dans tes rêves, et bien il est dans la vraie vie comme tu l'imagines ! C'est le cas d'Hicham El Guerrouj (*athlète marocain, médaillé d'or du 1 500 m et du 5 000 m à Athènes en 2004*). Je ne le connaissais pas, je l'ai aimé comme ami imaginaire et dans la vraie vie, il est sublime. Mais il y en a d'autres que j'ai sublimés et qui étaient vraiment des connards.

Les expressions que tu emploies – « Mon garçon », « Mon petit » notamment pour Christophe Lemaitre – donnent pourtant l'impression d'une connexion quasi intime...

Oui, parce que je l'ai rêvée. Je n'ai pas parlé avec Christophe, c'est quelqu'un qui ne parle pas. Il est dans sa bulle et moi dans la mienne. Mais Christophe m'a fait rêver, oui. En plus je connais l'endroit d'où il vient, donc je l'ai pris dans ma famille imaginaire. Usain Bolt, tu vois, dans mon rêve c'est mon meilleur pote, on fait du reggae ensemble, il me fait visiter la Jamaïque. Usain Bolt je l'aime. Mais je ne le connais pas.

Finalement, c'est toujours l'enfant de trois ans qui commente ?

Oui, c'est ça. Je suis gêné de rencontrer certaines personnes qui me déçoivent parce que quand je les retrouve sur la piste j'ai l'impression qu'elles m'ont trahi, que ce ne sont plus les potes que j'avais. Ça m'est arrivé deux fois avec des Français. Le charme est rompu.

Comment l'enfant de trois ans que tu étais s'adapte-t-il aux polémiques à répétition dans ce sport ?

Il y a une forme de schizophrénie qui se dégage de ma façon de commenter. Justin Gatlin (*champion olympique du 100 m en 2004*) c'est mon pote, on vient de bouffer un burger. Quand je le commente, je suis encore dans mon rêve, je gueule. C'est le moment numéro 1. Le moment numéro 2, c'est l'après-course, je redeviens journaliste et je peux analyser, expliquer la situation. Le consultant est génial pour ça. Il a pour mission de me faire passer du rêve à la réalité. Tous m'ont fait passer du rêve à la réalité avec énormément de bienveillance.

As-tu créé des liens d'amitié avec tes consultants ?

Deux d'entre eux sont devenus mes amis alors que moi, je n'ai pas d'amis. Donc tu vois la force du truc ? J'ai commenté le foot avec quinze mecs différents et il ne m'en reste rien. Notamment Papin que je vois un jour sur une aire d'autoroute et il ne se souvenait même plus de moi. On avait commenté vingt matchs ensemble. L'athlétisme, j'ai commenté avec Bernard Faure, un type que personne ne connaissait, champion de France de marathon, et c'est devenu un ami proche. Tout comme Stéphane Diagana (*champion du monde du 400 m haies en 1997 devenu consultant sur France 2*). La Rolls Royce du commentaire. C'est le meilleur, toutes disciplines confondues.

Peux-tu nous détailler cette notion de rêve qui semble capitale pour toi ?

Oui. Rien que d'y penser, j'en ai des frissons. C'est la clé. Quand tu vois le mec entrer sur le stade, c'est fini, la porte se ferme, tu es à l'intérieur de ton truc. Tu commences à t'évader, tu commences à rêver, il peut se passer n'importe quoi autour de toi, tu n'y prêtes pas attention et tu es en symbiose avec ton pote intime, celui que tu ne connais pas, mais que tu connais depuis toujours. Tu vas vivre avec lui ce moment unique, le titre olympique. Alors bien évidemment, il y a des athlètes qui ne t'ont jamais fait rêver et là je suis davantage professionnel, car le côté rêve ne marche pas. Mais avec Pierre-Ambroise Bosse, Marie-Josée Pérec, Usain Bolt, je ne suis plus moi, je retourne en enfance. Il peut se passer n'importe quoi, je ne maîtrise pas ce que je fais, alors que je pense avoir intellectuellement suffisamment de recul pour analyser ce qu'il se passe. Mais dans ces moments-là, seul existe ce lien intime avec un type que tu ne connaîtras jamais.

Est-ce à dire que tu laisses champ libre à l'interprétation ?

Oui, complètement. Je vis le truc comme si j'étais dans le short de la personne. Je tremble, j'exulte à sa place. Je l'accompagne dans la victoire. Dans la défaite. Et c'est vrai que pour revenir sur Justin Gatlin, certes il a battu Bolt et cela m'a fait du mal, mais j'ai été content pour lui. Il ne m'a jamais laissé indifférent, tout en connaissant son passé. J'ai de la tendresse pour les bad boys.

Usain Bolt, c'est un de tes chouchous ?

Oui, parce que je pense qu'il a à la fois sauvé l'athlé et tué le sport. C'est assez égoïste. Il l'a sauvé quand j'étais en poste et condamné depuis que je n'y suis plus. L'athlétisme a perdu de son aura à cause du dopage, et c'est aussi un sport extrêmement compliqué à pratiquer pour les gamins. C'est très ingrat. L'athlé est en perte de vitesse et ne sera peut-être bientôt plus le sport numéro 1 olympique. Usain a apporté un plus, il a apporté le show. Il a prouvé qu'un 100 m durait deux heures. Il y a un avant, un pendant, un après. Usain Bolt c'est un gamin, je l'ai vu à une heure du mat' à Rio dans le stade désert lancer le javelot. Depuis qu'il a arrêté, il n'y a plus de star.

Quels sont tes plus grands moments vécus au micro ?

Ceux où tu es en osmose totale avec l'athlète. J'ai plein d'exemples. J'ai rencontré Sarah Etongue, une Camerounaise mère de 9 enfants, qui a vaincu plusieurs fois le Mont Cameroun, l'épreuve la plus difficile en matière de trail, et je suis tombé amoureux de cette femme. Je n'ai aucun contact culturel avec elle pourtant. Marie-Jo également. Pourtant, elle était très difficile d'accès. Mais je l'ai plus aimée que les femmes de ma vie. Ça ne s'explique pas. Pierre-Ambroise Bosse à Londres, même chose. Je me suis mis dans sa peau. S'il m'avait dit d'y aller avec lui, j'y serais allé même en sachant que je n'avais pas les cannes. Je l'ai vu partir aux 600 m et je me suis dit : « C'est pas possible. » Quand je dis « lui », je dis « je ». Et plus les secondes passent, plus tu te mets à y croire. Puis, il devient champion du monde ! Champion du monde, c'est quoi ? Quand t'y réfléchis, ce n'est rien. Il n'a pas inventé le vaccin, il n'est pas prix Nobel. Mais putain l'émotion qu'il m'a donnée. Quand tu vis l'instant, tu veux l'embrasser. Moi j'étais sportif raté et ce que j'aimais quand je jouais, c'était quand je marquais un but de raccroc et qu'on s'embrassait avec mes coéquipiers. Il y avait une symbiose totale. Sur ce moment précis, il n'y a plus qu'une seule personne. Ce privilège que j'ai eu en tant que commentateur, c'est de pouvoir fusionner avec les plus grands et de pouvoir m'identifier à ceux que je ne serai jamais.

Les athlètes que tu as commentés ont-ils apprécié ton style ?

Marie-José Pérec m'a fait un compliment dont je m'honore. Elle a dit que j'écrivais les paroles et elle la musique. Mais je n'attends rien des athlètes, la réalité c'est que je les connais et qu'ils ne me connaissent pas. Marie-Jo c'est différent, c'est la femme de ma vie.

On aime bien revenir sur les phrases cultes des commentateurs. Toi, c'est Floria Gueï avec le fameux « Alors peut-être »... (*La Française effectue retour supersonique pour offrir le titre de champion d'Europe à la France en 2014 sur le 4x400 m*)

Ce jour-là, personne n'y croit. Pas même Stéphane Diagana, l'animal froid, le sage parmi les sages. Mais si les gens se souviennent de cela, c'est parce que je dis juste avant : « Et là on ne revient pas... » Mais je l'espère. Je me dis : « Si ça pouvait se faire. » Et le miracle a lieu ! « Alors peut-être », c'est le résumé de toute la vie. « Alors peut-être », il y a tout. C'est l'anti « du coup » d'aujourd'hui. Il y a l'espoir. Le fait de ne jamais renoncer à ses rêves, que tout est toujours possible. Si ce truc a pris, c'est que tout le monde a pu rêver un jour d'être Floria Gueï. D'être confronté à une situation désespérée, de la sublimer et de gagner. Je n'y suis pour rien. C'est sorti comme ça, j'aurais pu dire une connerie. Ce n'était pas ma copine dans mes rêves en plus. Mais elle nous a offert un moment d'éternité.

L'ampleur de cette phrase, la mesures-tu ?

Non, ça dépasse tout le monde. Au départ, les trois autres filles du relais veulent honorer Muriel Hurtis. Floria est l'une des trois.

As-tu des regrets ?

Oui, j'en ai plein. C'est le direct, c'est obligatoire. Mais mon plus grand c'est Stuttgart en 1993 (*Championnat du monde d'athlétisme*), lorsque j'ai insulté une profession. L'équipe de France n'a rien gagné et arrive la finale du relais. On a une chance de médaille. Je fais monter la sauce. Mais le mec dans le camion m'appelle et me dit qu'il faut passer la pub. Je coupe le micro et je réponds : « Tu déconnes ? » Mais il me dit que la chef d'antenne va me couper si je ne rends pas l'antenne. La colère me prend et je sors un truc du genre : « Ben voilà on devait avoir un direct, mais à cause de la chef d'antenne, vous l'aurez en différé, car il faut que je rende l'antenne. » J'étais super content de moi, je me disais que je l'avais coincée. J'arrive chez moi le lundi et coup de fil. Le président de France Télévisions, Hervé Bourges, voulait me voir. Je me fais convoquer. Hervé Bourges me dit que ce que j'ai fait est inadmissible. Il me dit : « Le linge sale se lave en famille. À cause de vous j'ai un préavis de grève des chefs de chaîne sur le dos, de ce fait je veux que vous fassiez des excuses publiques. Sinon, vous prenez la porte. » Il ne m'a pas coupé la tête. J'ai rencontré la chef d'antenne et je me suis trouvé comme un con. J'avais l'impression que je prenais le boulard. C'est mon plus grand regret.

Comment prépares-tu les courses ?

Au début je faisais des fiches, mais on a rapidement tout eu sur l'ordinateur. Moi, je pense qu'il faut un minimum de résultats techniques, que c'est l'émotion qui prime.

Tu sembles en opposition totale avec le commentateur moderne ?

Oui, aujourd'hui le commentateur est noyé parmi d'autres. Celui qui va crever l'écran c'est celui qui ne va pas se noyer dans les statistiques. Ce mec-là, qui se veut technicien, il aura toujours un mec plus technique que lui. En revanche, celui qui est capable de générer l'émotion, là il est fort. Je pense qu'il fait la différence. Moi j'ai fait du ski de fond, du tir à l'arc. Et à chaque fois je m'enorgueillis d'avoir réussi à faire passer l'émotion. La victoire de Jason Lamy-Chappuis en 2010, personne ne connaît le sport, mais j'arrive à faire passer l'émotion.

As-tu le sentiment d'avoir créé des vocations ?

J'ai peut-être suscité des envies. Chacun a le phare qu'il mérite.

Peux-tu évoquer la fin de l'aventure à France Télévisions ?

France TV c'est une histoire d'amour pour moi. C'est mon pote Dominique Duvauchelle. C'est une histoire très chargée émotionnellement. Une vraie histoire d'amour. Le problème c'est que les histoires d'amour, il y a un moment où elles sont à sens unique. Tu continues d'aimer et l'autre non. J'avais atteint l'âge de la retraite et même si pour moi cela ne voulait rien dire, légalement ça voulait dire quelque chose pour l'entreprise. Mais je n'ai jamais voulu l'entendre, car mon rêve était de mourir au micro. Je voulais les Jeux de 2024, puis cette mort qui correspondait à mes rêves. J'étais dans le déni total.

Ensuite, il y a eu cet épisode malheureux avec Kevin Mayer qui est en fait un quiproquo. Ma colère sur le dopage s'adressait aux marathoniens, aux coureurs de fond et particulièrement à des représentants du Kenya, car j'en revenais et je m'étais aperçu que le dopage y était endémique. J'avais pris la parole sur Facebook pour défendre une athlète française. C'était du direct, le dérapage était possible et il a eu lieu. Ça a fourni une occasion à la direction d'accélérer les choses. Ça a été une grosse rupture, douloureuse. Mais bon, maintenant je suis tombé amoureux de

Radio Montel. (*Patrick Montel fournit désormais du contenu à ses suiveurs sur les réseaux sociaux, notamment en se rendant sur certaines compétitions*) Même si, pour un commentateur, être absent des JO c'est une tragédie. Donc je pense que je ne serai pas absent. Je serai présent d'une manière ou d'une autre.

Ce que tu fais avec Radio Montel, est-ce possible de le reproduire en 2024 ?

Non, car je n'aurai pas d'accréditation. Mais personne ne peut m'empêcher de commenter dans la rue si j'ai envie. Je vais aller dans des EPHAD, dans des commissariats de police, dans des églises, dans des mosquées. Je suis athée, je rentrerai où je veux.

Le monde des médias, c'est terminé ?

J'ai tapé à toutes les portes, j'ai même essayé de rentrer par des fenêtres. Mais apparemment, ça ne se fait pas comme ça. De mon côté je sais que je serai présent. Je n'imagine pas être absent des Jeux.

Les gens te rendent cet amour ?

Oui, c'est incroyable, je reçois beaucoup d'affection. Je ne m'en remets pas. Radio Montel est une révélation pour moi. Je me suis aperçu qu'on ne donnait pas assez la parole à monsieur et madame Tout-le-monde. Ces gens ont des choses à dire et sont reconnaissants. Ce n'est plus vraiment le cas dans le sport de haut niveau. Les gamins et les gamines trouvent ça normal que tu sublimes leur exploit. Alors que monsieur et madame Tout-le-monde sont toujours honorés quand tu mets en valeur leur performance. J'ai compris que chacun est son propre champion olympique. Le mec qui va faire 6 h au marathon, comme celui qui va le boucler en 2 h 30.

Tu n'as jamais été aussi proche des gens ?

Complètement et pour le coup je sors des rêves. C'est la première fois que je mets les pieds dans la réalité. Je suis confronté à des gens qui existent, qui me font chialer. Ils m'émeuvent, je les embrasse, je sors de ma bulle, je vais à leur rencontre. Pourtant sur ces mecs il y en a forcément qui votent Front national.

Les réseaux sociaux sont-ils l'avenir du métier selon toi ?

Bien sûr. La chance que j'ai, c'est que je peux faire de la télé avec mon smartphone. Tout le monde aujourd'hui peut commenter. Si tu sais véhiculer l'émotion, tu peux t'adresser à une énorme communauté. Pourquoi les gens viennent vers moi ? Car ils savent que je sais véhiculer l'émotion. Aujourd'hui, j'ai l'embarras du choix. Chaque week-end je suis sollicité trois fois. Je choisis. Je veux être invité et défrayé, mais je suis bénévole. Aujourd'hui, ma radio a plus d'abonnés sur les réseaux sociaux que la Fédération. Je suis encore motivé. Je vous jure, pour commenter une course des JO de Paris, je suis prêt à payer cher. J'ai toujours pensé que j'étais un escroc, car on m'avait payé pour faire ça. Je vais tout faire pour mourir en commentant. Je veux terminer comme Thierry Roland, qui s'est endormi le soir de France-Ukraine et qui ne s'est jamais réveillé, c'est mon plus gros et plus beau désir. Ça me ferait chier de mourir bêtement. Je n'ai rien à regretter. J'ai fait le plein.

Racontez-nous une anecdote secrète...

Un jour, un jeune journaliste faisait ses débuts. On l'avait amené sur un meeting d'athlétisme à Dijon. Il devait faire les interviews sur la piste. C'était sa première expérience et on avait décidé de se moquer de lui. On l'a convoqué dans notre chambre et on lui a dit : « On vient d'avoir la présidence, et ils aimeraient que tu fasses l'interview du colonel Bougeot. » On avait inventé le nom, on lui a dit que c'est un glorieux vétéran de la guerre d'Irak. « Le président voudrait que tu évoques avec lui la guerre d'Irak ». Le mec a accepté bien évidemment et on s'est retrouvé sur le stade, on l'a poussé pour y aller. Je le revois encore courir pour aller chercher le mec. On a explosé de rire.

LNB

GEORGE EDDY

« ÇA M'A TOUJOURS ÉNERVÉ QU'ON RÉDUISE MON SUCCÈS À MON ACCENT »

En matière de précurseurs, difficile d'égaler George Eddy dans le domaine du commentaire sportif. Lorsque cet Américain de naissance s'attelle à la promotion de la NBA en France à la fin des années 1980, le basket américain est encore un monde inconnu, presque invisible aux yeux du public français. Épaulé par les Jeux olympiques de 1992 illuminés par la *Dream Team* et par l'avènement de la star Michael Jordan, George Eddy contribue à l'essor de la discipline dans l'hexagone. D'abord en endossant le rôle de vulgarisateur auprès du public, puis en imposant sa touche franco-américaine et son grain de folie à l'antenne.

Plus de trois décennies plus tard, « Mister George », du nom d'un documentaire sorti en janvier sur Canal+, croule sous les sollicitations médiatiques : « Personne ne m'avait appelé pendant trente-cinq ans et depuis deux semaines tout le monde veut me voir ! », nous dit-il, amusé, lors de notre premier contact. Il nous reçoit la semaine suivante dans son salon, en proche banlieue parisienne. Confortablement installés autour d'une table en verre, l'heure d'interview défile à la vitesse de la lumière. Alors George Eddy nous propose de prolonger l'entretien afin d'approfondir les questions relatives à la science du commentaire. Le thème lui tient particulièrement à cœur. Seule une visioconférence prévue à 11 h 30 pour Canal+ Afrique le forcera à interrompre la rencontre... à 11 h 29 !

Par quel biais découvrez-vous le basket et en débutez-vous la pratique ?

J'ai quitté l'Alabama à trois ans, pour grandir à Winter Park à côté d'Orlando. Nous avions des voisins dont le père était fan de basket. Il m'invitait pour regarder des matchs chez lui. Le premier, c'étaient les Harlem Globetrotters, je devais avoir six ans. Tous les dimanches, il y avait l'affiche de la semaine de NBA, c'était l'époque Wilt Chamberlain contre Bill Russell, un des plus beaux duels de l'histoire du basket. Après, j'ai commencé à jouer avec ce même voisin, qui coachait une petite équipe locale. J'étais lancé pour la passion de ma vie.

Comment franchissez-vous le cap du professionnalisme ?

En Floride, j'évoluais dans le deuxième meilleur lycée de l'État et j'étais à chaque fois le dernier joueur évincé avant la saison. Dans une équipe de 15, j'étais le 16e. Même chose à l'Université de Florida. Mais j'étais tellement passionné que je passais quatre ou cinq heures par jour, à jouer contre les meilleurs du coin. Mon meilleur pote d'enfance était le deuxième meilleur joueur de Floride, il a fini en NBA et moi je traînais tout le temps avec lui, je suivais partout la petite vedette. Il affrontait des cadors et ça me permettait de m'incruster et de progresser. Je jouais aussi beaucoup de matchs improvisés sur les *playgrounds*. Puis un jour, je suis venu en France avec ma mère pour visiter la famille. On cherchait une salle où je pourrais m'entraîner, juste pour le plaisir. Et un ami de la famille a contacté le club de Bagnolet. Ils ont répondu : « Si sa mère est française, il pourrait jouer en tant que franco-américain. » Les étrangers étaient limités à deux et ça leur permettait d'avoir un joueur avec une formation américaine, mais qui compte comme français. Nous sommes en 1977. On m'a proposé des essais pour faire partie de l'équipe professionnelle. J'ai sauté sur l'occasion. Après un match à deux contre deux, où figurait Hervé Dubuisson, ils m'ont proposé de faire partie de l'équipe. Quand je suis arrivé, j'ai vu la petite salle de Bagnolet, je me suis dit : « Le niveau doit être faible, je vais cartonner ! » Après j'ai vu que ce n'était pas si facile que ça. Mais j'ai fait quinze ans comme joueur pro puis coach.

À l'époque, l'Amérique est assez divisée sur les questions raciales. Comment le vivez-vous avant votre départ ?

Je vivais ça de très près, car mes parents travaillaient dans l'association de Martin Luther King, la NAACP. Ils étaient très impliqués dans l'associatif. Ma mère était présidente d'associations pour les aveugles – car elle était non-voyante – ou d'autres qui réunissaient les blancs progressistes et les noirs. La Floride était très raciste, basée sur la ségrégation. C'était très courageux de la part de mes parents de s'engager aux côtés des noirs, pour la lutte en faveur des droits civiques.

En France, le contexte politique était-il différent ?

Je ne sais pas, peut-être que les populations arabes ne partageraient pas cet avis. Mais je suis en France depuis quarante-six ans et j'ai compris que j'étais beaucoup plus proche du système social français, que mes idées collaient beaucoup plus avec le côté moins matérialiste, le style de vie à la française où l'on passe du temps avec sa famille et où tout n'est pas axé sur l'argent, le boulot.

Parlez-nous de votre arrivée chez Canal+. Comment êtes-vous repéré par Charles Biétry ?

C'est moi qui envoie mon CV à Charles Biétry. Je faisais partie des premiers abonnés de Canal+, j'ai vu qu'ils avaient couvert du sport américain et ça a fait tilt : « De la NBA sur

Canal+ ? Mais qui va pouvoir commenter ça ? » En 1985, le public français ne savait rien de la NBA. Moi j'étais un peu expert, je suivais ça depuis longtemps et je parlais français correctement, alors j'ai proposé mes services, sans trop y croire. Mes copains me disaient : « Ils ne vont jamais te prendre, tu n'es pas assez connu, tu joues en deuxième division. » Pourtant, j'étais le meilleur marqueur et on jouait la montée ! (*Rires*) Deux semaines avant la première diffusion, Charles m'appelle pour faire un casting et on a commenté le premier match ensemble. J'avais une grosse pression.

Étiez-vous prêt ?

Je m'étais entraîné chez moi avec un magnéto et des vidéos de NBA, car mes amis m'envoyaient des cassettes des États-Unis. Et j'ai aussi pris, très jeune, le côté communicatif de ma mère. Elle était très axée vers les autres. Étant aveugle, elle n'avait que sa voix pour s'approcher des gens. J'étais son commentateur, je passais mon temps à lui expliquer ce qu'on voyait à la TV. Tout ça, je m'en rends compte avec le recul, ça m'a préparé pour ce métier.

Comment ce premier match se déroule-t-il ?

On était super crispés. Charles Biétry était aussi débutant, on se trouvait très médiocres. Heureusement après le match, Pierre Lescure le patron de Canal, appelle Biétry et lui dit : « On va continuer un peu avec le franco-américain, car il a l'air de drôlement bien connaître le sujet et je pense qu'on peut le faire progresser rapidement. » Ouf ! Je revenais en deuxième semaine ! (*Rires*) C'est là que j'ai commencé à m'investir à fond. J'apprends le métier sur le tas. Je choisis les matchs, je reçois les bandes, fais les montages, prépare les fiches, pour finalement commenter un match que j'avais vu cinq fois. J'étais à moitié journaliste, à moitié comédien, car je faisais semblant de ne pas connaître le résultat ni les actions de la rencontre.

Les matchs n'étaient donc pas diffusés en direct ?

On les faisait en différé, mais Biétry voulait qu'on commente dans les conditions du direct. C'était le lundi soir vers 23 h. Il voulait qu'on ait cette pression pour gérer le stress. C'était une vraie préparation pour ensuite se rendre dans les salles. Tout ça était très bien vu. C'était une bonne école, on apprenait ensemble. Le direct est venu au début des années 1990, grâce aux connexions par satellites. Avant, ils enregistraient des bandes et les envoyaient par avion. Entre le match et le moment où nous recevions les images, il se passait dix jours… Mais c'était un produit complètement nouveau, donc les premières saisons le but était surtout d'expliquer les différences de règles avec la France, le déroulement de la compétition, qui étaient les vedettes, c'était le b.a.-ba.

Était-ce difficile de suivre la NBA en France ?

Il n'y avait rien. Même pas les résultats dans *L'Équipe*. J'avais juste ramené une télévision américaine en NTSC et ce magnétoscope américain dont je vous parlais. Et toutes les semaines, mes amis m'envoyaient les matchs, mes séries préférées… J'étais le mec populaire parce que je pouvais inviter tout le monde chez moi pour regarder les matchs. Mais à l'époque c'était une micro-niche.

Comment le public français s'est-il finalement attaché à la NBA ?

C'est la qualité du spectacle qui s'est imposée. Et Biétry le savait, il disait : « Les Américains mettent de gros moyens, les matchs sont super bien filmés. Vous avez les meilleurs joueurs de basket au monde, dans des salles de 20 000 personnes. C'est un grand spectacle télévisuel. » Ça plaisait depuis quelques années au public italien, alors pourquoi pas en France ?

Votre accent américain a-t-il constitué un plus, à l'antenne ?

Oui, ça l'a toujours été, tout au long de ma carrière. Les gens trouvaient ça rigolo. Quand je faisais des fautes, ça les faisait rire, il y avait un côté humoristique. Avec le temps, j'ai gommé beaucoup d'erreurs, mais l'accent reste. Je n'ai jamais rien fait, ni pour le garder ni pour le perdre. Et j'avais compris que ça me rendait plus crédible pour commenter des sports américains. Biétry me disait : « Surtout, ne le perds pas ! » Je savais que ça faisait partie de mes atouts. Mais ça m'a toujours énervé que l'on réduise mon succès uniquement à mon accent. Ma blague récurrente c'était de dire : « Pour ne pas perdre mon accent, je me passe des cassettes de Jane Birkin tous les matins dans la douche. » (*Rires*)

Vous êtes-vous aussi inspiré du style des commentateurs américains ?

Je m'inspirais des commentateurs de mon enfance, car je n'avais pas d'autres références, et en plus, ils étaient bons. Notamment Chick Hearn qui a commenté les matchs des Lakers pendant 50 ans. Il a inventé des expressions comme « *coast-to-coast* », « *slam dunk* ». Mon idée, c'était de prendre le meilleur de chacun, piquer les meilleures phrases, les gimmicks et de réunir tout ça. J'ai commencé par importer les expressions « duel en haute altitude », « *show time* », « dunk », etc. Dès le début, je voulais introduire les termes américains dans la langue française. J'ai vu tout de suite que ça plaisait et que les jeunes les réutilisaient sur les *playgrounds* (*terrains*). Et moi, j'ai même piqué des termes sur les *playgrounds*. Un jour, je joue à Tolbiac et un gars dit : « Oh ça ne défend pas, c'est gruyère time » ! J'ai trouvé ça génial et je lui ai dit : « Attention, je vais piquer ta phrase pour la TV ! » Et je l'utilise depuis 20 ans !

Les commentateurs américains sont parfois sur la retenue. N'est-ce pas l'opposé de votre style ?

Oui, ce n'est pas ça que je recherchais. Je ne souhaitais pas emprunter ce côté sobre, hyper pro. Ça m'ennuie. Quand j'ai travaillé sur des événements pour la NBA, tout était scripté au mot près, aucune improvisation. La TV américaine, c'est un peu ça. Pour moi ça manque de spontanéité. En France, j'avais le droit de me lâcher, surtout à partir des Jeux de 1992. J'étais plus naturel, plus à l'aise. Finalement, comme pour tout dans ma vie, j'ai essayé de réunir le meilleur des cultures française et américaine. Le style de commentaire que j'ai créé est issu d'un melting-pot.

Vous évoquez 1992 : les JO avec la *Dream Team* constituent-il un déclic auprès du grand public ?

C'est vrai que c'est un tournant historique pour le basket et pour la NBA en particulier. On disait à l'époque que les parents allaient comprendre pourquoi les enfants avaient mis des posters de Magic Johnson et Michael Jordan dans leur chambre. Les matchs de la *Dream Team* étaient en direct sur TF1 et France Télévisions, tous les foyers y avaient accès. Les meilleurs joueurs de tous les temps étaient réunis dans la même équipe : la meilleure équipe de sport collectif de l'histoire de la planète ! Ces Jeux 1992 on s'en souvient surtout avec la *Dream Team*, c'était l'événement majeur.

Quel est votre rôle durant ces Jeux ?

On suivait la *Dream Team* partout. On a couvert tous leurs matchs en direct. Lors de la préparation, je logeais au même hôtel qu'eux à Monaco. On tournait un documentaire avec des images exclusives pour Canal+. Biétry avait compris l'impact incroyable que cette équipe allait avoir et j'étais ravi de les suivre. À Barcelone, c'était épuisant à un point insoupçonnable, j'ai fini sur les rotules. Biétry nous obligeait à rester dans la salle dès le premier match du jour... jusqu'au dernier. Donc nous y étions dès 8 h 30 le matin et nous rentrions à minuit. Il faisait trente-cinq degrés dehors et quinze à l'intérieur avec l'air conditionné, donc à un moment j'ai perdu ma voix. Mais on l'a fait avec une satisfaction énorme et totale. Ces premiers Jeux de Canal+ de 1992 étaient une référence et le sont toujours.

D'autres événements ont-ils contribué à l'explosion de la popularité de la NBA ?

Oui dès 1991, lorsque l'on diffuse les finales en direct. On avait perdu les droits vis-à-vis de France 3, car la NBA voulait une chaîne en clair. Et rapidement, ils ont vu que leur traitement n'était pas satisfaisant, ils sont revenus nous voir en nous disant : « On leur laisse les droits en clair, mais on vous les vend pour le payant. » Biétry, qui était tout heureux de récupérer son bébé, leur a proposé de faire les finales en direct. C'est le tournant historique dans notre couverture. On passe de matchs en différé de 10 jours à des finales Jordan contre Magic, sur place, en direct.

Cette période-là vous permet-elle de tisser des liens avec Michael Jordan ?

Je n'étais pas à Paris quand il est venu en 1985. Il venait de terminer sa première saison de NBA, Canal+ avait très peu d'abonnés. Il avait rencontré Coluche qui ne savait même pas qui il était. Je n'ai pas raté grand-chose. Par contre en 1990 lorsqu'il revient, je suis le consultant pour ses exhibitions et je préviens Nike que la popularité de Jordan dépasse largement ce qu'ils croient. Je propose Bercy : Jordan était la plus grande star NBA, le meilleur marqueur, il fallait prendre au minimum Coubertin. Mais non ! L'événement a lieu à Boulogne, dans une salle de 2 000 places et en plus c'était gratuit. Évidemment le jour-J, 10 000 personnes se pointent ! Je dois monter sur un bus et dire à 8 000 d'entre elles de faire demi-tour. Michael Jordan voit l'engouement et demande de tout annuler. Il craignait qu'on lui saute dessus, qu'on lui arrache ses vêtements, qu'il y ait des blessés. Il y a une baie vitrée qui explose sous la pression des 2 000 spectateurs qui allaient rentrer. Là, je suis dans le vestiaire avec Jordan, ses avocats et ses gardes du corps et je joue un rôle important. C'est la première fois que je suis vraiment dans l'intimité d'une star mondiale, pendant ces quelques jours, j'étais son traducteur et son guide dans Paris, son bras droit en quelque sorte. Alors je lui dis : « Écoute, j'ai le micro, je vais dire au public de rester bien assis, de ne pas bouger, parce que si quelqu'un s'approche de toi, on annule tout de suite l'événement ! Donne-moi cette chance ! » J'ai réussi à le convaincre, on a tenté le coup. Les gens ont été formidables, Jordan a joué une mi-temps dans chaque équipe. On a tout filmé avec les caméras de Canal+, c'était une exclusivité mondiale et on voit encore les images sur internet. Jordan a été extraordinaire, il a fait un show ! Ça reste mon plus beau souvenir avec lui. À partir de là, chaque fois que je le croisais, il m'accueillait toujours gentiment, avec un petit mot. On a vécu un truc incroyable ensemble.

Il revient en 1997, sur le plateau de Nulle part ailleurs.

C'est la plus grosse audience de la saison, c'était un événement colossal : une heure en exclusivité avec Jordan ! Il était habillé comme un prince, très à l'aise. Par rapport à 1990 c'est un autre monde, son entourage est passé de cinq personnes à cinquante. C'est le summum du partenariat entre Canal et la NBA.

Sentez-vous une relation de confiance avec Jordan ?

Oui, il avait confiance en moi. Il m'a toujours reçu avec beaucoup de respect. J'avais d'ailleurs un peu la même relation avec Shaquille O'Neal, avec qui je m'étais entraîné un jour dans la salle de Levallois. J'étais un peu un de ses copains. Plus qu'avec Jordan, car lui se protégeait, mais nous avions une relation professionnelle très installée et je suis fier de ça.

Évoquons les Jeux de Sydney et cette finale France–États-Unis…

Ces JO de 2000, c'est la fin de la génération Sciarra, Rigaudeau, Gadou, Bonato. Ils avaient été champions d'Europe juniors, mais personne ne s'attendait à voir la France en finale olympique. Surtout qu'au premier tour, on avait failli se faire éliminer, on avait été obligé d'arracher une victoire dans le dernier match de poule contre la Chine.

Vous dites « on » !

Oui ! La réalité c'est que je suis un pur produit du basket français. J'ai grandi aux États-Unis, mais je suis en France depuis quarante-six ans, j'ai tout appris ici.

Revenons sur cette finale : vous commentez cet incroyable dunk de Vince Carter ! Est-ce un moment fort de votre carrière ?

Oui, parce que j'ai été marqué en le voyant dans la salle. Carter saute au-dessus d'un joueur de 2,15 m : Fred Weiss, et il réalise le plus beau dunk de l'histoire du basket ! La puissance et le côté acrobatique restent encore en mémoire aujourd'hui.

En 2007, un autre de vos commentaires fait le buzz lors de France-Russie. Cette fois-ci, vous paraissez énervé !

J'ai regretté d'avoir juré à l'antenne ! J'explose parce qu'on rate les lancers-francs. J'étais furieux. Le problème c'est que quatre ans avant, lors de l'Euro en Suède, on rate la qualification pour les JO en perdant de deux points dans le match pour la médaille de bronze contre l'Italie, qu'on avait battue de trente-trois points en poule. Il y avait des problèmes internes et tout le monde avait abandonné Tony Parker, pour des histoires d'égo. Ils étaient un peu jaloux de lui, qui était champion NBA en 2003. C'était criant. Par moments je me mettais debout pour hurler sur les joueurs : « Réveillez-vous les gars, vous n'avez pas le droit de nous faire ça ! » J'étais scandalisé ! Résultat : on ne fait pas les Jeux d'Athènes. Et en 2007, même scénario.

Comment la suite de la compétition se déroule-t-elle, cette année-là ?

Après ce match contre la Russie, on doit gagner un des deux matchs de classement pour aller au tournoi pré-olympique où généralement les Européens se qualifient toujours. Mais le lendemain dans une grande salle vide de 18 000 places, on ne sent pas les joueurs français concernés. Ils font un concours de dunks avec de grands sourires à l'échauffement, ils ont une attitude arrogante. La Croatie a plusieurs joueurs majeurs blessés, on les prend à la légère et on joue comme des pieds. Donc on perd. Et il y a ce deuxième match contre la Slovénie où l'on fait la même chose. Là encore, je me mets debout et je crie sur les joueurs. Ils étaient en dilettante alors que l'enjeu était colossal. On perd encore. Bêtement. Et après il y a le clash avec Tony Parker dans une émission de sport au retour de Madrid. Il m'a boycotté pendant deux ans et il a essayé d'entraîner les autres joueurs de l'équipe de France. Heureusement Boris Diaw et Nicolas Batum ont refusé de le suivre.

Expliquez-nous ce clash.

Tony Parker me disait : « Tu as fait une petite carrière de joueur, qu'est-ce qui te donne le droit de nous critiquer ? Tu n'es personne ! » Sur internet, énormément de gens m'ont défendu. Je regrette de ne pas avoir été plus diplomate dans ma façon de poser les questions, il ne se serait peut-être pas énervé. Le pire c'est qu'au maquillage avant l'émission, nous avions eu une discussion très franche en tête-à-tête où je lui avais dit : « C'est dommage, tes coéquipiers ne t'ont pas assez soutenu. » Car lui avait fait une bonne compétition. Et il m'avait répondu : « Tu as raison, je me sentais vraiment seul. » Il me raconte ça et ensuite sur le plateau, il dit exactement le contraire et prend le rôle de grand défenseur de ses coéquipiers. Ça, je le comprenais. Les attaques personnelles un peu moins. La brouille a duré deux ans, il ne faisait pas d'interview en tête-à-tête avec moi. Aujourd'hui tout est oublié et j'ai de très bonnes relations avec lui. J'ai tellement de respect pour sa carrière de joueur et maintenant de président de club ! Mais à ce moment-là, ça m'avait un peu déçu donc j'avais décidé de laisser les matchs des Bleus à Jacques Monclar. Il était parfaitement crédible. À l'époque, TPS et Canal+ avaient fusionné et Alexandre Bompard, le patron des sports voulait prendre Richard Dacoury. Mais nous sommes allés le voir avec Bruno Poulain pour proposer Monclar. Il était de la maison et pour nous, il était cent fois meilleur en tant que consultant.

À vos yeux, qu'est ce qui caractérise un bon consultant ?

C'est un mélange de tout. J'ai toujours dit aux jeunes qui me posaient la question : « Le commentaire sportif c'est très simple, c'est mettre la bonne parole, sur la bonne image, au bon moment. » Ça paraît très simple, mais il n'y a rien de plus difficile ! Chaque image dure environ 7 secondes. Ça veut dire que tu emmagasines les informations dans ton cerveau, mais qu'il faut pouvoir les sortir au moment opportun. Pour être crédible et efficace, il faut que ça sorte vite et spontanément. Avec le temps, j'ai aussi appris que parler moins souvent, c'est dire plus. Avant, je souhaitais toujours occuper les espaces vides, mais ce n'est pas nécessaire. Maintenant je n'ouvre ma bouche que si j'ai un truc pertinent à dire. Ça repose l'oreille du téléspectateur, il ne faut pas saoûler les gens.

Aviez-vous cette peur ?

Oui j'avais la crainte de lasser les gens. Il y a une époque où je commentais cinq matchs par semaine. C'est fatigant d'entendre toujours la même voix. À Canal, j'ai toujours souhaité partager le travail avec les collègues, pour entendre d'autres voix, d'autres opinions. Ça enrichissait l'offre globale de la chaîne. Certains ont des méthodes plus monopolistes et souhaitent tout commenter, car ils ont peur qu'un autre soit meilleur qu'eux. Moi, c'est exactement le contraire. Si Monclar commente sur la même chaîne et qu'il est très bon, ça met la barre plus haut par rapport à l'exigence que j'ai vis-à-vis de moi-même. Le but à la fin, c'est de faire un bon produit pour les abonnés.

Excepté Parker, quels rapports entreteniez-vous avec les joueurs de l'équipe de France ?

Chaque génération nous disait la même chose : « On a regardé les matchs NBA sur Canal+. » Les joueurs de la génération Parker nous racontaient que les matchs de Jordan leur avaient donné envie de travailler encore plus fort pour y arriver. Il y a toujours eu beaucoup de respect et de reconnaissance. Chaque génération était une nouvelle génération Canal+. On suivait les stages de l'équipe de France, on commentait les matchs, on était là pour les mettre en valeur. Nous étions des partenaires. J'étais le grand-frère... et maintenant je suis le grand-père ! (*Il éclate de rire*)

Dans les années 2010, l'équipe de France est particulièrement performante, comment percevez-vous cette période ?

Comme une énorme revanche par rapport à cette période compliquée de 2003 à 2007, même si tout n'était pas négatif. En 2013, Monclar vient de partir à beIN, donc je récupère l'équipe de France et je suis à Ljubljana pour le sacre absolu. C'est la première fois dans l'histoire du basket français que les hommes sont champions d'Europe ! C'est un énorme soulagement d'arriver tout en haut, en plus, en battant l'Espagne en demi-finale. Malheureusement j'ai explosé mes cordes vocales lors de ce match, j'ai été obligé de me « droguer » pour pouvoir parler pendant la finale (*rires*). Après on enchaîne une période extraordinaire : au Mondial 2014, on bat l'Espagne avec les frères Gasol, chez eux... Un match incroyable, c'est un énorme souvenir ! Puis en 2015, on perd contre eux en prolongation, en demi-finale devant 27 000 personnes. Et c'est cette année-là que Canal décide d'arrêter le basket. Tous les collègues partent et moi j'arrive à sauver ma tête uniquement car il restait la NBA sur Canal+ Afrique. J'étais le seul rescapé de la charrette. Le pire c'est que lorsque Bolloré rachète Canal, il demande pourquoi Sport+ a été arrêté et affirme qu'il aurait fallu continuer. On a regretté qu'il ne soit pas arrivé six mois avant, c'était une chaîne fantastique.

Quels sont vos projets désormais ?

J'arrive en fin de carrière, on a vécu mes « funérailles » déjà trois ou quatre fois depuis 2012, on m'a souvent envoyé à la retraite, mais je vais rester encore deux ans sur Canal+ Afrique et j'espère terminer ma carrière sur les JO 2024 avec Europe 1.

Avec le recul, pensez-vous que le métier a évolué au fil des décennies ?

Oui surtout avec internet. Les téléspectateurs sont aussi informés que moi, le commentaire a changé. Aujourd'hui, mon travail est plus de trier dans cette énorme quantité d'informations pour sortir la bonne statistique par rapport à l'image. Le métier est totalement différent. Comment rester pertinent et se distinguer au milieu de tous ces matchs et ces commentaires qui nous noient en permanence ? C'est un défi.

Quelle est votre anecdote secrète ?

Une année Shaquille O'Neal fait un concert avec un groupe de rap au Zenith de Paris. C'était plein. « Shaq » et les rappeurs ne voulaient pas commencer avant d'avoir reçu leur seau de poulet frit d'un fast food célèbre, que les organisateurs devaient faire venir depuis la Porte d'Italie. Le trajet jusqu'au Zénith est long, surtout quand il y a des embouteillages... Les organisateurs ont pris beaucoup de retard, le repas n'arrivait pas. Et moi je devais faire patienter le public. J'ai dû monter sur scène en disant : « Soyez patients, le concert va démarrer. » Mais je ne pouvais pas leur expliquer la vraie raison du retard ! C'était folklorique.

LIGUE 1

DIDIER ROUSTAN

« J'AI TOUJOURS APPELÉ UN CHAT UN CHAT. ÇA A PU PASSER POUR DE L'INSOLENCE AUPRÈS DES FOOTBALLEURS. »

Les plus jeunes d'entre vous le reconnaissent sans doute dans le costume de président de L'Équipe du Soir aux côtés d'Olivier Ménard. D'autres l'identifient comme l'inventeur de la « Roustanie », ce pays imaginaire, disponible via une application traitant le football de manière ludique et décalée. Pourtant Didier Roustan est avant tout l'un des commentateurs les plus expérimentés du PAF. Incollable sur le football des années 1970, il débute au micro à 21 ans, sur TF1, à l'occasion d'un match de l'équipe de France. Plus de quarante ans après ses débuts, Didier Roustan exerce toujours sur TV5 Monde, où il commente chaque week-end quelques-unes des plus belles affiches de Ligue 1. Son rôle a évolué, comme les techniques du commentaire, la place des consultants et les moyens à disposition pour préparer les matchs. La passion, elle, reste intacte. Son lien indéfectible avec l'Amérique du Sud l'amène d'ailleurs à voyager régulièrement sur le continent de Pelé, l'homme qui lui « a ouvert l'esprit au football ».

Toujours prêt à discuter ballon, l'une des grandes figures de La Chaîne L'Équipe n'a d'ailleurs laissé passer que trois minutes après notre première approche pour nous rappeler et convenir d'un rendez-vous pour se rencontrer. L'entretien a lieu dans un café de Boulogne-Billancourt, Le Bleu. Un clin d'œil, peut-être à celui du maillot de l'Argentine d'un certain Diego Maradona.

Votre maman était journaliste, votre papa mordu de foot. Le journalisme sportif s'est-il imposé comme une évidence ?

Non, l'évidence, c'était de ne pas me casser la tête, de trouver un petit job, de passer mon temps avec mes copains et de regarder les couchers de soleil à Cannes aux bras d'une fille. Les circonstances de la vie ont fait que j'ai obtenu un stage de trois mois à TF1 en septembre 1976 et que j'y suis resté treize ans. Les gens ont été adorables avec moi. Il se trouve que j'étais beaucoup plus au fait qu'eux sur le foot, j'étais vraiment passionné, j'allais chercher des informations sur les championnats étrangers alors qu'à l'époque, hormis *France Football* et quelques mensuels, il n'y avait pas tous ces moyens d'informations dont on dispose aujourd'hui. Ça leur a plu. Et surtout j'ai été au bon endroit, au bon moment, car début décembre 1976, TF1 a signé des accords pour un magazine hebdomadaire : Téléfoot ! Ils avaient besoin de mecs qui connaissaient le foot et Georges de Caunes, le papa d'Antoine, m'a proposé des essais TV. Et ça a marché.

Le 5 septembre 1979, vous commentez votre premier match : Suède-France (1-3). Comment une telle opportunité se présente-t-elle, à 21 ans ?

Je pense que c'est unique. Il faut se rappeler qu'à l'époque, il n'y a que trois chaînes et donc des audiences de folie, car tout le monde a une télé. Commenter des matchs de Coupe d'Europe ou de l'équipe de France, à 21 ans sur une chaîne comme ça, ça n'existait pas et ça n'existe toujours pas. À Téléfoot, on avait un avantage, c'est que l'on commentait dix minutes de match à la fin de chaque émission. J'en faisais régulièrement, dans des conditions difficiles. On commentait ça sur des écrans assez petits, parfois en noir et blanc. À Angoulême j'ai même commenté une fois depuis les toilettes. Tout était pris de partout, on avait tiré des fils jusque dans les chiottes... C'était une bonne école. Jean Raynal et Christian Quidet se sont rendu compte que j'étais capable et ils ont décidé de me mettre aux commentaires. J'ai rapidement commenté avec Denisot. C'est venu de manière précipitée et impromptue.

Quelles étaient vos conditions de travail ?

La préparation n'était pas trop compliquée. L'équipe de France, je la connaissais par cœur. Les Suédois à-peu-près. On était partis deux jours avant, on avait assisté à des entraînements, les choses étaient plus accessibles. La difficulté, c'est qu'on commentait depuis une cage en verre, où l'on était coupés de l'ambiance et où, pour voir la ligne de touche et les dix premiers mètres du terrain, il fallait se lever. Donc on a commenté debout. Mais surtout et là c'était un exercice très difficile : les caméras n'étaient pas de notre côté ! Ça veut dire que quand les joueurs de l'équipe de France attaquaient à gauche, nous sur l'écran de contrôle, ils allaient à droite. Et c'était en noir et blanc ! La totale ! Dans un sens, comme baptême du feu, on ne pouvait pas rêver mieux.

Ressentiez-vous une pression particulière pour cette première ?

Non ! J'ai toujours eu ce côté un peu « sans prise de tête ». Heureusement, car sinon je n'en aurais pas dormi... J'étais un peu tendu et plus concentré que la moyenne c'est sûr. Je n'étais pas en pantoufles, mais c'est un excellent souvenir.

Vous avez confié dans une interview avoir eu « une bonne éducation footballistique », en étant marqué par l'Ajax et le Brésil 1970. En quoi cela a-t-il impacté votre vision du foot ?

Ce qui te marque dans ta jeunesse a des répercussions sur ta vie d'adulte. Le Brésil 1970 était extraordinaire et j'avais 12 ans. J'avais vécu la Coupe du monde 1966, mais tous les matchs n'étaient pas retransmis et j'étais un petit peu jeune pour apprécier l'événement. Alors que là, j'étais à mon « prime ». Le Brésil m'a ébloui. C'est comme si tu fais l'amour avec une femme sublime et délicate, après ça, tu aimes cette ivresse. Et dans la foulée, en 1971, 1972, 1973, j'étais interne à Antibes et TMC qui ne couvrait que le Sud-Est de la France, retransmettait un match de Coupe d'Europe, en clair, tous les soirs. Et comme l'Ajax allait en finale à chaque fois, on les voyait tout le temps et c'était fantastique. Forcément, si sur ces années charnières, tu vois jouer le Brésil puis l'Ajax, tu es marqué au fer rouge.

Le Brésil 1970, c'est aussi Pelé. Quel est votre rapport à lui ?

Je l'ai croisé plusieurs fois, notamment sur Téléfoot. C'était une sacrée histoire, j'avais fait venir une panthère, un tigre... Et chaque fois qu'on se revoyait, il était très simple et très gentil. Je l'avais croisé pour la première fois en 1971 au Palais des Sports de la Porte de Versailles. J'ai une photo, où je ne suis pas seul avec lui, mais il est interviewé et il y a ma petite bouille. Mais je ne lui avais pas parlé. Ensuite je l'ai revu plusieurs fois au Brésil, il avait une bonne mémoire et il était accessible. Il y a des gens qui ont un millième de son CV et qui se prennent pour le roi de Prusse ! Lui était toujours à l'écoute, agréable et souriant. Sur le terrain, il faisait tout en avance sur tout le monde. Pelé, c'était le seul nom que je connaissais au début du Mondial 1970. Il avait des qualités athlétiques, mais surtout un sens du jeu, une intelligence. C'est comme Platini, la première fois qu'il voit Kubala pour un match amical Metz-Barcelone, il demande à son père : « Mais comment il fait ? » C'était un peu pareil pour Pelé.

Avez-vous des modèles journalistiques ?

Non, pas vraiment. J'adore le commentaire de Víctor Hugo Morales sur le fameux but de Maradona contre l'Angleterre, avec cette histoire de « cerf-volant cosmique ». Mais après, j'ai compris que ce cerf-volant ne venait pas de nulle-part, ce n'était pas une inspiration. Je reconnais que les commentateurs sud-américains ont autre chose. Ils ont aussi une poésie dans le commentaire. Pour eux, le football a un côté mystique, religieux, politique, artistique, physiologique. Tout se marie là-dedans, ça fait partie de leur quotidien. Beaucoup d'intellectuels ont écrit sur le football et certains journalistes se sont imbibés de ces choses-là et ont grandi avec cette manière de conter les histoires. Ils sont beaucoup plus à même d'aller plus loin et d'avoir des fulgurances dans le récit, outre le débit et la passion, ça c'est encore autre chose. Víctor Hugo Morales s'inscrit dans cette tradition et j'aime bien ça : pouvoir commenter en étant léger, en s'évadant. Il peut y avoir des choses un peu dramatiques dans l'intensité du match, dans le côté émotionnel, mais il y a toujours des temps-morts. Et dans ces temps-morts, tu peux faire des références historiques, philosophiques, ramener les choses à un livre, un film ou une chanson que tu chantes toi-même. Nous, nos commentaires sont basiques et parfois d'une tristesse absolue. Ce n'est pas méchant ce que je dis, mais l'idéal pour moi en tant que téléspectateur, c'est de regarder un match avec le son d'ambiance, sans entendre les commentaires. Mon cerveau est réglé d'une telle manière, qu'aujourd'hui je n'entends plus ce qui est dit. Je fais abstraction, ça ne me pollue pas la tête. Parce que des fois, j'entends des choses...

C'est trop prévisible ! À part Da Fonseca, mais c'est le côté sud-américain qui revient.

Comment vous êtes-vous imprégné de cette culture sud-américaine ?

Le Brésil doit y être pour quelque chose, on y revient toujours. Aujourd'hui, le football a pris une tournure très mondialisée et se résume à dix clubs, dans peu de pays. C'est un peu la société de maintenant, où les riches sont de plus en plus riches. Le système fait que ces clubs appauvrissent les autres. L'Amérique du Sud faisait jeu égal avant que l'argent et les sponsors ne soient en Europe. En 1982, tous les joueurs brésiliens de cette équipe merveilleuse qui aurait dû être championne du monde évoluaient encore au Brésil. En 1978, hormis Kempes qui venait de partir à Valence, ils étaient tous en Argentine. Quand il y avait la Coupe intercontinentale, c'était équilibré, maintenant, c'est toujours l'équipe européenne qui gagne la Coupe du monde des clubs, ça n'a aucun intérêt. Le jeu est robotisé, ce sont toujours les mêmes rencontres. Ça a perdu de son charme, les nouveaux stades sont froids. Avant ils avaient une âme, aujourd'hui ils sont conçus pour faire de l'argent, accueillir des spectacles... En Amérique du Sud, effectivement le match sera pauvre, mais toute la passion qu'il y a autour, tout l'environnement, les stades qui eux ont une âme, me ramènent à des odeurs que je ne connais plus en Europe. J'ai besoin de ça. Récemment j'y suis reparti treize jours, j'ai vu six matchs. La fois d'avant, en août 2022, j'avais fait cinq matchs en six jours. Je reviens aux racines d'un football perdu en Europe, qui appartient aux financiers, au business. Quand je vois la Supercoupe d'Espagne qui se joue en Arabie saoudite sur trois matchs, ça n'a pas de sens.

Reprenons le fil de votre carrière. Pourquoi décidez-vous de quitter TF1 pour Canal+, puis Antenne 2 ?

Chez TF1, je n'étais pas en phase avec leur manière de se comporter, avec les gens de chez Bouygues qui étaient arrivés en 1987. J'ai décidé de partir, ils n'ont pas compris. Pour me convaincre de rester, ils m'ont dit que mon prix serait le leur, mais c'était fini. À Canal+, j'ai fait des grands documentaires, ça m'a aéré l'esprit, j'ai touché des sports que je ne connaissais pas, je suis parti quinze jours en Colombie pour le cyclisme... C'était une bonne soupape. Puis Hervé Bourges, qui était mon patron à TF1, a pris France Télévisions et il voulait à tout prix que je vienne faire le foot. Il commençait à acheter des droits.

Pour Antenne 2, vous couvrez l'Euro 1992 avec Michel Hidalgo et la Coupe du monde 1994 avec Éric Cantona. Votre style a-t-il évolué depuis vos années TF1 ?

Il y a aussi Tigana et Wenger en 1992 ! Au début, j'ai commenté la Ligue 2 et là c'était l'enfer ! Encore une bonne école. Les matchs étaient souvent « en bois » comparé à ce que je commentais avant et c'était tourné avec six-sept caméras, les moyens techniques étaient plus faibles. Et puis il y avait très peu d'ambiance : 3 000-3 500 personnes. C'était un sacerdoce. L'Euro 1992, évidemment c'était plus agréable et la Coupe du monde 1994 je n'en parle pas. Est-ce qu'au niveau des commentaires, j'ai évolué ? Sans doute, ouais ! Il y avait peut-être plus d'assise, je maîtrisais plus le sujet. Mais 1994, avec Cantona, c'était folklo...

Pourquoi ?

Parce que Cantona est le meilleur consultant de l'histoire de la télé française ! Peut-être avec Platini, pour l'instinct. Après, Platini, il ne préparait pas ses matchs et Biétry râlait. Il n'avait pas forcément le langage approprié, mais il avait ce sens du jeu et il arrivait à le transmettre. Si Platini commentait, j'avais mes sens en éveil parce que je me disais : « Il va forcément dire certaines choses que je n'ai pas vues et que je n'ai pas saisies. » Pour moi, un consultant doit apporter un plus. Et je pense qu'aujourd'hui, les journalistes s'ils connaissent bien le foot, sont capables de dire la même chose que la plupart des consultants. Et ce n'est pas normal ! Aujourd'hui, les consultants sont devenus commentateurs, ils parlent quasiment 50 % du temps, c'est un échange. Et ce qu'ils te disent, neuf fois sur dix, tu le vois ! Avant c'était du 70-30, voire du 80-20. Cantona, lui était extraordinaire, même si au début…

Je vais vous raconter une anecdote ! On est à New York et quand tu commentes avec quelqu'un, il faut qu'il y ait des affinités. On était potes au quotidien, mais au micro, ce n'est pas la même chose. Il faut savoir où aller le chercher, où il est le plus à l'aise. Or, lui n'avait jamais commenté. Donc j'étais venu avec une cassette d'un match de Monaco, on avait loué un studio à New York et j'ai dit à Éric : « On va faire un essai sur vingt minutes pour identifier les manques. » Je lance la présentation : « Monaco-Strasbourg, un match qui sent bon Éric… » Il me regarde et il ne me répond pas ! *(Il prend l'accent de Cantona)* « Qu'est-ce tu veux que je te dise ? Tu peux le dire toi ! » C'est Cantona ! Je continue… « Vous vous attendez à un match plutôt ouvert ? » Il ne parle toujours pas. (*Il reprend l'accent*) « Et qu'est-ce que tu veux que je te dise, on verra bien le match ! » Oh putain… (*Ton désespéré*) Au bout de quatre, cinq minutes, il me tape sur l'épaule et me dit : « Écoute Didier, on s'en fout, tout se passera bien, viens on va boire un verre. » Là, j'ai un peu flippé. D'autant plus que le premier match qu'on a fait, c'était un Italie-Irlande et il a dû commencer à parler au bout de la 7e ou 8e minute. J'essayais de le lancer subtilement, c'était un exercice de style. Je me disais que j'allais me faire massacrer parce que c'était moi qui l'avait ramené. Et en fait, il avait cette intelligence de regarder le mouvement du match, il avait ce besoin de réflexion, sans parler toutes les trois secondes pour des évidences. Il parlait toutes les trois minutes. C'est impossible, aujourd'hui, un consultant qui parle si peu. Par contre, quand il te sortait des trucs, c'était le meilleur ! Déjà, sa connaissance du jeu et sa manière de le sentir étaient beaucoup plus hautes que la moyenne. Et puis il vivait le match, il s'énervait.

Vous avez des exemples ?

Il aimait beaucoup Valderrama avec qui il avait joué. Et il y a eu un Suisse-Colombie, où les Suisses jouaient les durs. Lui a dit : « Qu'est-ce que c'est que ces Suisses ? Ils vivent dans la naphtaline, les mecs en face, ils sont nés dans la rue, qu'est-ce que vous allez jouer les durs ? » C'est magnifique ! Bon après, il avait fallu faire des excuses à l'ambassade… Une autre fois, en demi-finale, j'ai commenté seul, parce qu'on lui avait mis les menottes. Il avait failli frapper un placeur dans le stade. Mais il était exceptionnel. J'entends tous les autres, depuis la nuit des temps et c'est le meilleur de loin.

Étiez-vous aussi un franc-tireur au micro ?

Franc-tireur, ça me paraît un peu dur. Mais j'ai essayé très tôt d'être moi-même, de ne pas être dans un rôle. Tu fais attention à ce que tu dis, mais en restant naturel dans ton approche, quitte à déplaire. Et c'est vrai que j'ai toujours appelé un chat un chat. Ça a pu passer pour de l'insolence auprès des footballeurs. J'en avais parlé avec Éric Pécout, un ancien avant-centre international. Une fois on prend l'avion, par hasard on est côte à côte, et il me demande : « On ne t'a jamais dit que tu étais dur dans tes commentaires ? On n'est pas trop habitué à la critique... Mais cela dit, ça passe bien et puis on sait que tu es honnête ». Denisot m'avait dit à TF1 : « J'ai croisé Albert Emon (*qui jouait à Monaco*) qui m'a demandé ce que tu avais contre lui ? » J'avais dit dans un match qu'il n'était pas très inspiré, mais c'était la réalité. J'avais répondu à Denisot : « Mais tu aurais dit quoi, toi ? », et il m'avait rétorqué : « Moi quand le mec n'est pas inspiré, je ne dis rien... » Vu sous cet angle... (*Rires*) Je pense que j'étais juste, mais ça jurait un peu à l'époque. Maintenant ça ferait rigoler tout le monde, quand tu vois la violence des commentaires... Je passerais pour un tendre !

Il se dit que vous avez subi des pressions de Bernard Tapie au cours de votre carrière, est-ce vrai ?

Oui, en général il envoyait ses sbires. Des coups de téléphones pas agréables... Des fois, c'était lui directement et on s'envoyait chier ! Après, quand il a vu qu'il n'avait pas de prise sur moi, c'était de manière plus tordue, via des gros actionnaires à TF1 parce qu'il était lui-même actionnaire. Il aimait que les gens soient à sa botte, mais avec moi, il était mal tombé ! Ce qu'il me reprochait, c'était de montrer que Papin tombait pour un oui, pour un non. Il jouait le penalty. Et comme les arbitres étaient sous pression parce que Tapie avait beaucoup de puissance, inconsciemment, ils étaient assez laxistes et ils accordaient les penalties. Et moi dans Téléfoot, je disais que Papin nous prenait pour des billes. Alors ça, il ne supportait pas ! Après les arbitres ne rentraient plus dans le jeu et il estimait que c'était de ma faute. À l'époque, Téléfoot était incontournable et si le patron de Téléfoot était incorruptible, tu avais un caillou dans ta chaussure. Claude Bez, le président de Bordeaux était un peu dur aussi, mais il était plus loyal. On savait à quoi s'en tenir. Tapie, il t'embrassait un jour et puis il te détruisait le lendemain. Si tu ne saisis pas le personnage, tu es un peu perdu, certains s'y sont brûlés les ailes.

Vous avez déclaré un jour : « La chose la plus importante, ça reste l'image. » Quelle place consacrez-vous au commentaire ?

Maintenant, à TV5 Monde, où je commente deux matchs par journée de Ligue 1, j'ai le rôle de consultant. Je dis aux journalistes que souvent, on parle pour ne rien dire. Le plus important ça reste l'image. Certes, il faut l'habiller, mais il faut surtout amener des choses que les gens ne voient pas. Il ne faut pas faire de la radio, où là, il faut tout décrire, dire où l'on se situe : « Untel passe le rond central. » Si tu dis qu'un joueur passe le rond central à la télé, on le voit. Mais tu peux dire : « Il s'engouffre. » Les gens qui sont passés de la radio à la TV avaient ce défaut-là, mais eux, c'était normal.

Qu'essayez-vous d'apporter de différent dans ce nouveau rôle de consultant ?

J'essaie de décrypter les points forts, les points faibles des équipes, expliquer pourquoi tel ou tel changement peut paraître bizarre. J'essaie aussi de regarder la position des joueurs sur les ralentis après les buts, ce qu'il se passe autour du buteur. Ce sont des choses que certains ne ressentent pas. Il faut, amener de la légèreté, des références, jouer sur la voix, sans se tromper sur la couleur d'un match.

Depuis vos débuts le métier a évolué, notamment sur le travail de préparation des matchs. Quelles étaient vos méthodes à l'époque de TF1 et Antenne 2 ?

À TF1 c'était facile, je commentais des gros matchs, les informations je les avais. Après, j'avais un système de fiches jaunes, pour tout avoir sous les yeux. Biétry s'en est servi par la suite et l'a instauré à Canal. Mais au départ, c'est moi qui ai appris ça à Denisot et Biétry l'a repris. J'avais expliqué à Denisot que si tu avais des feuilles, ça volait, alors que là tu avais ton équipe d'un côté, avec des anecdotes sur les joueurs et quand tu retournais la fiche, tu avais des informations plus générales sur le match. Aujourd'hui, j'ai le rôle du consultant et c'est celui qui commente qui fait ce travail. Moi, moins j'ai la tête barbouillée d'informations, plus je peux m'exprimer sur le match. C'est parfois plus pour se rassurer que l'on recherche quatre cent mille informations, mais ça saoule les gens, il faut les distiller de manière opportune.

Les réseaux sociaux n'existaient pas lorsque vous avez commencé à exercer. Auraient-ils pu modifier votre façon de commenter si cela avait été le cas ?

Je ne suis pas facilement influençable, mais ça m'aurait fait du tort vis-à-vis de mes supérieurs, car bizarrement ils sont sensibles à ça. J'ai été précurseur dans beaucoup de domaines et les gens n'aiment pas quand tu bouscules leurs habitudes. J'en aurais pris plein la gueule, ça c'est clair ! J'aurais peut-être été déstabilisé. Je ne fais pas les choses pour plaire, mais au moins pour que les gens soient heureux. Et ça, je l'ai ressenti lorsque j'ai commenté la Copa America pour La Chaîne L'Équipe. C'était à 4 h du matin mais c'était très regardé. J'ai eu beaucoup de commentaires très sympas, mais pour la finale, il y avait plus de monde et quand tu tombes sur une ruche de crétins, c'est difficile ! Certains ne savent pas parler et t'insultent ! Pourtant, je ne me trompais pas sur le sens du match, j'ajoutais juste un peu de légèreté. Là, j'ai réalisé la régression des gens. À un moment le Brésil attaquait à tout-va, les Argentins étaient repliés et j'ai pris comme référence : « L'Argentine c'est Fort Alamo et les Mexicains ont l'air de plus en plus nombreux... » Et il y avait des mecs qui ne comprenait pas pourquoi je parlais de Mexicains. Il y a un paquet de demeurés qui ne connaissent plus les références. C'est difficile aujourd'hui de parler de culture sur un match de football.

Vous êtes à l'origine du premier syndicat mondial des footballeurs (AIFP) ainsi que de l'association « Foot Citoyen » avec Arsène Wenger. Comment un commentateur parvient-il à un tel niveau d'engagement ?

Ce sont des circonstances de vie. Le football m'a un peu sauvé, car mes parents n'étaient pas trop là. Par les voyages, les rencontres, ce métier te fait découvrir des choses sur toi que tu ne connaissais pas et t'ouvre l'esprit. J'ai toujours été pour une forme de justice, mais j'ai découvert que j'étais aussi quelqu'un d'engagé. Si je peux être utile, de par mon expérience et mon relationnel, je le fais. Le syndicat mondial, c'était une idée de Maradona en 1986. Je la trouvais bonne, Cantona aussi. Et je les ai fait se rencontrer en 1995. À la fin, Cantona m'a dit : « Il faut que tu t'en occupes. » Je l'ai fait, je ne le regrette pas mais ça m'a coûté, ça a été quatre années violentes. « Foot Citoyen », ce sont des circonstances. À un moment j'ai vécu à Marseille et j'ai retrouvé des dirigeants contre qui j'avais joué, avec les catégories de jeunes de l'AS Cannes. Je voyais le degré de connerie de certains entraîneurs et la déchéance des jeunes, en termes de perte de repères. C'est la société qui veut ça. Et moi j'avais une dette avec le foot, qui m'avait aidé à me structurer, me donner confiance, me cadrer, car je n'avais pas de bonnes fréquentations. J'ai eu la chance de tomber sur de bons éducateurs, qui avaient une influence presque plus forte que celle du père, parce qu'eux avaient le pouvoir de te sortir et de te dire « tu ne joues pas ». Donc j'ai créé cette association pour aider les clubs et les gosses en difficulté, des gens en prison aussi. C'était du social, le football était un prétexte pour leur apprendre à se contrôler, ne pas transgresser les règles, respecter le collectif. À travers les valeurs du foot, qui sont les valeurs de la vie, on essayait d'éduquer. En particulier les éducateurs qui se prenaient pour Lippi, Ferguson ou Wenger, parce que leur équipe avait gagné, alors qu'ils ne devraient être là que pour que les gosses s'épanouissent. Que tu gagnes, que tu perdes, c'est la vie. « Foot Citoyen » a duré quinze ans. Finalement, le métier, en te faisant voyager, te fait évoluer, te rend plus humble et plus riche. Ce qui est dommage pour les jeunes, c'est qu'aujourd'hui toute une génération te parle de sport sans sortir, car il n'y a pas d'argent dans la rédaction. Ils partent la veille pour revenir le lendemain matin du match.

Vous devez avoir un joli stock d'anecdotes secrètes, quelle est votre meilleure ?

J'ai une anecdote sur un match que je commentais avec Jean Raynal. Il s'avère que j'étais avec une fille que j'avais rencontrée une heure avant et j'étais dans la chambre avec elle. Le téléphone sonne, Jean me dit : « Didier, on avait dit à telle heure dans le hall et tu n'es pas là ! » Je lui dis de patienter dix minutes. Un peu plus tard, il tape à la porte et on part une demi-heure en retard. On reste dans les temps, car on prévoit toujours très large, mais c'est comme les avions, ils ne partent jamais à l'heure... sauf le jour où tu es à la bourre ! Ce jour-là, il y a des encombrements sur la route, on est sur TF1 et on arrive en retard. Pendant dix minutes à l'antenne, le match est commenté par un speaker en cabine secours. Ça la fout mal ! Par chance, à cette époque, les caméras dans les postes commentateurs n'existent pas et il n'y a pas de techniciens. On arrive. Le match a commencé et Jean, en vieux briscard, me dit : « Quand on va appuyer sur le bouton, on va râler que Paris ne nous entend pas... » Du genre : « On essaie de vous avoir depuis un quart d'heure ! » On appuie les deux en même temps et on se plaint « C'est incroyable ! Ça ne marchera jamais ! Qu'est-ce que c'est que ce matériel, j'en ai ras-le-bol ! » Toute de suite, on nous répond : – « Jean, Didier, vous êtes-là ? » – « Évidemment qu'on est là ! Pourquoi vous ne nous répondez pas ? C'est de la folie ! » On les a presque engueulés et on a pris l'antenne l'air de rien.

francetv sport
francetv sport

LIONEL CHAMOULAUD

« LE TENNIS EST L'UN DES RARES SPORTS OÙ TU UTILISES TA VOIX QUAND IL NE SE PASSE RIEN. »

Pour certains, sa voix est associée aux révisions du baccalauréat. Pour d'autres, elle est synonyme de l'arrivée des beaux jours. Grave et monocorde, elle reste indissociable de la retransmission de Roland-Garros à la télévision. Arrivé au service des sports d'Antenne 2 en 1981, Lionel Chamoulaud est devenu la voix de Roland-Garros en 1988. Pendant trente ans, il a fait vivre aux Français, leur tournoi du Grand Chelem. Trente Roland-Garros au micro : l'exploit ne sera peut-être jamais égalé, ni même approché.

Connu pour ses commentaires de tennis, il peut aussi se targuer de la couverture de plusieurs éditions des Jeux olympiques et du Dakar, sur France Télévisions. Quelques jours avant le début de la Coupe du monde de football, celui qui a été fait chevalier de la Légion d'honneur en 2013 nous rejoint au Cardinal dans le XVIe arrondissement, l'un des cafés préférés du microcosme médiatique parisien. Officiellement à la retraite, officieusement toujours actif dans le monde du tennis, Lionel Chamoulaud se replonge avec nous, dans une carrière au cours de laquelle il a souvent su provoquer la chance. Il évoque également son style atypique et insiste sur sa proximité avec un joueur : Rafael Nadal. De leur première rencontre Porte d'Auteuil découle aujourd'hui une relation de confiance, presque intime.

Racontez-nous vos débuts dans le journalisme ?

J'ai toujours été dans le milieu. Mon père travaillait en radio en tant qu'ingénieur du son. Il me faisait venir à la radio pour me montrer ce que c'était. Le rédacteur en chef était passionné de sport et il prenait des gens dans ses équipes pour l'aider. À l'âge de 11-12 ans, j'ai eu l'occasion de croiser Pierre Salviac qui a démarré sa carrière à La Rochelle et Michel Denisot qui était de Châteauroux. J'accompagnais aussi mon père pour aller à Brive afin de suivre le rugby, ou à Limoges pour le foot. Donc très jeune, j'ai baigné dans le milieu.

À l'époque, j'étais également très attiré par le rock, la culture américaine. Mais bon au final j'ai bien vu que le sport, c'était de l'émotion, que ça permettait en plus de voyager. De ce fait, j'ai décidé de faire une école de journalisme à Bordeaux. J'ai effectué ensuite pas mal de stages à FR3 dans les locales. C'est à Caen avec Henri Sannier comme rédacteur en chef que j'ai commencé à couvrir le sport. Et j'ai adoré. À l'époque, l'émission qui me faisait rêver, c'était Stade 2. En seconde, au lycée, je disais à mes profs que je voulais travailler pour eux.

Quand et comment votre aventure avec France Télévisions débute-t-elle ?

L'histoire se poursuit peu de temps après, pas loin d'ici, aux Parc des Princes. Je travaillais pour FR3 Bordeaux et je suivais les Girondins de Bordeaux qui jouaient au Parc. Sur le bord de la pelouse, je vois Pierre Salviac. Il m'appelait le « Petit Chat », car il surnommait mon père « le Chat ». On discute un peu et il me dit d'aller voir Robert Chapatte le lendemain. Il me demande de rester sur Paris en me disant qu'il l'avait prévenu. Ce n'était pas le cas, il ne lui avait rien dit ! Finalement, j'ai quand même pu rencontrer Robert Chapatte le lendemain. Très honnêtement il n'y avait rien sur mon CV : le bac, l'école de journalisme de Bordeaux et c'est tout. Puis il m'a montré une énorme pile en me disant : « Vous voyez ça ? Ce sont des CV... » Je lui ai répondu : « L'avantage, c'est que si je mets le mien, il sera par-dessus ». Ça l'a fait rire. Je ne pensais pas être pris. Trois mois après, je reçois un coup de téléphone de Antenne 2. Ils me disent qu'ils veulent un journaliste pour le mois de juin suivant. Je n'étais pas disponible, donc je leur dis non. Mais ils me rappellent peu de temps après pour me dire qu'ils avaient des disponibilités en juillet-août. La seule condition, c'était d'avoir la carte de presse. Je ne l'avais pas, mais je leur ai fait croire que je l'avais. Sauf qu'ils m'ont demandé de remplir un papier en inscrivant mon numéro de carte et forcément je ne pouvais pas. Avant d'arriver à France TV, je suis passé devant la commission de la carte de presse et je leur ai demandé de faire quelque chose au plus vite pour que je ne rate pas mon stage de deux mois. J'ai reçu le papier au dernier moment. Je suis resté deux mois et ensuite on m'a proposé un peu plus. J'ai eu beaucoup de chance et j'ai pu faire mienne l'expression favorite de Daniel Bilalian : « Dans le journalisme, ne pas avoir de chance c'est une faute professionnelle. »

Après ce stage vous êtes engagé à France Télévisions ?

Pas tout à fait. Le rédacteur en chef ne me connaissait pas trop. Un jour, il me demande de partir faire un reportage de cinq minutes à Montgeron pour les championnats de France d'athlétisme. Il fallait que je gère une équipe de plusieurs personnes en reportage. J'avais 21 ans. On arrive à Montgeron, honnêtement je ne savais pas trop quoi faire. La seule chose que je connaissais, c'était le saut en hauteur. Je m'intéresse à cette épreuve et je vois un mec qui s'appelle Franck Verzy qui fait des étirements. On parle, et je lui demande si on peut le suivre. Quelques heures après, il bat le record de France ! Coup de chance incroyable ! Il est 16 h et je me dis : « On va l'amener à Stade 2 ! » Il a d'abord fallu négocier avec les organisateurs pour avancer la remise des médailles. Il faut bien comprendre qu'à cette époque il n'y a pas de téléphone, donc le mec on le prend dans notre voiture et on l'amène sur le plateau. Dominique Duvauchelle, le mentor de Patrick Montel, donnait les résultats de l'athlétisme : « On apprend à l'instant que le record de France du saut en hauteur, qui tenait depuis vingt ans, a été battu par Franck Verzy... qui rentre dans notre studio ! » Tout le monde était médusé. Toutes les autres télévisions et les radios l'attendaient à la sortie de France TV. Le lendemain toute la rédaction m'a félicité. Tous les grands de France TV étaient satisfaits et j'ai initié des relations amicales avec eux. Un an après j'étais engagé. J'ai énormément appris aux côtés de l'équipe à ce moment-là. Robert Chapatte disait toujours : « Faites les choses sérieusement, mais sans vous prendre au sérieux. » Ce genre d'expression m'a marqué pour le reste de ma carrière. Bernard Père qui faisait le basket s'appuyait beaucoup sur moi, car j'étais de Limoges et que leur équipe de basket cartonnait.

Quand bifurquez-vous vers le tennis ?

C'est venu par une émission qui s'appelait Sport Été. À cette époque-là, on n'avait pas Roland-Garros, mais ils retransmettaient Wimbledon. L'avantage pour certains d'entre nous, c'est que la technique était beaucoup moins au point qu'aujourd'hui. S'il pleuvait à Wimbledon, il fallait remplacer les commentateurs depuis Paris. Ça m'est arrivé sur plusieurs matchs et ça s'est bien passé. Thierry Roland m'avait dit : « Dis donc, tu ne dis pas que des conneries. » Ça voulait dire que j'avais bien fait mon travail.

Est-ce votre sport de prédilection à l'époque ?

Non, c'était le foot. Mais le milieu ne me plaisait pas. Le tennis j'en faisais, même si je n'étais pas bon. Mais, au moment où je démarre ma carrière, ce sport est en train d'exploser en France. La victoire de Noah à Roland Garros en 1983 fait que d'un seul coup la France entière se met au tennis. Et moi, j'étais fasciné par Björn Borg. Henri Leconte émerge côté Français. Arrive aussi Boris Becker. Et c'est également le moment où débarque le successeur de Robert Chapatte : Christian Guy. Il est ami avec Philippe Chatrier le directeur de la Fédération française. Christian veut récupérer le contrat et Chatrier lui demande une double diffusion sur la 2 et la 3. On est en 1988, dernière année où un Français fait une finale à Roland. En 1985, je suis au tournoi de Rome et on m'appelle pour que je rentre en urgence. À peine arrivé à Paris, Christian Quidet, l'autre commentateur tennis de la chaîne, me dit de reprendre l'avion pour Rome le lendemain afin de commenter avec lui les demies et la finale du tournoi. Là je ne comprends plus rien ! Mais bref, on prend l'avion ensemble. Et là il me dit : « Écoutez, on va commenter ensemble. Si je vous trouve bon à l'issue de ces matchs, je prendrai une décision pour la suite. » Yannick Noah bat Becker en demi-finale et gagne ensuite la finale. Christian Quidet me promet alors que si France TV récupère les droits de Roland-Garros, je ferai partie de l'équipe.

Petit à petit, vous devenez un nom sur le tennis...

Oui. La chance que j'ai eue, c'est qu'on a tout de suite travaillé avec les meilleurs consultants : Jean-Paul Loth et Patrice Dominguez. Ce qui nous installe avec Dominguez, c'est le fameux exploit de Michael Chang. (*Il remporte Roland-Garros en 1989 en dominant Edberg en finale*) Il a des crampes, mais il continue de jouer, il se met sur la ligne de service et Stefan Edberg fait double faute. Puis il sert à la cuillère ! Tu imprimes quelque chose dans la tête des gens à ce moment-là. Dans le tennis, je cochais toutes les cases, j'avais une appétence pour ce milieu et il me la rendait. Par conscience professionnelle, je voulais que ce milieu me respecte. Ce qu'a vécu Patrick Montel sur l'athlétisme par exemple, je n'aurais pas pu l'accepter. Ça aurait été une horreur que des joueurs de tennis se liguent contre moi. Quand j'ai arrêté, c'était aussi pour ça. Je n'avais pas une grande affection pour la génération actuelle du tennis français.

La relation avec vos consultants a toujours semblé très importante pour vous ?

Oui, parce qu'avec Patrice et Jean-Paul on a créé une superbe relation. On a rapidement été reconnus comme les voix du tennis. J'avais mes repères avec eux et la question s'est posée de savoir ce qu'il se passerait quand ils partiraient. Et puis Guy Forget et Arnaud Boetsch m'ont rejoint et je me suis rendu compte qu'ils me posaient des questions et qu'ils étaient vraiment impliqués. Puis j'ai eu Arnaud Clément, Arnaud Di Pasquale. Pour moi ils avaient une importance formidable, on m'a laissé la chance de les choisir. Je voulais que ce qui se passe dans la cabine soit le reflet de ce qui se passe en dehors. J'aime bien aller dîner avec les mecs après, parler de la vie. Surtout quand tu commentes la Coupe Davis, tu la vis ensemble. Vous savez le tennis c'est un sport qui est globalement géré par les Américains et où on voit de la data partout. Moi je pensais qu'il fallait amener autre chose : de l'enthousiasme, des coups de cœur, sentir quand le match changeait, quand il pouvait basculer. Lorsque l'on commente un Français, on a besoin de se sentir proche de lui. Je vous donne un exemple. Quand Arnaud Boetsch gagne le dernier match à Malmö en Coupe Davis (*1996*) : c'est un truc de fou ! Il est 23 h, il y avait 16 millions de téléspectateurs et avant de gagner il a trois balles de match contre lui. Jean-Paul Loth est à mes côtés. Et là, aux commentaires je me mets à lui parler : « Arnaud écoute moi bien, tu as les choses en main, ne panique pas, joue point par point. » Puis d'un coup je réalise et je me dis : « Merde, j'ai Jean-Paul à mes côtés et c'est moi qui suis en train de donner des conseils au joueur. » Jean-Paul se retourne vers moi et me dit : « Ne t'inquiète pas, je n'aurais pas dit mieux. » Autre exemple : quand Arnaud Boetsch passe consultant. En 2013 à Roland-Garros, Nadal et Djokovic sont en demi-finale et la seconde oppose Tsonga à Ferrer. Tout le monde pensait que j'allais commenter le match de « Jo ». J'ai répondu : « Non je ne prends pas Jo, je prends Nadal ! » C'est mon chouchou et je l'assume ! C'est un match monumental ! Dans le 5e set, « Djoko » fait le break. Il mène 4-2. Je suis dégoûté, je coupe mon micro. Je n'avais plus envie de commenter. Mais Arnaud me dit : « Rallume ton micro, tu vas voir, Nadal va débreaker ! » Et là, bim ! Nadal débreake et l'emporte 9-7 au 5e set ! Je dis à Arnaud : « Heureusement que tu m'as remis en piste, j'étais à la rue complet. » Il me sourit et me répond : « Je n'y ai pas cru une seule seconde… » Le salaud ! (*Rires*)

Nadal est-il le joueur qui vous a donné le plus d'émotions ?

Oui, complètement. Je l'ai vu débarquer très tôt et j'ai immédiatement senti quelque chose, dès l'âge de 16-17 ans. À cette époque, j'en avais un peu marre de commenter les Albert Costa, Kafelnikov, Sampras… On cherchait une star à Roland et j'ai senti le truc d'entrée. Sa conviction, sa force… On voyait qu'il jouait sa vie sur chaque point. Et puis je me souviens de sa réponse à l'une de mes questions lors de son premier Roland. Je lui demande s'il pense qu'il va tenir physiquement sur la durée du Grand Chelem et il me sort : « Je me dis que si moi je suis fatigué, celui en face doit l'être encore plus. » Je connaissais un peu l'un des proches de « Rafa », qui s'appelait Benito. Il me donnait des infos et il m'a fait rentrer dans le clan. Je ne parle pas espagnol et je pense qu'on aurait pu se connaître encore mieux. Mais bon il garde aujourd'hui le souvenir de questions pertinentes de ma part, et moi de réponses incroyables de la sienne. Du coup on est restés hyper proches. Il a demandé à ce que ce soit moi qui fasse son interview l'an dernier sur France 2 ou encore que je sois le parrain de sa fondation. Récemment, il a même réclamé que je présente une soirée de gala alors que certains de ses sponsors voulaient que ce soit Patrick Bruel. Mais « Rafa » a mis son véto : « Moi je ne veux pas Bruel, je ne le connais pas. » Alors, j'y suis allé.

Comment le rapprochement s'est-il opéré ?

Je ne sais pas vraiment. Tout s'est fait naturellement. Il a fêté tous ses anniversaires « chez moi », sur mon plateau pendant Roland-Garros. Lors de son sixième sacre, je lui offre un DVD compilant toutes ses victoires, que j'avais commentées. Je lui demande alors s'il préfère une version avec le son d'ambiance uniquement, mais il me dit « Non, je préfère avec les commentaires français. » En fin d'émission, il vient me voir et me demande : « Et ma défaite contre Söderling, tu l'avais commentée aussi ? » Je lui dis non. Il me répond : « Et bien tu commenteras tous mes matchs ! » Il est hyper superstitieux.

Vous êtes aussi connu des Français pour votre voix. L'avez-vous particulièrement travaillée ?

Non, je ne l'ai pas travaillée et elle ne vient pas de mon père. C'est prétentieux ce que je vais dire, mais j'estimais que j'avais une voix qui collait au tennis. Je n'aurais pas pu faire d'autres sports. Le tennis est l'un des rares sports où tu utilises ta voix quand il ne se passe rien. Tu interviens après l'action, pas pendant. Il faut réagir en décalé. Je n'ai pas spécialement travaillé cela. Certains me demandaient parfois de survendre un peu l'événement. Mais j'ai toujours préféré me laisser porter. Je me suis assez peu réécouté. Pour l'anecdote, Nicolas Canteloup a longtemps cherché à nous imiter avec Nelson (*Monfort*). Bon Nelson, ça lui a pris cinq minutes. Mais moi il a mis un temps fou. Il a fini par trouver, en abusant de mon ton parfois nonchalant, puis de mon hyper affectivité pour Nadal. Oui, ma voix m'a longtemps caractérisé. Quand j'appelais pour réserver un restaurant, on me reconnaissait instantanément.

Autre caractéristique de vos commentaires, les « Chamoulades ». Cela vous a-t-il agacé ?

Non pas du tout. Puis il y avait beaucoup de mauvaise foi autour de ça. Un jour, notre productrice Françoise Boulain me dit dans l'oreillette : « Fais attention je vais te montrer quelqu'un, je ne sais pas qui c'est, mais je crois qu'il est important. » Je vois une casquette, un bout de nez, enfin pas grand-chose. Et là je dis : « Ah ! Il me semble que c'est Leonardo Di Caprio. » Je le reconnais difficilement, je ne suis pas sûr de moi. Le Petit Journal a expliqué le soir suivant que je n'étais pas capable de reconnaître Di Caprio. Il y avait un peu de mauvaise foi. Un jour ils m'ont invité à venir sur leur plateau pendant Roland-Garros. Je voulais y aller, mais mon responsable m'en a dissuadé, car il pensait que j'allais me faire démonter. J'y suis finalement allé le jour de mon départ. J'ai aussi été repris par les Guignols. Mais d'une manière générale ce n'était pas méchant. Ça a toujours été bien écrit. Le seul truc qui me dérangeait, c'était par rapport à ma famille. Un de mes fils, plus jeune, m'avait dit : « Papa, tu veux pas faire de la radio ? »

Il m'avait demandé ça, car il en avait marre que les autres élèves lui parlent constamment de son père. Mais moi je voyais ça comme une forme de reconnaissance.

Vous avez connu beaucoup de grands moments à Roland-Garros, existe-t-il aussi des mauvais souvenirs ?

Moi, mes angoisses, c'étaient les matchs entre les Français ou les Françaises. C'est compliqué sur le plan émotionnel de ne pas prendre parti. Tu es écouté par les deux clans. Et ce sont souvent des matchs d'une nullité absolue, car les joueurs ne se lâchent pas. Le pire pour moi ça a été de commenter Santoro contre Clément, le match le plus long de l'histoire de Roland. Plus de 6 heures, sur deux jours, ça jouait mal, il ne se passait rien. Vraiment pas facile. Mais ce qui est formidable c'est quand même d'être dans cette cabine de commentateur. J'avais l'impression d'être le commandant de bord de l'A380. On sait qu'il y a 15 000 personnes dans le stade, 1, 2, 3 ou 4 millions de personnes à l'antenne. Tu as une grosse responsabilité. Mais avec le tennis tu ne sais pas combien de temps tu vas rester, tu ne connais pas le scénario. Tu dois rester réactif, être capable d'analyser le moment.

Aviez-vous l'intention de terminer sur le dixième sacre de Rafa ?

À l'époque, nous étions en train de faire évoluer la retransmission. J'étais très impliqué là-dessus et je voulais par exemple qu'on aille voir le champion sur le court au lieu de le faire monter jusqu'à notre plateau. Mais effectivement, quand Rafa gagne la « *Décima* », je me dis : « Que puis-je espérer de plus ? » J'ai commenté 30 Roland-Garros et je sens alors que je ne vivrai pas grand-chose de mieux. Le hasard de la vie fait que lorsque je quitte le stade, je tombe sur le DRH de France TV et je lui dis :

« Je pense que je vais venir te voir bientôt. » L'idée germe déjà dans ma tête. Un de mes fils me dit de continuer, d'en faire un de plus. Un de mes directeurs me demande aussi de rester et du coup je pousse jusqu'au onzième ! Pour l'anecdote, *Le Parisien* voulait que je lui donne une interview pour mon trentième Roland. J'étais partant, mais au dernier moment j'ai réalisé que ça allait offrir un prétexte à Delphine Ernotte (*Présidente de France Télévisions*) qui souhaitait dégager tous les hommes blancs de plus de 50 ans. Donc j'ai refusé, un peu à contrecœur.

Votre anecdote secrète ?

Je suivais aussi la Formule 1 au début de ma carrière et il se trouve que je suis à Imola le jour où Ayrton Senna meurt. Le hasard de la vie fait que je suis placé dans le virage où il se tue. Je pense que j'ai été le premier à annoncer qu'il était mort. Je l'ai vu sortir de la piste, j'ai vu le choc… Personne ne le déclare mort sur le circuit, car sinon il faut arrêter le Grand Prix. Mes chefs me demandent alors de rester sur place pour faire le 13 h du lendemain. On trouve un hôtel, à l'époque on n'a pas de portable, donc je laisse mon numéro à l'hôtel, de manière à ce que France 2 puisse m'appeler. Je suis à peine allongé dans mon lit que Télé Matin m'appelle. Je leur fais un sujet sur la carrière de Senna, puis un autre sur les grands noms morts au volant. À 4 h du matin, France 2 me rappelle et me dit : « En fait, ça serait bien que tu fasses une revue de presse. » Le problème, c'est qu'à l'instant où je raccroche, je m'endors. Deux heures après, le téléphone sonne et là j'entends : « Lionel, on est en duplex avec Laurence Piquet pour ta revue de presse. » Je suis en direct dans mon lit et en l'espace d'un instant j'invente tout : « Oui, Laurence, et bien, dans la presse italienne c'est la consternation la *Gazzeta Dello Sport* titre “C'est la fin d'un mythe”. » Une pure invention. Je raccroche et je suis dégoûté, car je comprends que je viens de faire une connerie. On m'explique alors que je devrai refaire une autre intervention d'ici quelques heures. Je descends rapidement à l'hôtel pour leur demander les journaux et la réceptionniste me sort : « Mais Monsieur, c'est le week-end du 1er mai, il n'y a pas de journaux. » Le ciel me tombe un peu sur la tête. Je remonte dans ma chambre et le téléphone sonne. C'est le rédacteur en chef. Je tremble. Il me dit : « Tais-toi Lionel, j'ai pas beaucoup de temps, tu restes en Italie tu nous fais le 13 h comme prévu, et tu seras rejoint par le correspondant de France 2 à Rome un peu plus tard. » Et deux secondes après, il enchaîne : « Félicitations pour ta revue de presse c'était vraiment bien. » Dans la foulée, j'appelle le mec de Rome qui me dit qu'il va faire une revue de presse. Je ne comprends rien. Il m'explique qu'en fait, à cause de l'événement les journaux ont exceptionnellement sorti des éditions spéciales. Et il se trouve que les deux titres que j'avais inventés complètement par hasard quelques heures avant étaient ceux en Une des journaux !

UEFA EUROPA
UEFA EUROPA
GREEN

JEAN RESSÉGUIÉ

« J'AI L'IMPRESSION QU'AUJOURD'HUI À LA TV, TOUT LE MONDE EST BON, MAIS ASEPTISÉ. »

La journée de Jean Rességuié est réglée avec autant de précision que la préparation de ses matchs. « Je vais chercher ma femme à 13 h à la gare Montparnasse, on peut se voir à 15 h ». Après notre entretien suivra une réunion de travail dans les locaux de RMC, à deux jours d'un alléchant OM-OL en Ligue 1 et deux semaines avant son départ pour le Mondial au Qatar.

Le Montalbanais nous donne rendez-vous dans un café proche de la Seine. Il s'agit de notre deuxième rencontre pour la conception de ce livre, après celle avec Julien Brun, le matin. Elle s'étend légèrement au-delà de l'heure convenue. Il faut dire que l'homme aux trente-cinq ans de carrière a connu bien des expériences derrière le micro. Toutes les campagnes des Bleus depuis 2002 portent son sceau, comme la plupart des grandes affiches de Ligue des champions de ce siècle. Ses réponses sont rythmées comme un commentaire de Coupe du monde, nos relances volontairement rares et le stock d'anecdotes quasi inépuisable. La discussion dévie parfois inévitablement sur les à-côtés, devenus prépondérants dans un monde du football en perpétuelle évolution. Reste qu'au fil des ans, « Jano » a su s'imposer comme LA voix du football de la station de radio RMC. Son personnage inimitable est guidé et entretenu par une passion intacte. La raison, elle, attendra l'heure de la retraite.

Tenez-vous un compte précis du nombre de matchs commentés au cours de votre carrière ?

Je me suis amusé à compter pour mes 30 ans de maison à RMC. Ils avaient voulu me faire un petit clin d'œil en publiant des extraits sur internet. Ils voulaient que je leur sorte le nombre exact de matchs commentés. Dimanche, pour Marseille-Lyon (*le 6 novembre 2022, l'OM s'imposera 1-0*) on sera à 1928 (*il s'interrompt brièvement pour s'assurer du bon compte*). Ça fera 1946 matchs à la sortie de la Coupe du monde.

Serez-vous à 2000 à la sortie du livre ?

Ah oui, on ne sera pas très loin.

Vous souvenez-vous du premier ?

Une purge ! Mars 1988, au Stadium, Toulouse-Lille : 0-0. Un match pourri, pas une action sympa. J'étais dans le multiplex, on l'appelait le « but par but ». Sur 90 minutes, j'ai dû faire cinq interventions, il ne se passait rien ! De temps en temps Bernard Spindler venait me demander si je ne m'endormais pas. Ça, c'est le premier match et je ne suis pas près de l'oublier.

Et votre première radio ?

C'est en 1983-1984. C'est l'époque des radios libres. Je vais sur Radio Récré, qui est animée dans un collège à Montauban. Puis Radio Ingres et Quercy Radio, qui était la radio numéro 1. Pour vous dire, Henri Stassinet, Jean Abeilhou, Philippe Rey et Jean-Wilfrid Forquès, sont aussi passés par cette radio locale.

La radio est-ce le destin ou une vocation ?

C'est une rencontre. À l'époque, on n'a pas la TV chez nous. Un soir je pique le transistor à mon père et je tourne le bouton sur les grandes ondes. Boum, je tombe par hasard sur Radio

Monte-Carlo. C'était le soir d'un match de Saint-Étienne et j'ai entendu un commentateur s'enflammer ! À la base, j'étais parti pour suivre les traces de mon père, pour être photographe. Il était correspondant de *La Dépêche* et avait son magasin. J'ai fait une école de photo, mais le journalisme, j'y ai atterri par force en changeant de voie après son décès. Être derrière un comptoir dans un magasin, le commerce, ce n'était pas fait pour moi.

Dans les années 1990, la radio a le vent en poupe...

Oui et puis c'est la FM, la découverte d'un son propre, du confort de l'écoute. Écouter un journal à la radio sur les grandes ondes, c'était dégueulasse. Paradoxalement, RMC est la dernière radio généraliste à se brancher sur la FM. Nous on y va doucement à l'époque. On avait la réputation d'une radio du Sud, mais on avait quand même une antenne à Paris.

Comment parvenez-vous à décrocher un contrat à plein temps chez RMC ?

Au début, je suis correspondant à Toulouse pour Sud Radio où je fais le rugby avec un pseudo et le foot pour RMC avec mon vrai nom. Je voulais vraiment faire du sport. J'ai commenté du tennis, du basket pour faire ma place. Je pars ensuite quatre ou cinq ans à Montpellier. Puis, Sud Radio est rachetée par Alain Weill et RMC. Moi je lève la main et je dis : « Je fais quoi ? » On m'a envoyé onze mois à Monaco, à la matinale avec Jean-Jacques Bourdin. Je faisais les journaux des sports. Arrive alors François Pesenti à la rédaction en chef et il me demande : « Mais tu ne t'ennuies pas ? » Je lui réponds : « Si, mais je n'ai pas le choix. » Et il m'a proposé de monter à Paris.

Et après ?

À Monaco, je faisais du hand, du rugby et du foot. À ce moment-là, Alain Weill m'entend et se dit : « C'est lui qu'il me faut sur le foot. » Alors, en septembre 2002, il me propose de présenter Larqué Foot ! L'anecdote est fabuleuse. On est à Chypre, pour un match de l'équipe de France. Jean-Michel Larqué pour TF1, moi pour RMC. On prend le petit-déjeuner ensemble. On reçoit chacun un coup de fil à cinq minutes d'intervalle. Lui c'est Alain Weill, moi c'est François Pesenti. Et les deux nous proposent la même chose : Larqué Foot, le dimanche matin. Il y avait Téléfoot en face, on avait de tout petits moyens, mais on y est allé et ça a duré dix ans. On est monté à 800 000 auditeurs, c'était un truc de fou.

Pourquoi avoir arrêté en 2012 ?

Larqué Foot, on l'a développé et à un moment il y en avait le vendredi, le dimanche matin et le dimanche soir. Je sentais que Jean-Michel tournait en rond. Moi aussi. J'avais eu la chance de présenter aussi Luis Attaque, Coach Courbis et à un moment donné j'ai dit : « J'ai fait le tour, je me consacrerais bien aux commentaires de matchs. » C'est une discussion qu'on a eue avec mes boss, on souhaitait mettre en place une identité. On a trouvé le bon accord au bon moment. Je voulais être plus performant, parce que plus tu prépares les matchs, plus tu es précis, plus tu es crédible. Aujourd'hui, ceux qui nous écoutent sont parfois meilleurs que nous dans la connaissance. Vous savez pourquoi ? C'est Football Manager ! J'en parlais récemment avec des gens de Toulouse : « Spierings, tu connaissais toi ? Van den Boomen, tu connaissais ? » – « Oui, grâce à Football Manager. » Les jeunes d'aujourd'hui sont beaucoup plus férus de ballon avec l'ordinateur, le smartphone. Il faut faire attention à ce que tu racontes.

Racontez-nous la montée en puissance de RMC. Comment l'expliquer ?

On démarre à 1,9 point d'audience. On était à deux doigts de disparaître des radars de Médiamétrie. Il ne se passait plus rien. Alain Weill reconstruit tout, en s'appuyant sur un modèle américain. Il écoute ce que fait Europe 1 avec Eugène Saccomano. Le sport au quotidien le soir, c'est lui qui le lance. Au-delà du talentueux commentateur qu'il a été, c'était quelqu'un qui sentait les choses. Et puis, un jour, François Pesenti m'appelle : « Tu le gardes pour toi, mais on a acheté les droits de la Coupe du monde 2002. En exclusivité ! Ce sera notre manière de décoller. » 2002, c'est post 1998 et 2000, les Bleus se croient les rois du monde et ils prennent un gadin extraordinaire ! Feu d'artifice sur RMC : la polémique, le débat... C'est LE décollage.

Avant ça, il y avait eu 1998 : un premier moment fort dans votre carrière !

Ah 1998 ! C'est ma première Coupe du monde. Je faisais des points sur les matchs et j'ai dû en commenter trente ou trente-cinq. Je me suis régalé. Je me souviens d'un Argentine-Japon avec une énorme ambiance. Je n'avais jamais vécu ça. Et puis il y a des moments inoubliables de commentaires, comme lors de ce Allemagne-Mexique (2-1) à Montpellier, où il faisait extrêmement chaud. Ce jour-là, je me rends compte d'où je suis et de ce que je fais. Et je me dis : « Tu touches au but ! » Pour l'anecdote, je me suis arrêté en demi-finale avec Brésil–Pays-Bas. J'ai essayé de m'accréditer au Stade de France pour la finale, en tant qu'observateur. Mais France-Brésil... J'étais loin derrière sur la liste d'attente à RMC ! Adieu Resseguié ! (*Rires*)

Où avez-vous vu cette finale ?

J'ai rejoint ma femme et ma belle-famille en vacances à côté de Barcelone. J'ai commenté le match devant la TV… pour vingt personnes ! J'ai passé une soirée folle ! J'étais sur le canapé, avec la table basse, j'avais pris mes notes, j'avais fait les compos et je parlais. Toute la famille était autour de moi. Ils avaient coupé le son. Mais ça, il y a moi et vingt personnes qui s'en rappellent, hein ! C'était génial, je voulais vivre le moment de façon différente. La connerie, c'est que je ne l'ai pas enregistré !

L'année suivante, vous commentez France–Nouvelle-Zélande, à Twickenham, lors de la Coupe du monde de rugby. Quels souvenirs en gardez-vous ?

Le match en lui-même est surréaliste. On est tous persuadés de se prendre une branlée. Et puis, on voit Dominici mettre des tampons partout. Il réussit un plaquage de folie sur Lomu. Et là on se dit : « Il y a un truc qui se passe ! » Ils étaient sur une autre planète. Le match se déroule parfaitement. À la fin, c'est le délire total ! On se rend compte aujourd'hui, avec le recul, qu'on a fait des choses qu'il était impossible de faire. France Info, RTL, Europe 1, Sud Radio et nous, on était tous en intégralité et à la fin du match, on s'est tous passé les consultants ! Alain Gaillard qui travaillait pour nous est allé sur les autres radios. Nous on a récupéré Daniel Herrero, Richard Astre, Pierre Albaladejo et Franck Mesnel. Ça s'est fini comme ça, avec la tournante des consultants. Le XV de France avait tapé la meilleure équipe du monde, c'était l'équivalent de France-Brésil. Bizarrement après, j'ai fait la finale, mais rien ne m'a marqué. Comme si le tournoi s'était arrêté là.

On dit que le milieu du sport est plus fermé aujourd'hui. Entre 1998 et 2000, aviez-vous un contact privilégié avec les joueurs ?

Non, moi j'arrive en 1998 auprès de l'équipe de France. Ce sont des icônes, des intouchables. Ils vendaient n'importe quoi. J'en parle encore avec Bixente Lizarazu, je lui dis : « Tu faisais des pubs pour Petit Lu alors que tu n'as jamais mangé un petit beurre de ta vie ! » On les avait intégrés à la vie du pays, au-delà de l'aspect « Black-Blanc-Beurre », ils étaient devenus des incontournables. Vincent Duluc de *L'Équipe* me racontait que jusqu'en 1996, il prenait le café avec les joueurs au château de Clairefontaine. Moi, je n'ai pas connu ça. Mais en 1988, quand je faisais les matchs du Téfécé, je rentrais dans les vestiaires. Dix ans plus tard, la bascule avait commencé. Ça s'est rouvert avec Laurent Blanc sur la campagne 2012, on a réussi à voyager trois ou quatre fois avec eux. Mais ça s'est vite arrêté de nouveau.

Vingt ans plus tard, la rupture s'est-elle accentuée ?

Le foot s'est refermé sur lui-même. Je pense que le déclic, ce sont les débats et les polémiques. Les comportements de certains en plateau – en TV ou en radio – qui fracassent en permanence, on en paie les pots cassés. Je me rappelle en avoir parlé avec Olivier De Los Bueis, qui s'occupait du site de Zidane. Il m'avait dit : « Tu verras que de plus en plus les joueurs se couperont de la presse. Ça deviendra un devoir d'aller voir les médias, mais pas une obligation. » À l'Euro 2000, après le match contre la République tchèque à Bruges, Anelka et Wiltord ne s'arrêtent pas. Ils se foutent de nous : « Salut la presse ! Salut la presse ! » Parce qu'on leur a expliqué qu'ils étaient obligés de passer en zone mixte, mais pas de s'y arrêter. Il n'y avait que quatre ou cinq joueurs qui faisaient le métier. Aujourd'hui, on n'en a plus qu'un : le joueur désigné par le service de presse, qui t'envoie n'importe qui. Mais j'ai le souvenir d'un Beckham qui faisait le job. Il s'arrêtait, il avait envie de discuter. Encore aujourd'hui certains le font. Mbappé, par exemple. Après la défaite en Suède (1-2) en 2017, tout le monde passe, personne ne s'arrête à part Hugo Lloris... et Kylian Mbappé ! T'as envie de lui dire : « Laisse tomber t'as 18 piges, qu'est-ce que tu viens t'emmerder ? » Bah non, lui, il était venu. Aujourd'hui, il est passé dans une dimension différente, mais parfois il vient, il aime ça. Quand il s'arrête, c'est qu'il a quelque chose à dire. Je me rappelle de compétitions où on ne voyait pas un seul joueur. Franck Ribéry, on n'a pas dû le voir une fois. Antoine Griezmann ou Paul Pogba, je les ai vus une fois en Russie. Maintenant ça verrouille, ça contrôle.

Parlez-nous de votre expérience de la TV. Est-ce un métier différent ?

À la radio tu racontes, l'image c'est ta voix, tu as le rythme, le ton. À la TV, il faut essayer de rester soi-même et d'accompagner. Mais moi je préfère raconter qu'accompagner. J'ai fait soixante-dix matchs à la TV, deux finales de Ligue des champions en clair, dont une sur BFMTV et finalement les gens, ça ne leur déplaisait pas d'être dans le ton un peu radio. J'ai compris qu'ils pouvaient avoir envie de vivre un match différemment. Je vais dire quelque chose qui peut vexer, mais j'ai l'impression qu'aujourd'hui à la TV, tout le monde est bon, mais aseptisé. Ce sont presque tous les mêmes, avec le même style. Chacun essaie d'imposer sa personnalité, mais on a l'impression qu'au-dessus on leur dit : « Hop, hop, hop ! » Mais pourquoi « Hop, hop, hop ! » ? Mettez-vous à la place de celui qui est derrière sa TV et qui a envie de vivre quelque chose d'intense. À la TV, tu ne peux pas tricher. Si c'est une purge, c'est une purge, mais rien ne t'empêche de partir en sucette. On l'a fait avec Éric Di Meco un soir de Porto-OM. Dans l'histoire de la TV, ce n'était jamais arrivé. C'était un match où Marseille était catastrophique. Je voyais Éric à côté, il s'écroulait, il parlait de ses potes qui lui envoyaient des messages. Ça a cartonné ! Il y a des gens qui mettaient RMC Sport juste pour voir Di Méco partir en sucette. J'entends qu'il faut qu'il y ait un cadre, mais pourquoi ça marche en Espagne, en Italie, en Amérique du Sud ? Certains disent : « Rességuié, il gueule ! » Oui, je gueule parce que je veux faire vivre le match !

Les auditeurs français sont-ils vraiment clients de ce type de commentaire ?

Je ne sais pas exactement quels sont les chiffres, mais sur une finale de Coupe du monde, on ne doit pas être loin d'être du million. J'ai des gens qui m'ont parlé de la finale du Mondial 2018, où je perds la voix à la 73e minute. Ça dure quatre minutes, heureusement je ne panique pas. Enfin, j'ai paniqué dans ma tête puis j'ai repris la respiration ventrale et j'ai réussi à finir le match. Mais ça venait de l'émotion. Du fait de me dire : « Ils vont être champions du monde, ils vont le faire ! Ça va être avec toi ! » À la fin du match, je dis : « Il avait raison Thierry Roland, ah putain c'est bon ! » L'émotion qu'on procure, nous aussi on la ressent. Je l'ai sentie pour la remontada à Barcelone. Et le France-Afrique du Sud 2010 avec le fameux « but de Florent Malouuuuuda ». Mais je le commente comme ça parce que j'ai les boules. C'est la frustration qui ressort. Ils m'ont fait chier pendant trois semaines. J'ai fait du fait divers pendant trois semaines !

Voilà l'occasion d'évoquer Knysna...

C'est la honte du football mondial, mais journalistiquement c'est l'endroit où il fallait être. Je raconte souvent aux jeunes en école de journalisme que c'est l'un de mes meilleurs souvenirs. Ce jour-là, on n'est au courant de rien, on ne sait pas ce qui va se passer. Quand Evra va expliquer à Domenech qu'il n'y aura pas d'entraînement et que Duverne jette son chronomètre, au départ je n'y fais pas attention. C'est un cameraman de l'ARD – une télévision allemande – qui me met un coup de coude et me montre dans son objectif ce qu'il se passe. Là effectivement, je vois la scène. Mais ce qui m'avait mis la puce à l'oreille, c'est que j'avais vu tous les joueurs en baskets. Et un jour Rolland Courbis m'avait dit : « Le jour où tu verras des joueurs en baskets, c'est qu'ils ne s'entraîneront pas. » On a pu tout raconter sur RMC et BFM. C'est l'un des grands événements du football français. Il y avait déjà eu 2006 et le coup de boule de Zidane. Mais ce jour-là personne ne voit rien, on met du temps à voir les images et le seul qui réagit merveilleusement bien, c'est Thierry Gilardi.

Vous avez connu un événement bien plus dramatique avec le France-Allemagne au soir des attentats de 2015. Comment l'avez-vous vécu ?

De façon particulière. On ne se rend pas compte de ce qu'il se passe au moment des détonations. Sur la première, on voit le visage de Patrice Evra sur les écrans. Il est surpris, mais on ne comprend pas. Et puis au fil des minutes on entend ce qu'il se passe à Paris, on a des flashs spéciaux. On se pose la question de savoir ce qu'on fait. Est-ce qu'on continue à commenter le match ? Quand on apprend ce qu'il s'est passé, on arrête. Gilbert Brisbois en plateau prend des journalistes de RMC partis dans Paris, au Bataclan, et nous on est sortis du stade et on a raconté ce qu'on avait vu autour, les mouvements de foule... C'est un moment particulier, mais on ne l'a pas vécu de la même manière que certains confrères qui se sont retrouvés près du Bataclan et qui étaient bien plus choqués. La peur, c'est l'inquiétude pour la famille, c'est Griezmann qui nous apprend que sa sœur est au Bataclan...

La peur, l'avez-vous parfois ressentie dans les stades ?

La peur pas vraiment. À Barcelone sur la fameuse remontada, on nous a craché dessus parce qu'on était français... Ah si ! J'ai eu peur une fois en Italie, en sortant d'Inter-Marseille, le jour du but de Brandão (*2012*). Après le match, je fais un duplex en dehors du stade pour BFM. J'ai le flot de spectateurs italiens qui passe à côté. Et l'un d'eux me lance une banane à mettre autour de la taille – bien remplie – derrière la tête. Il me reste vingt secondes à faire, je suis groggy, assommé. Je termine, mais je ne vois plus le cameraman... Il était parti après le spectateur pour lui mettre une boîte ! Il m'a dit qu'il l'avait attrapé. (*Rires*)

Les émotions positives restent donc très largement majoritaires ?

Ah ouais ! Il y a des moments qui te filent la chair de poule. Le mur jaune à Dortmund ! San Siro ! J'ai eu le bonheur de faire un AC Milan-Inter, en Ligue des Champions. Un truc de fou ! Un truc de dingue ! Une ambiance extraordinaire dans ce vieux stade, une cathédrale. On sentait un truc très fort. Mais même en Coupe de France sur un Biesheim-Grenoble, où ils avaient mis la tribune de presse dans un camion-remorque, je m'étais régalé. Ce sont des moments à part.

Comment peut-on passer de matchs de Ligue des champions à ce type de rencontres en conservant la même envie ?

Quand on me pose la question, je paraphrase Fabien Barthez : « Un match de DH ou une finale de Coupe du monde, c'est la même chose, c'est la passion qui parle. » Pour moi c'est pareil. S'il se passe quelque chose de dingue, je peux me transporter. Même pour un 32e de finale de Coupe de France. Cette épreuve-là, c'est l'essence même du football. C'est le monde amateur, la base du football qui rencontre le monde professionnel.

Ce côté passionné, enflammé, est-ce un héritage de Saccomano ? Peut-on vous considérer comme le prolongateur de son style ?

C'est le meilleur compliment qu'on puisse me faire. Les plus anciens me disent que je leur rappelle les envolées d'Eugène Saccomano. C'est un compliment énorme ! Je n'ai pas cherché à le copier, j'ai la même passion que lui. J'ai peut-être moins le sens du spectacle... Encore que, quand il y a un but de Giroud, ce n'est pas très loin de ce qu'il faisait. Lui, la seule chose qui l'intéressait c'était de porter la passion aux gens qui l'écoutaient. Pour en avoir discuté avec lui, il avait attrapé ça en écoutant les Espagnols et les sud-américains et il était persuadé que ça pouvait fonctionner en France. Et la preuve : ça a marché ! Dans ce métier on est porté par la passion.

Outre la passion, ce métier implique aussi des déplacements longs, récurrents. Comment concilier l'aspect professionnel et la vie familiale ?

C'est compliqué, mais j'ai épousé une sainte. Après, je n'ai pas vu grandir ma fille. Elle a vingt-trois ans, elle est née en avril 2000. Trois semaines après, je partais à l'Euro. En 2002, à la Coupe du monde, elle a deux ans. Quand je rentre, je revois sa tête à l'aéroport, au bout du tapis à bagage, elle fait la gueule. Elle ne vient pas me dire bonjour et pendant trois semaines en vacances, elle me boude. Ça marque un peu. Aujourd'hui, on en rigole, c'est une façon de vivre un peu à l'image d'un joueur de tennis. Djokovic en parlait récemment sur RMC, c'est une vie de saltimbanque. Mais je ne m'imagine pas rester au bureau, faire des conférences de rédactions…

Cette vie de sacrifices ne vous a-t-elle jamais pesé ?

Ce n'est pas un sacrifice. Ma famille sait que je m'éclate. Je suis un privilégié. En revanche, je vais avoir soixante ans, j'aime mon Sud-Ouest, j'ai envie d'y revenir. Je ne continuerai pas à commenter des matchs jusqu'à soixante-dix ans. Déjà physiquement, notamment pour la vision. Comme un athlète de haut-niveau, à un moment le corps va dire stop. J'en aurai marre de prendre le train, de mal dormir. Parce qu'après un match, on ne peut pas bien dormir. Celui qui me dit qu'il dort comme un bébé après avoir commenté un match, je ne dis pas qu'il ment, mais je ne le crois pas !

Ce sera peut-être l'occasion de profiter de vos autres passions : la brocante, les vide-greniers ?

Oui c'est récent, c'est venu à Paris. Certains visitent la tour Eiffel et les monuments. Moi mon plaisir ce sont les vide-greniers. Encore samedi dernier, j'en ai fait deux. Je collectionne les pins, les « 45 tours » sur le foot : en ce moment je chasse celui d'Annie Cordy sur le PSG, je ne désespère pas de le trouver.

Et les maillots, vous ne les collectionnez pas ?

Non. Déjà les pins ça coûte moins cher. Mais une fois, j'ai aidé le fils de Jean Verbeke (*chef de délégation des Bleus en 1998*) à rassembler les affaires de son père en 2018. On a fait une expo pour fêter l'anniversaire du titre de champion du monde et pour me remercier il m'a dit : « Prends un maillot dans la collection. » Il y avait un maillot de Zidane, mais j'en ai choisi un autre. Il m'a dit : « Mais pourquoi tu prends celui-là ? » – « Pourquoi ? Parce que si tu le retournes il y a marqué "Andorre-France, 1999", c'est le premier match de l'équipe de France que j'ai commenté. Donc celui-là, il m'intéresse. » C'est le numéro 14, il n'y avait pas les noms à l'époque. J'ai galéré pour retrouver la feuille de match et il s'avère que c'est le maillot d'Emmanuel Petit. Je suis allé le voir et il me l'a signé.

C'est l'heure de l'anecdote secrète !

Un ami qu'on appelait « le Baron » m'appelle quelques jours avant de partir à l'Euro 2004 au Portugal. Il me dit : « J'ai un billet de dix dollars sur lequel j'ai une signature de Pelé, de Platini et de Maradona. » La semaine suivante il me montre le billet et il me dit : « Tu vas à l'Euro ? Il me manque celle de Zidane. J'aurais les quatre plus grands numéros 10 du football mondial. » La mission n'était pas simple. Il ne faut pas perdre le billet déjà et je n'étais pas sûr de voir Zidane. Finalement je fais une interview avec lui et je le prends à part, un peu gêné, avant qu'il s'en aille. Je lui montre le billet, il voit les signatures. Il me dit : – « Et ? »... – « Et ? Il manque la vôtre ! » Il me répond : « Non je ne peux pas. C'est de l'argent, ça a une valeur, je ne peux pas signer un billet. » Finalement, il prend un papier, il signe par-dessus, en faisant en sorte que ça puisse se propager en partie sur le billet. Alors mon pote s'est débrouillé avec un papier calque et il a eu son autographe ! Je ne sais pas ce qu'est devenu ce billet, car cet ami est décédé. Mais chapeau, monsieur Zidane !

francetv sport
francetv sport

ALEXANDRE BOYON

« FAIRE LE BUZZ POUR FAIRE LE BUZZ, ÇA NE ME VA PAS. ÇA VA MAL FINIR, UN JOUR QUELQU'UN VA DÉGOUPILLER. »

Il est sans aucun doute le commentateur le plus polyvalent de ce livre. Ski alpin, biathlon, natation, aviron, athlétisme, cérémonies d'ouvertures des Jeux olympiques, Alexandre Boyon jongle avec aisance, d'une discipline à l'autre, sur les antennes de France Télévisions, depuis plus de vingt-cinq ans. Nous le rencontrons un matin de novembre dans un café branché du XVIe arrondissement de la capitale. Plusieurs caractéristiques sautent aux yeux : sa culture encyclopédique du sport combinée à une éloquence naturelle, nourries de bon matin, à coups de double espresso. Son irrépressible envie de faire rire est aussi l'un des traits marquants du personnage, à l'image d'une discussion inventée entre deux futurs ex-collègues, après nous avoir dévoilé d'inavouables secrets ayant conduit à sa perte : – « Qu'est-ce qu'il devient Alexandre Boyon ? » – « Oh, il vend des frites sur une Nationale en Belgique entre Ath et Tournai. » Redevenu sérieux, bien que bavard et affable, il se veut ensuite modeste sur les grandes réussites de sa carrière et terriblement honnête sur ses erreurs. Un seul point semble irriter l'homme de 56 ans : les réseaux sociaux, symboles d'une forme de décadence de la société actuelle. Entretien avec celui qui devrait être dans un an, l'une des voix majeures des JO de Paris 2024. Une forme d'aboutissement, trente-deux ans après son entrée au service des sports de France TV.

Quelle est la genèse de votre amour pour le sport ?

J'en ai toujours regardé et pratiqué pour une bonne raison : mon père faisait de l'aviron. Dès mes deux ans, j'étais sur les bords de Marne. Mon père a raté de peu les JO de 1956. J'ai toujours été passionné de sport. J'ai fait de la natation, du foot. Je collectionnais les vignettes Panini, je regardais les matchs des Bleus, de Saint-Étienne. À l'époque, il en passait un tous les trois mois ! Puis, je me suis mis à l'aviron, j'ai été en équipe de France juniors, puis Espoirs. J'ai côtoyé des sportifs de haut de niveau. En parallèle, j'ai fait des études pour savoir ce que je ne voulais pas faire. J'ai fait une maîtrise de gestion du sport à Dauphine.

Mais je me suis rendu compte que la gestion, ce n'était pas mon truc. C'était la notion de sport qui m'intéressait. Après je suis parti à l'école Sciences Com, créée par Philippe de Villiers. (*Rires*) À la fin de cette école, je voulais faire un stage à Paris, mais ma copine qui habitait en Île-de-France m'a largué, donc j'ai fait un stage à TV 8 Mont Blanc, à Annecy. J'aimais bien la télé, j'en regardais beaucoup. J'ai ensuite pris la direction de Lille pour travailler dans une autre télé locale, on touchait à tout : la présentation, les résumés de matchs, les commentaires... On faisait des Lille-Bordeaux avec Santini, Assadourian, Sauvaget, les mecs de l'époque ! On faisait aussi la coupe d'Europe de basket, beaucoup de hand. J'ai rencontré pas mal de monde. Et après un an, j'ai reçu un appel le 18 juin – le fameux – de Patrick Chêne qui m'a dit qu'il cherchait des stagiaires. J'ai enchaîné les piges, un CDD et j'ai été officiellement engagé en 1997. Je n'ai pas fait d'école de journalisme, mais ce n'est pas forcément un handicap. Quand tu es commentateur, tu es animateur. Tu accompagnes un spectacle, tu le vends.

N'avez-vous jamais envisagé de carrière en aviron ?

Si, comme tout le monde. Quand tu es jeune, tu rêves un peu. Mais je n'avais peut-être pas la volonté, la technique, le mental et peut-être aussi que je ne me suis pas donné les moyens. Ou ce n'était simplement pas mon histoire et il était écrit que je ne devais pas le faire. J'aurais adoré vivre ce que vivent les mecs de haut niveau. La pression, le dépassement, la quête du Graal. Si votre question c'est : « Est-ce que je fais un transfert ? », j'imagine que oui ! J'ai de la fascination pour les athlètes.

Cette rencontre avec le monde de journalisme, finalement, est tout sauf un hasard ?

Rétrospectivement, avec mes potes, quand on était gosses on imitait Thierry Roland et Bernard Père (*commentateur sur Antenne 2 dans les années 1970*). Toutes les expressions y passaient : « Ils ne vont pas passer leurs vacances ensemble », « Monsieur Foote vous êtes un salaud »... Thierry Roland c'était un dinosaure. Un match de l'équipe de France faisait quinze millions de téléspectateurs, tu n'avais pas l'offre de chaînes d'aujourd'hui. Il était une méga star. Aujourd'hui, la dernière star du sport c'est Nelson (*Monfort*). Il n'y en a pas d'autres. Mais regardez, même Gilles Bouleau au 20 h. Sa médiatisation, comparée à celle de PPDA, c'est minime. Et heureusement que ça se passe comme ça d'ailleurs, parce qu'honnêtement, la starification des journalistes...

Votre aventure au Bataillon de Joinville semble également primordiale dans votre carrière, grâce aux rencontres que vous y faites...

Oui, on portait le survêtement du matin au soir et on n'était qu'avec des sportifs. J'étais avec les handballeurs, il y avait Philippe Gardent, Thierry Perreux, l'entraîneur adjoint de Costantini, Yohann Delattre. Ce sont eux qui ont formé la génération des Barjots. On garde contact. J'ai aussi rencontré Roger Lemerre, Franck Passi et Christophe Galtier. En rugby, il y avait aussi Christophe Urios, Marc Dal Maso. J'ai eu cette chance d'être estampillé « famille sportive », avant d'être « famille journaliste ». Je sais ce que c'est de s'entraîner dur.

Comment se déroulent vos débuts aux commentaires sur France TV ?

Quand j'arrive en 1992, il y a Salviac, Fulla... Tu n'as qu'un droit : te mettre dans un coin et fermer ta gueule ! (*Il éclate de rire*) Au début, je faisais des sujets pour le 13 h et le 20 h. Puis Tout Le Sport s'est créé, et j'ai fait mon premier vrai direct en 1995 sur les championnats du monde d'aviron. Même si j'ai travaillé sur du foot, je suis davantage axé sports olympiques quand même. Avant cela, je n'avais eu pour seule expérience qu'un meeting d'athlétisme à Monaco. Patrick Montel était sur place. À l'époque, on avait toujours un plateau de secours au cas où l'on ait un problème avec la retransmission sur place. On m'avait donc demandé de rester. Et puis il se trouve que les mecs de la technique étaient partis manger et qu'ils ne sont pas revenus à temps. Patrick Montel était tout seul, il gueulait ! Là, il y a eu une montée d'adrénaline, j'ai dû improviser, tenir l'antenne tout seul pendant dix minutes et lancer le tiercé. Quelques minutes plus tard, j'ai reçu un coup de téléphone du rédacteur en chef : « Cher Alexandre, je tenais à vous remercier, vous avez sauvé l'antenne. »

Sentez-vous très vite, cette fibre pour le commentaire ?

Oui ! Quand à l'école tu es puni parce que tu parles trop, et qu'on te paie plus tard pour faire la même chose, c'est quand même extraordinaire ! Je peux commenter n'importe quoi, je suis aussi là pour déconner. Ça me passionne, j'aime le mouvement sportif, le geste. C'est un truc vivant, j'adore.

Comment commente-t-on la natation et l'aviron, de manière concrète ? Ce sont des sports peu médiatiques, techniques. Quelles sont les subtilités ?

Tu fais l'éponge. Inconsciemment tu regardes ce qu'il se fait à droite à gauche, comme un réalisateur quand il va au cinéma. J'imagine que Scorsese, quand il voit Spielberg, il essaie de comprendre. Le journalisme c'est un métier où on ne te donne jamais de conseils. Il faut apprendre seul. Pour la natation et l'aviron, le rythme est totalement différent de celui d'un match de foot. C'est assez court et le schéma est simple : entrée, présentation, au départ tu te tais, tu commentes vingt mètres, le consultant rebondit, au virage tu donnes les positions. Tu essaies de trouver la bonne phrase pour résumer la situation. Derrière, tu sais que tu as les ralentis, les tableaux, les interviews... C'est une vraie mécanique et c'est très, très répétitif. Tu essaies de donner des clés. Sur un 100 m, tu sais qu'un nageur de 50 m ou de 200 m ne vont pas adopter les mêmes tactiques. Après, c'est relativement facile, car contrairement au foot, peu de téléspectateurs sont plus spécialistes que les commentateurs en natation.

Comment entretenez-vous votre hyper polyvalence ?

Je travaille énormément. J'ai un disque dur plein. Quand tu fais des séries de natation, tu dois connaître quasiment tous les athlètes. Sur l'athlé, tu as 2 000 mecs. Sur du demi-fond, de loin, il faut reconnaître les coureurs à l'allure. Sur les meetings avec le même sponsor, tu peux vite te planter. J'ai un respect énorme pour les commentateurs de cyclisme, capable de reconnaître les coureurs avec leur casque, un jour de Paris-Roubaix dans la boue et avec les imperméables. Les cérémonies d'ouvertures avec

450 porte-drapeaux, c'est fastidieux aussi. Donc je bosse avec beaucoup de surligneurs. Nelson se moque de moi : « Alex quand je te vois travailler avec tous tes stylos, on dirait *Le Gendarme se marie* quand de Funès passe les examens. » J'ai besoin de passer par l'écrit pour mémoriser. Parfois, tu vas préparer une centaine d'informations, mais ce qui est important ce n'est pas de sortir tes cent infos. C'est de dégainer les cinq les plus importantes au moment opportun. Par exemple, un mec se blesse au genou lors d'un match de rugby : tu dois être capable immédiatement de donner l'historique de ses blessures. C'est tous azimuts, presque quelque chose de psychopathe et je trouve ça très intéressant.

Vous considérez-vous comme une espèce à part dans ce métier ?

J'ai une image olympique assez forte, mais je reste estampillé natation. Ça fait vingt-cinq ans que je le fais. J'ai eu un énorme coup de chance, j'ai eu le privilège de commenter l'âge d'or de ce sport. J'ai connu le premier titre olympique de Roxana Maracineanu, puis Laure Manaudou en 2004, Alain Bernard en 2008, puis plein de médailles ensuite. Je suis chanceux, car pour moi c'est l'événement qui fait le commentateur. Les commentateurs qui disent : « Moi je suis la voix de tel sport », c'est n'importe quoi. Une finale de Coupe du monde tu mets Laurent Romejko et Évelyne Dhéliat, les gens regardent quand même ! Bon, l'égo me fait dire que j'apporte quand même quelque chose et que c'est mieux avec le commentaire que sans. Je vais me rassurer ! (*Rires*)

Le direct implique parfois des couacs. Certains vous reviennent-ils en mémoire ?

Il y en a énormément. Aux Jeux de Pékin, sur le biathlon j'ai confondu les Norvégiennes Tandrevold et Eckhoff, qui allait gagner une médaille. C'est ma faute, *mea culpa*. Je n'ai pas été bon !

Que se dit-on dans un tel moment ?

Que t'es une merde ! (*Rires*) Déjà, on te le fait savoir. Tes « amis » des réseaux sociaux te le font très vite savoir, y compris certains de tes confrères... que j'attends d'ailleurs ! Il y en a deux ou trois, j'attends qu'ils en fassent une... Après, on passe à autre chose très rapidement, car trois heures après Quentin Fillon-Maillet devient champion du monde.

Vous n'avez pas le temps de gamberger...

Si, ça me fait chier. Ça m'a mis un peu de pression pour le commentaire d'après. D'une manière générale aujourd'hui il est devenu très facile de dézinguer. Ça se fait anonymement sur les réseaux sociaux. Certains ont le courage de le faire avec leur nom, mais quand ce sont des confrères... Je préfèrerais qu'ils t'appellent. Qui n'a jamais fait de connerie ?

On sent que ça vous agace !

Oui, il y a des journalistes qui se nourrissent de ça, qui adorent être clivants, comme Pascal Praud, Daniel Riolo. Moi je préfère qu'on me dise que j'ai bien bossé. Parfois je réponds sur les réseaux sociaux, mais je perds mon temps. Je n'aime pas la polémique. Faire le buzz pour faire le buzz ça ne me va pas. Ça va mal finir, un jour quelqu'un va dégoupiller !

Lorsque l'on tape votre nom sur internet, on tombe sur une séquence où vous vous croyez en direct... (*se pensant hors-antenne lors d'un duplex aux Jeux olympiques, il crie quelque chose d'inaudible au micro*)

Vous voyez à quoi sont résumés trente ans de carrière ? C'est un peu prétentieux de dire ça, mais aujourd'hui on en est là. Qu'est-ce qu'il restera de ton boulot ? Ce truc-là ! Et encore je m'en sors super bien.

On me dit : « retour dans trois minutes », et une minute après on était à l'antenne sans qu'on me prévienne. Quand Matthieu Lartot me dit qu'on est en direct, j'entends rire sur le plateau, alors je me dis : « C'est une blague ! » Mais imaginez le lendemain si Martin Fourcade – qui gagne – nous reproche de ne pas être très sérieux… Au contraire il me charrie gentiment : « Spéciale dédicace. » Mon attaché de presse, c'est la star des Jeux ! Il a été plus que bienveillant. Ça aurait pu aller très vite dans l'autre sens et se retourner contre moi. S'il avait dit que j'étais un bouffon, vous ne seriez pas en train de m'interviewer. La morale de tout ça, c'est que, dès que tu as un micro, tu peux être à l'antenne et aujourd'hui il faut faire hyper attention. Où que tu te trouves, les mecs derrière toi peuvent avoir un téléphone, te filmer en train de te mettre les doigts dans le nez… C'est la société.

Ce phénomène rend-il le métier plus difficile à exercer aujourd'hui ?

Je ne me pose pas la question, car il est peut-être plus facile que dans trente ans. Il y a vingt ans tu disais une connerie, au pire des cas tu avais une critique dans le courrier des lecteurs la semaine d'après. Aujourd'hui, à la moindre petite erreur, tu es massacré dans la minute. J'ai un exemple, qui date des championnats du monde d'athlétisme 2022. Le premier jour on commente, on a un problème de micro, et à un moment on me montre une image de loin, à contre-jour où j'aperçois une athlète. Je dis que c'est peut-être Allyson Felix. Il se trouve que ce n'était pas elle. Je la connais Allyson Felix, mais je m'en suis pris plein la tronche, y compris par des athlètes de l'équipe de France. J'ai fait amende honorable. Mais c'est hyper violent. Dès qu'il y a une merde à l'antenne, c'est toi qui prends. Tu es l'interface entre ta rédaction et le grand public.

C'est une évolution de la société. Imagine Thierry Roland, si en 2002 tout le monde met son engueulade avec Larqué (*voir le chapitre avec Jean-Michel Larqué*) sur les réseaux sociaux. Ça change sa réputation. Mais tu peux aussi t'en servir pour inverser ta carrière. Patrick Montel a réussi à le faire avec Floria Gueï et son « Alors peut-être ». Et puis soyons clairs : si tu meurs avant ta fin de carrière tu deviens une légende. Les mêmes qui te taillaient cinq minutes plus tôt te regretteront.

Quel est votre commentaire le plus épique ?

Le plus émotionnel c'est le titre olympique en aviron de Jean-Christophe Rolland et Michel Andrieux en 2000. Michel, on avait fait des stages d'aviron tous les deux, on était ensemble au bataillon de Joinville, Jean-Christophe j'ai ramé contre lui, j'ai commenté avec lui en 1998. Je connaissais bien ces deux caractères. Après plusieurs mètres de courses, je dis : « Ils doivent penser très fort à leurs enfants : Victor et Mathias. » À 1 000 m je sors : « Ils sont bien partis pour gagner. » Ça avait rendu fou Charles Biétry qui n'avait pas aimé que je m'avance comme ça. Il m'attendait au tournant ! La course se termine, ils gagnent. À l'arrivée, ils font l'interview avec un mec de *L'Équipe* qui leur demande : « Mais qu'est-ce que vous vous êtes dit au départ ? » Et ils répondent : « Ben on s'est dit deux mots : Mathias et Victor. » Ça, moi, je ne le savais pas. Je ne peux pas croire au hasard, j'aurais pu la commenter les yeux fermés. Émotionnellement, il ne peut pas y avoir au-dessus.

Sur le plan sportif, en 2004, Laure Manaudou c'était quelque chose. Ça a marqué les gens ! Car je la connaissais. Ça faisait 52 ans qu'il n'y avait pas eu de titre. Surtout que pour l'anecdote la course a été coupée en deux. On était en direct sur France 2, la course démarre à 19 h 58, et en plein milieu, je lance la bascule pour dire qu'on passe sur France 3. Le JT de France 2 a perdu 7 millions de téléspectateurs en quelques secondes. Celui qui a enregistré n'a que le début de la course ! La victoire de Florent Manaudou sur 50 m c'était aussi un truc de dingue. Michel Rousseau à ma droite était sous le choc, Roxana à ma gauche hurlait comme jamais. Tu ne t'appartiens plus, tu ne sais plus ce que tu fais. Et puis il y a LA punchline ! Laure Manaudou saute sur son frère. Et je sors : « Il a l'or (*Laure*) autour du cou. » En le disant, je me dis que ce n'est pas mal, alors je le répète. On m'a demandé si je l'avais préparé. Bah oui, (*ton ironique*) bien sûr, je suis allé voir Laure pour lui dire : « Tu vas dire à ton frère de gagner et de battre son record ! Et puis tu vas faire un truc qui n'a jamais été fait, je pense que si tu lui sautais dessus ça pourrait être pas mal. » (*Il éclate de rire*)

Qui sont les commentateurs vous ayant le plus influencé ?

Pour moi il y a plusieurs types de sports. Il y a des sports d'émotion, d'empathie, de grâce. Des sports d'envie. Tu ne commentes pas le patinage artistique, la gymnastique comme tu commentes le tennis, la boxe, le MMA ou un 100 m. J'ai fait de la natation synchronisée, du plongeon et je n'ai pas du tout le même ton que quand je fais de l'athlétisme. Dans le patinage, le seul moment où tu t'enflammes c'est sur une chute. (*Il imite Nelson Monfort à la perfection*) Sur le tennis tu es toujours en différé, tu es un peu au club-house. Et puis tu as différents types de commentateurs. Moi je suis plutôt passionné. Alexandre Pasteur est plus calme par exemple, ce qui ne l'empêche pas de monter quand il le faut. Patrick Montel est énergique, presque exalté. Grégoire Margotton est en retrait avec un phrasé différent. Le seul truc commun c'est le travail. Tu sais si le mec travaille ou pas. J'ai ma sensibilité, mais ce n'est pas une vérité. Ma référence c'est sans doute Patrick

Montel. Sur n'importe quelle course il te fait rêver. Il faut essayer de trouver des choses en permanence pour intéresser, par l'émotion, par l'histoire. Mais attention : trop d'effet tue l'effet. Pareil pour les superlatifs.

Quels rapports entretenez-vous avec vos consultants ?

Ça dépend avec qui. En règle générale, les sportifs qui deviennent consultants sont beaucoup plus accessibles qu'au cours de leur carrière. Les sportifs d'aujourd'hui ont l'âge de mes mômes. J'ai 56 ans, je suis plus vieux que leurs parents parfois.

Avec certains consultants, j'ai créé des liens d'amitié, comme Luc Alphand. Il est très marrant. Quelle que soit la personne en face, il lui parle de la même façon. Je l'ai vu un jour avec le roi de Suède, il lui parle de la même manière que celui qui fait le nettoyage de notre cabine. Il peut rester au bar avec des supporters. D'autres, j'ai un grand plaisir à les voir. Michel Rousseau par exemple on s'appelle toutes les semaines, on partait en vacances ensemble. Après ils restent des champions. Et pour moi, ils n'ont pas les mêmes gênes, j'aimerais comprendre comment ils sont faits. Stéphane Diagana pour moi est la Rolls Royce du commentaire, il est hallucinant dans la connaissance de son sport et de sa gouvernance.

Vous êtes également connu pour commenter les cérémonies d'ouverture des JO. D'où vous vient cette passion ?

Je ne sais pas. Je crois que c'est l'histoire de l'olympisme. Alors attention, je ne suis pas dupe par rapport aux JO. C'est une multinationale avec beaucoup de zéros derrière. C'est politique, très feutré, mais il y a une certaine magie. Le monde entier est réuni au même moment. C'est le seul endroit où tu as autant de sportifs qui disputent la même compétition sur le même lieu. C'est un accélérateur de particules et d'émotions.

Magic Johnson qui vient aux JO de Barcelone avec la *Dream Team*, il est séropositif, ses potes viennent l'enlacer. Tu fais plus pour la communication de la tolérance, que des années de publicité. Il y a vraiment des moments magiques. J'ai peut-être un côté fleur bleue, j'assume. Sur une cérémonie tu magnifies un pays, tu es entre l'art et le sport. La seule différence c'est que la culture te fait réfléchir après, alors que le sport le fait sur le moment. Ce sont des moments transgénérationnels où tu dépasses les clivages sociaux. L'émotion n'a pas de sexe, de couleur, de pays. C'est comme la compétence, ça devrait être comme ça.

Paris 2024 : vous l'attendez impatience ?

Oui, tu ne peux pas avoir de plus gros événement. Ça fait un siècle qu'on attend ça. On est France Télévisions. On a des Jeux, chez nous. J'espère être là. Les Jeux paralympiques aussi seront un événement très fort. Les gens en mobilité réduite, c'est nous dans 60 ans. Dans le métro, comment tu fais ? Il faudrait qu'on avance là-dessus, car ça concerne tout le monde.

Comment faire avancer cet enjeu via les commentaires ?

Le paralympisme, c'est un peu la géopolitique des drames humains. L'Ukraine a fait très fort, car il y a eu Tchernobyl et ils ont réussi une politique de réhabilitation à travers le handisport. Aux États-Unis, ce sont les militaires qui ont impulsé ça. Au Rwanda, c'est la guerre civile. C'est la géopolitique des drames. Ce que je veux faire, c'est de commenter comme si c'étaient des sportifs valides de haut niveau. Avec le souci de les intégrer comme tels, il faut les commenter de la même manière. La passerelle peut se faire avec des consultants. J'espère qu'on pourra mettre des commentateurs valides pour le handisport, et des commentateurs issus du handisport pour les Jeux olympiques. On l'avait fait il y a quelque temps avec Ludivine Loiseau pour la natation. Il faut envoyer des messages.

Votre anecdote secrète ?

On est en 2000. On part quinze jours avant le début des JO de Sydney pour faire des reportages sur place avec Céline Géraud. Une semaine plus tard, Charles Biétry devient directeur des sports. On le connaissait peu, en revanche on savait qu'il avait la réputation d'être un journaliste XXL. Le surlendemain Charles Biétry commence à préparer la cérémonie d'ouverture des JO. Je vais le voir et je lui dis que je peux l'aider. Il me répond : « Tu n'as pas autre chose à faire ? » Je lui réponds que je suis passionné d'olympisme et que ça me ferait plaisir. On commence par évoquer les pays, en démarrant par la Croatie. Je lui explique qu'ils sont très forts en waterpolo où il y a une vraie tradition avec la Ligue adriatique. On a enchaîné sur les autres pays et à chaque fois, je lui donnais pas mal d'informations. Au bout d'une heure, il m'a proposé de travailler avec lui en direct pour la cérémonie d'ouverture des JO. Quinze jours plus tard, c'était un rêve d'enfant que je réalisais. Ensuite, je lui ai demandé s'il voulait que je l'aide pour la cérémonie de clôture. Il m'a dit : « Non, c'est bon tu vas gérer tout seul avec Christophe Josse. » Je le savais passionné de sport et d'olympisme et ce jour-là il m'a fait un véritable honneur en me laissant sa place. J'ai eu la chance de faire quasiment toutes les cérémonies depuis. Un exercice difficile, mais valorisant, qui ne se limite pas seulement aux connaissances sportives. Je ne serai jamais assez reconnaissant envers Charles de m'avoir donné cette chance. Quand un immense professionnel vous tend la main, ça vous marque à vie.

DAVID COZETTE

« PAS LOIN DE DIX ANS PLUS TARD, DES GENS VIENNENT À MON HÔTEL POUR ME DIRE : "DONNE-MOI TON SHORT." »

Les fans de basket avaient perdu sa trace à l'été 2020. Les mieux informés savaient qu'à l'instar de certains Français épuisés par d'interminables confinements, David Cozette avait trouvé refuge en bordure de Méditerranée. Tout nouveau propriétaire de l'hôtel BOR à Hyères, la principale voix du basket français de ces vingt dernières années semblait s'être éloignée à jamais des parquets. Oui, mais voilà, on ne claque pas la porte d'une vie aussi passionnante que la sienne d'un claquement de doigts. À côté d'un shoot de Thomas Heurtel, le chant des cigales ne pèse pas lourd. Le commentateur de 54 ans décide donc d'effectuer son grand retour au micro en septembre 2022, pour commenter les exploits des clubs français en EuroLeague sur la plateforme de diffusion en ligne Skweek. Celle nouvelle aventure vient s'ajouter au CV déjà conséquent de celui qui avait eu le privilège de commenter les plus grands événements du basket international sur les antennes de Canal+ aux débuts des années 2000, avant de poursuivre sa carrière sur RMC Sport. C'est finalement dans les locaux de *L'Équipe*, à quelques heures d'un match de l'ASVEL, que David Cozette nous reçoit. Régénéré après deux ans de sevrage, il avoue « kiffer comme jamais » sa situation actuelle. L'homme aux cheveux blonds et au débit tonitruant revient sur vingt ans de carrière, passés auprès des légendaires George Eddy et Jacques Monclar ainsi qu'au contact de la génération Parker, la plus talentueuse de l'histoire du basket français.

En 2020 vous annoncez aux fans que vous quittez le milieu du journalisme, pour vous lancer dans l'hôtellerie. Deux ans après, vous voilà de retour. Pourquoi ?

C'était une vraie envie. Pendant quelque temps j'ai tenté de réactiver mon réseau pour recommencer. Ça me manquait, clairement. J'ai fait savoir à tous mes contacts que je voulais revenir, que j'étais prêt pour une nouvelle aventure. Il fallait juste trouver le bon endroit, le bon moment.

L'hôtellerie d'un côté, le commentaire de basket de l'autre. Comment parvenez-vous à mener ces deux vies de front ?

Je dirai que ça se complète parfaitement. La haute saison dans l'hôtellerie s'étend de début juin à fin septembre, et la saison d'EuroLeague c'est de début octobre à fin mai. Donc c'est parfait. C'est une essoreuse 365 jours par an, mais je peux me libérer sur les matchs de basket quand l'activité commence à redescendre à l'hôtel.

Revenons au tout début, à votre enfance. Pourquoi vous orientez-vous vers le basket quand la majorité des gamins français jouent au foot à cet âge-là ?

J'ai joué au basket toute mon enfance. J'ai commencé à 8 ans. J'étais à l'Association Sportive de Mesnil-Esnard, le club de Théo Maledon. J'habitais dans la banlieue de Rouen. J'ai joué longtemps, je n'ai jamais eu un niveau exceptionnel, mais c'était mon sport. J'y suis venu par le hasard le plus complet. Je ne me souviens même pas comment j'ai fini dans ce club plutôt qu'au foot ou au rugby... Après le bac, pour l'anecdote, je suis parti aux États-Unis, en *high school*, mais je n'avais clairement pas le niveau pour jouer avec l'équipe de basket, donc j'ai fait partie de l'équipe de soccer, où j'ai vécu de grandes aventures. Pour le coup j'avais le niveau et je me suis régalé.

On voulait y venir. Les États-Unis pour un fan de basket, c'est le rêve absolu, non ?

Je n'ai pas vu un seul match de NBA. J'étais à Chattanooga dans le Tennessee, j'aurais pu aller voir les Hawks, à deux heures de route. Mais je n'étais pas encore au taquet là-dessus, je n'avais pas encore cette culture basket. J'étais plus intéressé par l'expérience culturelle. Quand on passe de la France au *deep south* américain, je peux vous assurer qu'il y a un vrai choc culturel. La vie du lycéen, avec tout ce qui est fait pour le sport, me fascinait. J'ai joué au foot dans des stades pleins, c'était lunaire. Je voulais découvrir le rapport des Américains au sport.

Le basket en tant que sujet journalistique est venu après chez moi. Le premier sport que j'ai commenté, c'est le hockey sur glace. À Rouen c'est quelque chose de très fort. Je suivais l'équipe pour France 3, je connaissais les joueurs, l'environnement et ensuite je suis arrivé à Eurosport en 1992. Personne ne connaissait la chaîne, on était dans les sous-sols de Cognacq-Jay. J'ai été le premier commentateur en français sur Eurosport avec Christophe Josse. On était arrivés pour faire les JO d'Albertville. J'ai fait du hockey. Ensuite ça a été une question d'opportunité, j'ai été au bon endroit au bon moment. Eurosport a fusionné avec TV Sport, qui appartenait à Canal et où officiaient Bruno Poulain et George Eddy. J'avais 10 ans de moins que Bruno, j'étais son remplaçant. Puis, il est devenu rédacteur en chef et j'ai réussi à trouver ma place sur le basket. Quand on est jeune, il faut prendre sa chance. Mais quand j'ai commencé, je n'avais pas du tout la culture basket. Je me la suis construite en commentant. J'ai aussi fait du foot, j'ai commenté l'Euro 1992. Mais, je pense que la nature du basket correspondait mieux à ma personnalité, un peu speed, dans l'émotion. Je m'exprimais mieux sur le basket, je pouvais plus facilement monter dans les tours.

Vous l'avez un peu évoqué, mais le basket est un sport ultra-rapide. Comment vous adaptez-vous à ce rythme ? Quels conseils vous ont été prodigués à vos débuts ?

Je n'ai pas le souvenir d'avoir eu de conseils fondateurs. J'étais pourtant bien entouré à l'époque d'Eurosport. Pour moi, c'était très facile à commenter à partir du moment où je maîtrisais les règles. Le hockey sur glace, c'est le sport collectif le plus difficile à raconter. Les mecs ont un casque, on ne les reconnaît pas et toutes les 45 secondes ils changent la moitié de l'équipe. C'est autre chose ! Le basket c'est un effectif réduit, cinq joueurs plus quelques remplaçants. On les reconnaît tout de suite. Et puis, dans la salle, le poste du commentateur est très proche du terrain. Concernant le rythme, chacun fait selon sa personnalité.

Quels sont les moments où le commentateur se doit d'être plus incisif ?

Je me laisse porter par l'événement. J'ai toujours en tête de ne pas partir trop haut. Surtout au basket où le nombre de points est conséquent. Il faut qu'il y ait une forme de routine sur le commentaire. Quitte à ce que ce soit un peu ronronnant. Et au moment où il se produit quelque chose d'extraordinaire, je peux monter la voix pour mettre cet instant en valeur. Alors que si je suis déjà en train de crier une minute avant le dunk de l'année, les gens ne feront même pas la différence. Il faut une rupture de rythme, de décibels. Sur un match qui est chiant, et ça arrive, il faut savoir être un peu comédien. S'il y a une action qui, sans être extraordinaire, nous sort de ce marasme, et bien, je vais pousser un peu plus pour réveiller tout le monde. Sur un match avec plus d'éclats, je ne la mettrais pas en valeur, elle serait noyée au milieu des autres. C'est une question de contexte.

Le basket est un sport de niche en France. Aviez-vous ce rôle de vulgarisateur sur vos premières années ?

Je ne m'estimais pas expert au début. Finalement, je commentais pour tous ceux qui me ressemblaient. Je n'ai jamais eu de consignes particulières. Mais pour tout vous dire, on n'avait jamais conscience de pour qui on commentait. Il y avait peut-être des matchs où l'on était tout seuls, même mes parents ne regardaient pas. Je n'avais pas de cahier des charges du type : « Il faut que je sois très pointu ou au contraire très grand public. » J'ai pris conscience de cela beaucoup plus tard, quand je suis arrivé sur Canal+. Les suiveurs de Sport+ étaient des habitués, un public plus éduqué, plus cultivé basket. Ça n'a jamais été un sujet, sauf sur des fins de championnats du monde avec l'équipe de France. On touchait une audience plus large, on passait de 100 000 à un 1 000 000, en clair. Là, je devais faire plus attention à ce que je racontais.

Avec l'expérience, avez-vous tenté d'affiner votre style, de modifier certains aspects de votre commentaire ?

Ça non plus, ça n'a jamais été un sujet pour moi. Ceux avec qui j'ai le plus commenté, ce sont Jacques Monclar et George Eddy : deux monstres. Très différents, mais ils se ressemblaient quelque part. Il fallait que je trouve ma place et en même temps que je les mette en valeur. C'est l'un des rôles principaux du commentateur, car la vedette, c'est le consultant. Je n'ai jamais essayé de me dire : « Que puis-je faire pour m'améliorer ? » Mis à part travailler pour enrichir ma culture. Même sur les punchlines, je me rends compte que si l'on prépare, ça ne marche pas. Il vaut mieux être imparfait, mais sincère. Les gens sentent quand ce n'est pas naturel. Même sur une prise d'antenne. Parfois, même en prenant un ton détaché, j'avais l'impression que tout le monde me regardait en train de lire un papier.

George Eddy a démocratisé le basket aux yeux des Français. Ne se sent-on pas un peu petit lorsque l'on doit commenter à ses côtés ?

Si, bien sûr. Pour vous raconter une anecdote, j'ai retrouvé via les réseaux sociaux une ancienne amie de lycée. Elle ne savait absolument pas ce que je faisais et quand je lui ai dit que je commentais du basket, elle a halluciné. Je n'ai pas bien compris immédiatement pourquoi, puis elle m'a dit : « Tu ne te souviens pas ? Tu n'arrêtais pas de nous dire que tu voulais être journaliste de sport. » Ça m'a rappelé qu'avec mes potes au lycée on s'amusait à imiter George Eddy (*il prend l'accent américain*) : « Oulala, c'est formidable ! » Assez vite dans ma carrière, je me retrouve à travailler avec lui, en 1993 ou 1994. Je suis presque encore étudiant, je n'existe pas. Là, je suis l'enfant la veille de Noël. C'est un rêve !

Comment gérez-vous ce moment particulier ?

J'essayais juste de rester dans mon rôle, de bien décrire ce que je voyais. Je savais que j'avais une machine de guerre à côté de moi et qu'il s'occuperait du reste. Je n'étais pas sorti du passage piéton pendant tout le match. (*Rires*)

Quels liens avez-vous tissés avec vos consultants ?

Pas les mêmes liens. Jacques Monclar et George Eddy sont deux personnages différents. Avec Jacques, on est devenus amis proches. Avec George, il y avait un profond respect, une amitié, mais je ne vivais pas les mêmes choses hors basket avec lui qu'avec Jacques. Avec Jacques, dès qu'on arrivait à l'hôtel, on filait au sauna se raconter nos vies, on buvait systématiquement un verre après le match. On faisait des bringues ensemble. Avec George, on restait très pro, mais on avait quand même plein de choses à se raconter. Mais avec Jacques c'est parti très loin, on partait même en vacances chez lui, au Cap d'Agde, avec ma femme et mes enfants. On a passé des moments incroyables, notamment l'Euro 2001 en Turquie, avec une ambiance de dingue. Lui était coach et moi commentateur, mais on se voyait souvent. En 2007, quand il arrive à Canal+, on avait déjà ce vécu commun. On est à l'antenne comme on est dans la vie, c'est impossible de tricher. Au bout d'un moment, tout le monde connaît les règles, les joueurs, les techniques de commentaire, le rythme. Ce qui fait la différence c'est la complicité. Je suis persuadé que les gens l'ont sentie de manière diffuse et c'est pour ça qu'ils ont apprécié notre duo. On avait un plaisir fou à se retrouver et à amener les gens avec nous. Ce petit truc en plus, ce supplément d'âme, c'est peut-être ce qui nous a manqué avec George. Mais il reste la Rolls du consultant.

Comment cette complicité se matérialise-t-elle aux commentaires ? Peut-on se permettre des petites blagues, des chambrages ?

Ce que je ne supporte pas, ce sont les *private jokes*. La frontière est fine, mais ultra importante. Quand deux mecs se sentent complices et oublient les téléspectateurs pour faire leur petit numéro et se faire plaisir, c'est insupportable. J'ai envie de leur dire : « Si je vous gêne, je vais changer de chaîne. » Alors que se faire rire mutuellement en amenant le téléspectateur, en expliquant la blague, de sorte qu'il ait l'impression de se retrouver entre nous deux, là c'est gagné ! Avec Jacques, nous étions comme un couple qui cherchait à se séduire mutuellement. C'est comme ça qu'on est restés bons. Avant les matchs, je voulais qu'il se marre à ne plus pouvoir commenter, mais c'est un jeu vachement dangereux, car si les gens ne comprennent rien, c'est absolument insupportable. On peut passer d'un truc génial à quelque chose d'inaudible. Pour moi cette limite a toujours été essentielle. J'y ai vraiment fait attention tout au long de ma carrière. Plus de gens nous ont dit « qu'est-ce que vous nous avez fait marrer » que « qu'est-ce que vous avez été bons » ! C'est le plus beau compliment qu'on puisse nous faire. On est dans le cœur du métier. Réussir à garder les gens même si le match est mauvais. Le tout, c'est de trouver le juste milieu.

Les basketteurs semblent être plus accessibles que d'autres sportifs. La proximité avec eux vous aide-t-elle à devenir un meilleur commentateur ?

Je pense que oui, c'est plus facile pour obtenir des infos. Quand je commentais le championnat de France, on avait un accès total. On parlait aux joueurs, aux coachs, parfois on prenait l'apéro avec eux. Donc oui, ça nourrit et ça enrichit le direct. Aujourd'hui, quand on va commenter l'ASVEL avec Stephen Brun, on passe du temps avec Tony (*Parker*), on discute pendant trente minutes, à deux heures d'un match d'EuroLeague. On a créé une relation de confiance avec le temps.

George Eddy nous disait que le métier de commentateur était probablement plus dur aujourd'hui qu'il ne l'était il y a quinze ans, les téléspectateurs étant bien plus avertis. Partagez-vous son avis ?

Je ne vois pas la chose comme ça, sinon il faudrait mettre un cyborg, sans aucune humanité, à l'antenne. Et George Eddy est l'exact opposé de ça. Moi aussi. Les gens ont surtout envie qu'on leur raconte des histoires, du vécu. Ça passe par des discussions avec les joueurs, par un travail en amont. Les chiffres sont nécessaires. Ce serait une faute professionnelle de ne pas souligner que quelqu'un bat un record. Mais ce n'est que ponctuel : la statistique à outrance, je ne suis pas fan. Je reste persuadé que les gens veulent d'abord vivre des émotions et je ne suis pas sûr que l'on en vive beaucoup avec des chiffres. On est là pour accompagner le match avec nos qualités et nos défauts. C'est une question d'équilibre. Je dis souvent que le commentaire est une musique : ça monte, ça descend, ça repart. On le voit lorsque de nouveaux commentateurs arrivent à l'antenne : ils ont beau donner la bonne statistique, ça sonne faux, car ils n'ont pas cette musique caractéristique du basket, en eux. Ça serait la même chose pour moi si je commentais du rugby. Ce sont des choses immatérielles, mais très importantes.

Parmi vos faits de gloire, la punchline « Thomas Heurtel donne-moi ton short ! » est entrée dans la mémoire collective. Pourriez-vous revenir sur la genèse de ce commentaire ?

Sur le moment je n'ai pas eu conscience de l'ampleur que cela allait prendre. Cette expression, elle ne m'appartient plus. Je vois parfois des tweets : « Comme dirait David Cozette, donne-moi ton short ! », même à propos de footballeurs… Il y a une forme de fierté oui, de me dire que quand je ne serai plus là, ce truc va rester. Le talent que j'ai pu avoir, ça a été de mettre les mots qu'il fallait, complètement en décalé et dans l'outrance pour accompagner ce moment-là. Pas loin de dix ans plus tard, des gens viennent à mon hôtel pour me dire : « Donne-moi ton short ! » Et ils veulent voir le short ! La fédération me l'avait donné quelques mois plus tard, il est dans mon hôtel. Il y a des mecs qui sont venus de Suisse exprès pour dîner et pour faire la photo avec le short. Les gens m'en parlent régulièrement. Ce n'était évidemment pas préparé, c'est un peu le résumé de ce que je fais à l'antenne. Je me permets de sortir du cadre quand on est au paroxysme de l'émotion. Mais tout en restant journaliste, sans être supporter. Je pense que j'ai représenté tous ceux qui étaient devant la télé. Il fallait que j'arrive à déifier ce moment. Si j'avais dit : « Heurtel donne-moi ton maillot », je serais passé pour la groupie. Je l'avais en tête et c'est pour ça que je ne l'ai pas sorti. J'aurais été complètement ridicule. Le short c'était pour avoir un côté décalé, drôle, le short c'est aussi quelque part ce qui contient les « *cojones* » par rapport au fait de tenter ce shoot. Et le côté « je veux le souvenir de ce moment magique ». Après, tout ça m'a échappé. Mais elle avait au moins le mérite d'être sincère.

Cette punchline a-t-elle explosé rapidement ou s'est-elle construite avec le temps ?

C'est plus avec le temps. Souvent ces trucs prennent de la force avec la durée. Il y a eu un reportage où ils ont remontré la séquence à Thomas. Et lui, à chaque fois, a un mot pour moi. Donc c'est le temps qui construit ça.

Vous avez changé de médias extrêmement souvent au cours de votre carrière. N'est-il pas stressant de vivre dans une insécurité permanente, liée aux droits TV ?

Je suis un survivant ! (*Il éclate de rire*) Alors, pas pendant la période Canal, ni Eurosport, là tout s'enchaînait. Mais quand Canal+ s'est libéré du basket, oui il y a eu plus de stress, la situation était plus incertaine. Mais il faut se faire confiance. Dans mon esprit c'était : « Si je reste à Canal, ils vont me trouver un poste où je vais m'emmerder après tout ce que j'ai vécu ! » Donc j'ai quitté Canal en me disant que je trouverai. À la rentrée suivante, Fabrice Jouhaud m'a recruté à L'équipe TV. Ça n'a duré qu'un an, puis les droits sont partis sur RMC, donc j'ai appelé François Pessenti et il m'a pris aussi. Mais oui, j'ai passé des étés compliqués. L'été 2015 notamment quand le basket est parti sur Ma Chaîne Sport et que je savais que je ne travaillerais pas pour eux. Je me suis toujours dit que ça pourrait s'arrêter. C'est la raison pour laquelle je reprends un hôtel au bord de la mer aujourd'hui. Pendant longtemps, j'ai vécu avec l'idée que je pouvais perdre mon travail du jour au lendemain. L'été dernier, j'étais en train de faire mon deuil et je me disais : « C'est terminé ! » J'avais frappé à toutes les portes, elles étaient fermées. Ça me faisait mal au cœur. Et puis finalement un super projet est arrivé, avec FedCom (*SkweekTV*) associé à *L'Équipe*, c'est miraculeux.

Vous prenez donc encore plus de plaisir aujourd'hui ?

Oui, complètement. Avec un recul incroyable. Je suis régénéré aussi. Je kiffe le moment, vraiment, pour parler comme les jeunes. Il faut être privé de certaines choses pour en prendre conscience. J'ai toujours été lucide sur le fait que j'avais une chance incroyable d'aller commenter, mais c'est une fois qu'on ne l'a plus qu'on réalise.

D'autant plus qu'on est sans doute à l'orée d'un nouvel âge d'or du basket français entre le projet de l'ASVEL et celui de Monaco ?

Exactement, c'est quasiment un rêve. Avant, en EuroLeague, il n'y avait plus d'enjeu au bout de deux mois, les clubs français prenaient des valises à l'extérieur. Là, tous les matchs, même contre les plus grandes équipes, l'ASVEL et Monaco les jouent pour les gagner. C'est extraordinaire, bien sûr.

Avez-vous connu des moments plus difficiles à l'antenne ?

La seule fois, c'est au plus fort de la rivalité entre l'ASVEL et Pau-Orthez. À la fin des années 1990, début des années 2000. Sur un écran de Didier Gadou, il décale bien sa hanche et le joueur qui essaie de le contourner s'envole. Et là je dis : « On les connaît, les frères Gadou, Freddy Fauthoux, ils jouent dur, parfois un peu sale. » Qu'est-ce que je n'avais pas dit !

C'était une série de play-offs et deux jours après je vais à Pau. Quand j'arrive dans la salle, j'entends une bronca ! « Booouh » ! Je me rends compte que c'est pour moi. Je voyais les gens avec des yeux exorbités, plein de haine. Ils m'insultaient. C'était un moment particulier, j'ai gardé mon calme et ça s'est tassé. C'est marrant parce que j'en ai reparlé beaucoup plus tard avec Freddy Fauthoux qui est devenu un de mes meilleurs potes dans le milieu et il en rigolait. Il ne m'en voulait absolument pas et assumait totalement ce jeu physique. Il avait ce recul-là, que, malheureusement parfois, n'ont pas les supporters.

***A contrario*, quels sont vos plus beaux souvenirs en tant que commentateur ?**

Il y a le France-Espagne de 2014. Car il y a zéro chance de gagner. L'Espagne est programmée pour gagner, ils ont mis 25 points d'écart à tout le monde. Les Bleus à côté de cela sont sortis quatrièmes de leur poule, Tony Parker n'est pas là, enfin bref : c'est défaite assurée. Et puis on gagne. C'est la belle histoire du sport. Tout est réuni. C'est mon souvenir ultime. Et puis sinon : toutes les finales des JO, car on sent qu'on participe à quelque chose de dingue. Le match Espagne–États-Unis, c'était quelque chose. Vivre ça et le faire partager c'est un plaisir fou.

L'anecdote secrète ?

En commentaire j'ai vécu deux grands moments de solitudes, c'était à Eurosport dans les années 1990. Il n'y avait pas internet. Je fais un match d'une équipe italienne en cabine. Le match démarre et la caméra reste sur un plan très large. On voyait le parquet comme un timbre posé au milieu d'une feuille A4. Je voyais des fourmis en train de courir et je devais commenter ça ! J'ai appris après le match que les Italiens ne prenaient l'antenne qu'en seconde période. Et qu'ils n'avaient pas prévu de réalisation pour la première ! Et une autre fois je commentais du hockey sur glace. Un match de Coupe Spengler, en Suisse, entre la Russie et la République tchèque. Le match commence avec une équipe en rouge, l'autre en blanc. Mais il n'y avait pas les noms ni les numéros sur les maillots des joueurs, je ne savais pas qui était qui ! Jusqu'à ce que je reconnaisse par miracle un joueur. Du coup j'ai eu trois minutes de solitude sans savoir qui portait le palet !

rrance•t
spor

ALEXANDRE PASTEUR

« JE ME SUIS RETROUVÉ À L'ANTENNE AVEC CE CASTING D'UN QUART D'HEURE COMME UNIQUE EXPÉRIENCE. »

La rencontre avec Alexandre Pasteur a lieu dans les locaux de France Télévisions, au cœur du mois de novembre, quelques semaines après la fin de la saison cycliste. À notre arrivée, une célèbre journaliste du groupe nous fait passer la sécurité et nous indique la direction de la rédaction des sports. « J'ai l'impression d'être en boîte de nuit et de devoir faire entrer deux mecs », nous dit-elle amusée. Quelques minutes plus tard, le commentateur du Tour de France depuis 2011, nous accueille un brin surpris : « Vous n'êtes pas en retard ! » Notre demi-heure d'avance nous permettra d'en apprendre encore davantage sur ce personnage calme, posé, à la voix grave et assurée. De ses souvenirs d'enfance ressortent les heures passées sur les pistes de ski comme celles derrière la télévision, à contempler les exploits des coureurs de la Grande Boucle. De son transfert chez France TV en 2017 découle une notion de défi, mêlée à une émotion débordante après plus de deux décennies passées au micro d'Eurosport. Au cours de cet entretien, Alexandre Pasteur retrace une vie de commentateur lancée un peu du fait du hasard et surtout par le fruit du travail et de l'abnégation. Nous sommes alors en novembre 1995. Dans l'esprit du Jurassien, l'idée d'intégrer la télévision n'en est qu'au stade de l'embryon. Mais un casting savamment préparé s'apprête à bouleverser toutes ses certitudes...

Vous êtes venu au commentaire par le ski. Quel est votre rapport à ce sport ?

Je suis né à Besançon, j'ai vécu toute ma jeunesse à Pontarlier, dans les montagnes du Jura. Je viens d'une famille de skieurs, mon grand-père était juge-arbitre international de saut à ski. Il a officié aux Jeux olympiques de Cortina d'Ampezzo en 1956 et de Grenoble en 1968. J'ai toujours baigné dans cette atmosphère-là. Mon père organisait des courses nocturnes de ski de fond, j'ai la chance d'avoir des parents qui m'emmenaient skier dans les Alpes. Ce rapport à la neige, je l'ai depuis tout gamin.

Est-ce encore aujourd'hui le sport qui vous procure le plus de frissons ?

C'est mon sport de cœur. C'est celui qui m'a permis d'entrer dans le monde de la télévision. Même si je n'en commente plus beaucoup, hormis les grands événements, c'est un sport auquel je dois énormément parce que j'ai été vite adopté par le milieu. J'ai passé des années fabuleuses à voyager à travers tous les massifs du monde, au Colorado, en Europe, au Japon. Ce sport m'a fait grandir. Aujourd'hui, je ne peux pas passer un week-end d'hiver sans regarder une Coupe du monde de ski alpin. Je regarde tout ! Je suis resté accro.

Le cyclisme vient dans un second temps ?

Professionnellement, oui. Il m'était arrivé de commenter des étapes de la Vuelta, des classiques... J'ai commenté un Tour de Lombardie avec Laurent Fignon, en 2003. Je m'en souviens très bien, c'était un samedi d'octobre. Ça avait été un grand moment pour moi, je me faisais tout petit à l'antenne. Il avait une grosse personnalité, mais il avait été très cool. Il ne m'avait pas pris comme le « petit merdeux », il avait été très sympa. J'ai toujours commenté du vélo, mais de manière épisodique.

Et puis en 2010 quand Patrick Chassé est parti d'Eurosport, je me suis retrouvé commentateur numéro 1 du cyclisme avec Guillaume (*Di Grazia*). Et on s'est partagé le gâteau qui était déjà très conséquent à l'époque. C'est venu après de manière chronologique, mais j'ai toujours suivi le cyclisme. J'en ai fait en compétition, ça m'a toujours passionné. Mes premiers souvenirs remontent au Tour de France 1977, le deuxième de Bernard Thévenet. J'ai six ans et demi et je me revois dans la maison de famille devant l'étape de l'Alpe d'Huez où Thévenet sauve son maillot jaune pour 8 secondes devant Kuiper. J'étais déjà comme un dingue devant la TV.

À cette époque-là, les commentateurs sont-ils déjà des sources d'inspiration ?

Des sources d'inspiration, non, parce que je ne me suis jamais imaginé commenter le Tour de France. Jamais ! Jamais ! Pas une seconde. En revanche, les voix de mon enfance m'ont marqué évidemment. Celles de Daniel Pautrat, Jean-Michel Leulliot, Bernard Giroux sur la moto, Robert Chapatte évidemment. Mais jamais je ne me suis imaginé à leur place ! Quand on est gamin, on sacralise un peu la télévision. On s'imagine que c'est inaccessible, il y a un côté un peu magique. Ces voix qui sortent du poste de TV, on se dit : « Non, ce ne sera jamais moi. » Ça me semblait trop grand pour moi et je pensais qu'il y avait d'autres moyens d'être heureux dans ce métier.

À quel âge intervient votre premier commentaire de sport ?

À 24 ans, en novembre 1995 sur la Coupe du monde de ski, quand j'ai été recruté par Eurosport après un casting. Ça, c'est une sacrée histoire ! Je me destinais à la presse écrite. Je me voyais écrire dans *L'Est Républicain*, peut-être dans *L'Équipe*. La TV, je n'y pensais même pas, j'avais toujours ce complexe. Et puis on est en septembre 1995, un pote de promo, Philippe Groussard m'appelle. Il était déjà pigiste à Eurosport, moi j'étais en rade, un peu sur le carreau. Il me dit : « Eurosport cherche un mec pour commenter le ski, ils vont faire un casting. » Je n'avais jamais fait une minute de radio de ma vie, la télé je n'y connaissais rien, mais il a insisté. Donc j'envoie une lettre et un CV à Bruno Poulain qui était rédacteur en chef d'Eurosport France. Il me reçoit et je passe le casting quinze jours après. Il fallait commenter la double victoire de Luc Alphand à Kitzbühel en janvier 1995. Entre temps j'étais allé à la Fédération française de ski à Annecy pour me procurer les images. Sauf qu'elles étaient en « U-matic », un vieux format télé et évidemment ça ne rentrait pas dans mon magnétoscope. Il a fallu trouver un moyen de transcoder ces images sur de la VHS. J'ai réussi grâce à une TV locale à côté de Pontarlier. Je me suis vraiment bougé, c'était peut-être une chance exceptionnelle qui s'offrait à moi ! J'ai pu m'entraîner pendant une semaine chez moi, à me repasser les courses en boucle sans le son, à commenter dans la salle à manger. Donc je suis arrivé au casting, j'étais prêt ! Trois semaines après, le téléphone sonne : « Tu es pris ! » Bruno Poulain m'annonce : « Tu vas à Tignes, à Val d'Isère, à Wengen, à Kitzbühel, aux championnats du monde en Sierra Nevada et à Lillehammer en Norvège. » Il m'annonce ça, comme ça ! Les bras m'en tombent. J'ai été un peu pris de vertiges.

Comment se passent vos débuts ?

J'ai énormément de pression parce que je me suis retrouvé à l'antenne avec ce casting d'un quart d'heure comme unique expérience. Je suis devenu pigiste régulier à Eurosport avec de grosses personnalités. Il y avait Denis Brogniart, Cyril Linette, Frédéric Viard, Jean-Charles Sabattier, David Cozette... Je me retrouve au milieu de ces mecs-là... Mais ça s'est bien passé parce que ce sont des grandes gueules sympas. Avec le recul, j'ai quand même commencé avec des pointures. Je suis resté pigiste dix mois puis on m'a proposé un contrat en juillet-août 1996, à la fin des Jeux d'Atlanta. Ensuite, Denis Brogniart est parti sur Europe 1. On m'a alors confié les rênes de l'athlétisme. C'est devenu ma deuxième discipline.

Quels sont vos premiers grands souvenirs à Eurosport ?

Mon premier Kitzbühel. Je me retrouve au milieu de 50 000 spectateurs, en Autriche, la Mecque du ski, là où j'ai toujours rêvé d'aller. Week-end de fou ! Alphand gagne sa troisième descente là-bas, on a fait une fiesta mémorable le soir. Je suis immergé dans un milieu festif et convivial. Je me laisse porter, je me laisse griser. Je me rendais à peine compte de ce qui m'arrivait. Les premières années sont marquantes. Je profitais de tout, c'était sans modération.

Quelles sont les spécificités du commentaire de ski ?

Le ski c'est instinctif. Une descente, ça dure deux minutes, une manche de slalom c'est cinquante secondes, donc il faut être concis. Je ne me suis jamais contenté de débiter des chronos, des temps intermédiaires, j'essaie d'apporter un peu de technique grâce aux consultants et à mon petit vécu. J'essaie aussi de repérer les fautes, les expliquer avec un jargon à peu près accessible. Le ski est un exercice assez répétitif, ils passent les uns après les autres, sur le même tracé. Mais il y a toujours plein d'histoires à raconter. Puis techniquement c'est un sport hyper riche, même si à l'œil nu, ce n'est pas toujours visible.

Comment préparez-vous les courses à l'époque sans internet ?

À l'époque, j'avais mes fiches cartonnées. Une par skieur. Je les classais en fonction de la liste de départ avant la première manche. J'avais une petite note, les résultats, des bouts de palmarès. Le contact avec les skieurs m'aidait aussi énormément. J'appelais les entraîneurs le matin, les athlètes un peu moins parce que je ne voulais pas les déranger. D'ailleurs, ils ne répondaient quasiment jamais. Quand j'étais sur place, j'allais faire les reconnaissances avec les coachs de l'équipe de France, qui me renseignaient sur l'état de la neige, les spécificités du tracé. J'ai toujours eu cette relation de proximité.

Passons à 2010. Vous récupérez les rênes du Tour de France un peu par hasard...

Complètement. Déjà moi, j'avais une admiration sans bornes pour Patrick Chassé. D'ailleurs en tant que téléspectateur, je regardais le Tour sur Eurosport parce que j'adorais Patrick et les duos qu'il avait su créer avec ses consultants, que ce soient Marc Madiot, Éric Boyer, Laurent Fignon, Jeff Bernard ou Vincent Barteau. J'adorais l'ambiance qu'il avait su créer avec cette bienveillance, ce côté décontracté, mais tout en étant toujours hyper sérieux et précis. Quand Patrick est parti et qu'on m'a proposé de commenter le Tour de France, je n'ai pas accepté tout de suite. J'étais bien occupé avec le ski et l'athlé. J'étais parti pour dire non. Et finalement je me suis dit que commenter le Tour de France, ça ne se refusait pas. Mais j'y suis allé sur la pointe des pieds. Ce qui m'a beaucoup aidé, c'est de travailler avec Jacky (*Durand*) évidemment, qui était déjà en place depuis 2005, donc il avait déjà une grosse expertise du commentaire. Il connaissait la maison par cœur et on se connaissait aussi parce qu'il habitait Grenoble, donc on se voyait de temps en temps. Je savais à qui j'avais affaire.

Cette relation de confiance avec vos consultants semble capitale.

Complètement. C'est une proximité de tous les instants parce qu'on partage beaucoup en dehors des commentaires. Pour moi la relation va au-delà de la cabine, de l'antenne, des courses qu'on commente. Ça facilite énormément les rapports humains, la fluidité à l'antenne, l'humeur et l'ambiance qu'on peut mettre dans nos commentaires. C'est hyper important.

À l'époque, Jacky Durand vous demande de loger à 50 km de l'arrivée des étapes du Tour de France. Pourquoi ?

C'est une habitude que j'ai gardée à France TV pour reconnaître le final, alors que mes prédécesseurs étaient toujours logés à l'arrivée. Jacky m'a appris le métier. Quand on avait le temps, on allait au départ, voir les coureurs aux bus, sentir le vent, c'est plein de petits détails comme ça. Avec Jacky, j'ai appris qu'une course de vélo, c'est aller d'un point A à un point B puis au milieu, il y a plein de choses dont il faut se nourrir. Aujourd'hui, je vis un peu la même chose avec « Jaja » (*Laurent Jalabert*). Il n'a pas la même personnalité que Jacky, mais c'est une béquille sur laquelle je peux m'appuyer en permanence. Jacky, c'était pareil. Je pouvais le lancer sur n'importe quoi, il répondait. Parfois avec sérieux, parfois un peu moins. Mais il avait toujours cette manière d'alimenter le débat.

La transition est faite, parlez-nous de de ce transfert chez France TV.

On est en novembre 2016. Et je reçois un SMS de Laurent-Éric Le Lay que je connaissais déjà parce qu'il avait été dirigeant d'Eurosport. Les gens se sont imaginé qu'on était amis à la vie, à la mort, alors que pas du tout. Laurent-Éric, j'avais dû lui parler cinq fois dans ma vie. Le texto est très succinct : « Salut,

Alexandre, c'est Laurent-Éric, j'aimerais te rencontrer. » À cette époque, j'étais en vacances à l'autre bout du monde. On fixe un rendez-vous plus tard à Beaugrenelle et il me demande si ça m'intéresserait de rejoindre le service des sports de France TV et de commenter le Tour. C'est marrant parce que j'ai réfléchi pendant plusieurs mois, mais en sortant de ce rendez-vous, je savais que j'allais dire oui ! Ça a été « Tempête sous un crâne ». Il m'avait dit : « J'ai une fenêtre de tir pour t'embaucher, mais elle n'est pas éternelle, donc tu prends deux mois, tu réfléchis, et si tu dis oui, tu nous rejoins au printemps après ta saison de ski. » C'était lourd à porter parce que je ne pouvais en parler à personne hormis à mes proches. Je ne voulais pas me mettre en porte-à-faux. J'ai beaucoup sondé ma famille, des journalistes que j'avais côtoyés aussi, mais qui n'étaient plus à Eurosport, comme Roger Zabel. Et tous m'ont dit : « Mais fonce ! N'hésite pas une seconde ! » Mais bon, j'allais débarquer dans une rédaction que je ne connaissais pas. J'étais attendu avec des porte-flingues par certains. Je connaissais un peu l'histoire, hein... Ça a été deux mois vraiment difficiles et puis, début janvier, j'ai dit oui. J'ai signé un pré-contrat, mais sans en parler à personne. Sauf qu'ici, il a commencé à y avoir des fuites. Le 15 janvier 2017, *L'Équipe* sort une brève : « Thierry Adam remplacé par Alexandre Pasteur aux commentaires du Tour de France. » J'ai coupé tout de suite le téléphone. Je me suis pointé le lendemain à Eurosport... « Et bah alors ?! » Évidemment certains ne l'ont pas bien pris. Ça a été dur à encaisser, ça a été violent, mais ça m'a soulagé aussi.

Avez-vous subi la rancœur de certains ?

Peut-être de deux ou trois collègues, des gens qui ne sont plus là maintenant. C'était plus de la jalousie. Mais avec la cellule vélo ça s'est très bien passé. Guillaume (*Di Grazia*), j'ai toujours été proche de lui et je lui dois beaucoup parce qu'il m'a toujours fait confiance. Il m'a dit : « Tu as raison, vas-y ! » Je sais que ça l'a beaucoup affecté, mais ça lui a aussi permis de grandir, de commenter le Tour. Guillaume a toujours été vachement fair-play avec moi parce que quand il est devenu directeur de la rédaction en 2012, il aurait très bien pu dire : « Je vais commenter le Tour et toi, Alex, tu feras le reste, les classiques, la Vuelta. » Mais jamais il n'a joué de sa supériorité hiérarchique pour m'enlever le Tour. Il a toujours été hyper réglo !

Pourquoi dire oui à France TV quand tout va bien dans le cocon Eurosport ?

Je n'ai aucune raison objective de quitter Eurosport. Je m'éclate, je commente trois sports majeurs. J'ai grandi avec la chaîne, je me sens installé confortablement. Mais ce qui pèse dans ma réflexion, déjà, c'est mon âge. Je me dis : « J'ai 46 ans, si je veux connaître autre chose, c'est maintenant. » C'est juste l'excitation, le goût de l'inconnu, de l'aventure. C'était aussi le moment de se réinventer, de se remettre en cause. Cette chance-là, elle n'arrive qu'une fois dans ta vie.

Racontez-nous votre départ. Étiez-vous submergé par l'émotion ?

Mon dernier commentaire, c'était le slalom à Aspen au Colorado en mars 2017. Avec le décalage horaire, la course avait lieu le soir pour nous. Et j'ai passé ma matinée à chialer. Mais, comme un gamin. Je tirais un trait sur vingt-deux ans de ma vie. C'est là où je me suis rendu compte de tout ce qu'Eurosport m'avait apporté.

Le public de France TV est très différent de celui d'Eurosport. Comment adaptez-vous votre commentaire ?

Je laisse beaucoup de place au référent patrimoine qui travaille avec nous sur le Tour, l'historien Franck Ferrand. Une partie du public regarde pour les châteaux, les églises, les montagnes, les rivières… Tout cet aspect patrimonial est hyper important, on le négligeait un peu sur Eurosport, faute de temps de préparation, et parce qu'on était vraiment concentré sur le sportif. Sur France TV, c'est une course de vélo… mais pas que ! Et ça, je l'ai intégré très vite.

Vous devenez la voix du Tour pour les Français. Est-ce une forme de pression supplémentaire ?

Au début, oui, la pression est énorme. La veille du départ du Tour de France 2017 à Düsseldorf, je me prends un énorme coup de flip. Je me dis : « Putain, demain, c'est le départ du Tour. Tu vas t'asseoir dans le fauteuil de Robert Chapatte, de Christian Prudhomme, de Patrick Chêne. » Je n'avais pas pris la mesure du truc. La première semaine, j'étais tétanisé. Je ne trouvais pas mes marques, un peu pris par l'enjeu. Il a fallu que Laurent-Éric intervienne, me prenne entre quatre yeux et me dise : « Bon, allez, maintenant tu te lâches, tu es trop timoré. Sois toi-même ! Ne te laisse pas dépasser par l'enjeu ! » Effectivement j'étais un peu à l'ouest. Il faut dire aussi qu'en 2017 toute l'équipe vélo change, à part Jaja. Marion (*Rousse*) arrive, Franck Ferrand arrive, Thierry (*Adam*) retourne sur la moto… Donc tout l'équilibre était un peu bouleversé, il a fallu qu'on trouve nos repères, ça ne s'est pas fait comme ça, en claquant des doigts.

Vous aviez déjà vos marques avec Marion Rousse. Vos transferts sont-ils corrélés ?

Pas du tout. C'est la volonté de Fabrice Colin. Je n'ai absolument pas été sollicité pour son transfert. Je ne la voyais pas beaucoup en dehors de la saison de vélo, elle venait sur certaines courses, sur le plateau des Rois de la Pédale, mais on n'avait pas une relation très suivie. À partir du moment où elle a commencé à être courtisée par France TV, elle savait que moi aussi, on a commencé à se rapprocher, on a échangé, mais ça s'est fait de manière complètement indépendante.

Vos arrivées synchronisées contribuent-elles à faciliter votre intégration ?

Oui, parce qu'on avait notre petit vécu en commun. On s'est un peu serré les coudes au début, parce que ça n'a pas été simple. On était bien contents de pouvoir partager la bagnole quand on était sur les courses, se raconter nos états d'âme. Ça n'a pas duré longtemps, mais ça a été très précieux de l'avoir à mes côtés à ce moment-là, c'est sûr.

Parmi les douze Tours de France que vous avez commentés, quels sont les moments les plus marquants ?

La découverte de la zone technique en 2011. Je me paumais tous les jours ! C'était infernal, j'étais vraiment pris par le gigantisme. C'est une ville dans la ville. On voit des camions partout, des cars, des câbles. Tout se ressemble et j'étais complètement largué. C'est sûr que quand tu compares la zone technique de Paris-Nice à celle du Tour, tu changes de monde. Après moi, ce qui m'a plu, c'est l'itinérance : découvrir des régions de France que je ne connaissais absolument pas. Sans le Tour, je ne connaîtrais pas les Pyrénées. La Bretagne, la Normandie, pareil. Ça m'a permis d'élargir mes horizons.

Et sportivement ?

L'étape de l'Iseran en 2019. Et c'est mon Tour le plus fou, même si j'ai eu la chance de commenter le Tour 2011 avec Voeckler en jaune jusqu'à l'avant-veille de l'arrivée à Paris, avec les frères Schleck, l'odyssée d'Andy dans le Galibier. C'était exceptionnel aussi ! J'ai encore des frissons quand j'y repense. Cette étape du Galibier, Andy Schleck se lance dans une offensive de dingue dans l'Izoard à soixante-dix bornes de l'arrivée et nos postes commentateurs étaient positionnés au Lautaret, à huit bornes du sommet. On voit passer Schleck devant nous. Mais vraiment devant nous, il effleure les vitres du car Eurovision… Mais les frissons quoi ! C'était un truc de dingue, il était en train de renverser le Tour ! Finalement, il ne le gagnera pas, mais c'est un moment dont je me souviendrai toute ma vie. C'est là où j'ai vraiment saisi la grandeur et la puissance du Tour. De vivre ça, de le voir passer là, sous mes yeux, comme ça… T'as envie de sortir de la cabine, de le pousser ! Schleck, ce qu'il a fait ce jour-là, moi ça m'a transporté ! D'ailleurs, chaque fois que je le recroise on en reparle. Pardon, je m'égare un peu… Donc 2019, pour moi c'est le Tour ultime. Déjà parce qu'il y a Alaphilippe qui est quatorze jours en jaune. Au fond de nous on sait qu'il va péter dans les Alpes, mais on a envie d'y croire. Et c'est surtout Pinot ! On se dit le que le jour où Alaphilippe va craquer, Pinot sera là et que c'est lui qui va gagner. Il réalise une traversée des Pyrénées exceptionnelle et on se dit : « C'est lui, le plus fort ! » D'ailleurs j'ai un souvenir du Prat d'Albis, quand Pinot termine deuxième de l'étape derrière Simon Yates. Il lâche Thomas, Buchmann, Bernal, il les sort tous de sa roue… Et à l'arrivée de l'étape, en off, Jaja me tape dans le dos et il me dit avec son accent : « Mais putain, ce con il va gagner le Tour ! Il va gagner le Tour, je te le dis. » Jaja qui dit ça quand même ! Ce n'est pas quelqu'un qui exprime ses émotions de manière très exubérante, mais il était hors de lui !

En termes d'émotions, où placez-vous les Mondiaux d'Alaphilippe ?

Même si la course de Louvain (*2021*) est encore plus aboutie avec ce scénario fou, une course qui se décante à 180 kilomètres de l'arrivée, avec les Français qui attaquent de partout et ce cyclisme total, la première fois à Imola (*2020*), c'était quand même très très fort ! C'est vrai que le scénario était un peu plus convenu, Alaphilippe attend la dernière ascension de la Cima Gallisterna pour s'envoler. On savait qu'avec les pourcentages, il n'aurait personne sur le porte-bagage. On s'y attendait, mais c'était fort. Dans les dix derniers kilomètres, Marion (*Rousse, compagne d'Alaphilippe*) s'éteint petit à petit, évidemment prise par les émotions... donc moi aussi. J'essaie tant bien que mal de tenir l'antenne et puis là, à deux kilomètres de l'arrivée, on sait qu'il va gagner et Jaja avec son naturel, sa spontanéité, a cette phrase mythique : « Ça va, Marion ? » Comme ça, en plein direct. J'avais envie d'éclater de rire. Elle ne dit plus rien, elle n'attend qu'une chose, c'est qu'il passe la ligne pour vite pour aller le retrouver. C'était très très prenant.

Vous évoquez cette formule de Laurent Jalabert. La vôtre, « Attention Philippe, le parapet » (*lors d'une chute de Philippe Gilbert sur le Tour de France 2018*), est restée dans les mémoires. Racontez-nous ce moment.

C'était hyper intuitif. Moi, c'est un peu un sentiment de terreur qui m'habite à ce moment-là, parce qu'on sait qu'il va passer par-dessus le parapet, mais on ne sait pas ce qu'il y a en dessous. Si ça se trouve, il y a un ravin de 50 mètres... Il m'est arrivé de commenter des gros cartons à ski. Des chutes où le mec est amputé deux jours après. Donc j'ai toujours un peu ce réflexe de peur. Je n'ai jamais descendu un col à 90 km/h, mais j'imagine ce que ça doit être. Pour moi ce sont des héros, des funambules, ce qu'ils font dépasse l'entendement.

Vous avez commenté tant de chutes... Pourquoi ce commentaire est-il plus marquant que les autres ?

Parce que cette chute, on la voit arriver. On sent tout de suite que ça va mal se terminer. Il n'est pas sur la trajectoire, il arrive trop vite, trop large dans ce virage. Il est en tête de la course, il ouvre la route, il est tout seul... C'est peut-être le côté instinctif qui fait le buzz.

Comment gérez-vous les affaires de dopage dans le vélo ?

Déjà, de quelles affaires parle-t-on ? Moi, je n'ai pas commenté les années toxiques du vélo et j'en suis très heureux. D'ailleurs je rends grâce à Patrick Chassé parce que je n'aurais pas aimé commenter les Tours qu'il a commentés. Patrick et aussi les collègues de France TV, Thierry Adam, Henri Sannier... Parce que franchement commenter ces Tours-là, ça ne devait pas être une sinécure. Les Tours « non attribués »... Sur le moment, à part de la suspicion, il n'y avait rien d'autre. On commente les exploits d'Armstrong. Ce n'est qu'après qu'on a su, mais de manière rétroactive. On se dit qu'il nous a bien baisés.

Affinons la question. Quel impact la suspicion permanente a-t-elle dans votre commentaire ?

J'ai beaucoup de recul par rapport à ça parce que je suis là pour commenter une course de vélo. Je trouve qu'on diabolise beaucoup le cyclisme. Après, quel que soit le ton, quelle que soit la position que je prenne, il y aura toujours 50 % du public qui dira : « Pasteur raconte n'importe quoi ! » J'ai un exemple précis : les championnats du monde à Innsbruck en 2018 : victoire d'Alejandro Valverde, au terme d'une course magnifique, sur un parcours très dur. Pour Valverde c'est l'aboutissement, il a enfin le maillot arc-en-ciel. Jaja, qui est un fan de Valverde, dit : « C'est fabuleux ! » Et moi, j'apporte un petit bémol. Je rappelle que Valverde a traversé les années noires, qu'il a même, un temps, incarné les années toxiques du vélo, qu'il a trempé dans l'affaire Puerto. Je ne rentre pas dans les détails, je me contente d'un commentaire factuel, rappelant qu'il a été suspendu. Et je me prends des insultes sur les réseaux sociaux. Tous les pro-Valverde m'ont tiré dans les pattes. De l'autre côté, il y avait ceux qui n'étaient pas contents parce que je n'en avais pas dit assez… Il n'y a pas de solution.

On termine par l'anecdote secrète !

J'étais à Nagano (*Japon*), je commentais mes premiers Jeux d'hiver en février 1998. On commentait le slalom, dernière épreuve de ski alpin des Jeux, au sommet d'une tribune démontable, comme c'est le cas sur les grands événements de ski. J'étais avec Franck Piccard à l'époque. Et puis d'un coup on sent que ça commence à bouger sous nos pieds. Vraiment méchamment. Je m'arrête de commenter, ma chaise commence à pivoter comme ça. (*Il mime un demi-tour*) Je me dis « la tribune est en train de se casser la gueule. » J'ai eu la peur de ma vie, je me suis vu mourir. Ça a duré quinze-vingt secondes. Et puis au bout d'un moment ça s'arrête. La porte de la cabine s'ouvre et je vois un Japonais qui arrive en rigolant, qui me demande si tout va bien. C'était un tremblement de terre, hyper fréquent dans la région. Pour lui, c'était normal. Mais pendant cinq minutes je n'ai rien dit. J'étais blanc comme un linge.

STÉPHANE GUY

« UN COMMENTATEUR, C'EST UN JOURNALISTE, ON DOIT INFORMER MÊME QUAND ON COMMENTE. LA LIBERTÉ, ELLE EST LÀ. »

Il symbolise à lui seul la cruauté du métier de commentateur de sport. De Stéphane Guy, on garde en mémoire quelques mots malheureux, prononcés un soir de « remontada ». Ce fameux 8 mars 2017, le Paris Saint-Germain s'écroule au Camp Nou (6-1), en huitièmes de finale de la Ligue des champions, après avoir battu le FC Barcelone 4 à 0 à l'aller. À la 83e minute du match retour, alors que le Barça doit encore inscrire trois buts pour se qualifier et que personne n'imagine le scénario sur le point de s'écrire, il s'exclame : « En face c'est pas Gijón, c'est pas Valladolid, c'est le Paris Saint-Germain ». Dix minutes plus tard, la séquence tourne déjà en boucle, lui valant diverses moqueries.

Il serait pourtant malhonnête de réduire la carrière de Stéphane Guy à cette soirée surréaliste. Arrivé sur Canal+ en 1997, il gagne ses galons de commentateur vedette dix ans plus tard en devenant la voix du football anglais sur la chaîne cryptée. Au micro il impose sa patte, faite de gimmicks bien sentis et d'une capacité unique à éditorialiser son travail. Ces qualités feront de lui le commentateur numéro 1 de la chaîne quelques années plus tard. Aujourd'hui consultant pour RMC Sport, il nous donne rendez-vous dans un café du XVe arrondissement de la capitale un soir de février. Plus d'une heure s'écoule avant que Stéphane Guy ne prenne congé : direction les studios de l'After Foot.

Racontez-nous comment est née la passion du sport et du commentaire ?

Le sport c'est atavique, comme pour beaucoup d'entre nous. C'est le papa qui t'emmène au stade et qui te parle de foot en premier. Mon grand-père a aussi joué un rôle important. Lui, c'était moins le foot que le vélo. C'était un passionné du Tour de France. Je passais mes étés en camping avec lui et on suivait les étapes à la radio. La passion du commentaire est venue très tôt. Je faisais beaucoup de courses de vélo avec des billes. Il y avait un long couloir dans la maison de mes parents et j'avais un parcours. Je refaisais le Tour de France mille fois par jour. Je le faisais pour le plaisir de commenter. C'était toujours Bernard Hinault qui gagnait. C'est une vocation un peu innée.

Vous débutez à *Ouest-France*, à Alençon. Y a-t-il, déjà, l'idée de se diriger vers le sport et les médias audiovisuels ?

Ce n'était pas aussi précis que ça, mais il y avait l'idée d'être commentateur de sport. Je voulais plus être commentateur que journaliste, j'avais cette fibre-là en moi. Et puis après les hasards de la vie ont fait que...

Quels hasards de la vie ?

L'élément déclencheur, c'est un samedi après-midi. Je dois avoir autour de 15 ans, je suis devant ma télé et je regarde une course de vélo. Gérard Holtz lance un jeu à l'antenne dans lequel il demande aux jeunes de moins de seize ans de faire le compte rendu de la course. Je prends un stylo, je le fais et je l'envoie à l'adresse indiquée. Quinze jours après : coup de téléphone à la maison et l'on m'explique que je suis retenu pour la finale à Paris. Elle consistait à commenter une partie du France-Brésil de la Coupe du monde 1986. Nous voilà partis avec mes parents, je commente et l'histoire aurait pu s'arrêter là… Mais le hasard de la vie a fait que lorsque nous avons quitté la Halle de la Villette, mes parents ont discuté avec un monsieur garé à côté de nous. On ne le connaissait pas, mais il était très sympathique et il se trouve que c'était le président du jury. Mes parents lui ont alors parlé de mon envie de devenir commentateur et il a laissé son contact. Ce monsieur, c'était une grande plume de la profession : Jacques Marchand, ancien rédacteur en chef de *L'Équipe* et à l'époque président de l'UJSF (*Union des Journalistes de Sport en France*). C'est quelqu'un de très généreux qui avait envie de transmettre sa passion aux jeunes. Il ne t'offrait jamais rien sur un plateau, mais te donnait des pistes, t'encourageait. Quand je suis allé voir Jacques, il m'a suggéré d'aller proposer mes services aux médias locaux. J'ai pigé pour une radio : Alençon FM. Le déclic, c'est cette rencontre. Je voue à Jacques une reconnaissance éternelle, et j'essaie à mon tour aujourd'hui d'accompagner les jeunes qui croisent ma route.

Des années plus tard vous entrez à Canal+. Comment l'opportunité se présente-t-elle ?

Je fais toutes mes armes localement, entre *Ouest-France*, Normandie FM et Alençon FM, parallèlement à mes études. J'obtiens ma licence en 5 ans, ce n'est pas brillant, mais j'ai fini par l'avoir. Bref, je termine mes études à Paris et un jour, le même Jacques Marchand, que je voyais une ou deux fois par an, me dit : « J'ai appris que Canal+ cherchait des pigistes pour Jour de foot : appelle Thierry Gilardi ! » Je lui réponds : « Jacques, ça ne m'intéresse pas du tout. Moi, c'est la radio. La télé ce n'est pas mon truc. » Là il m'engueule, j'ai déjà 24 ans, il me secoue ! Alors j'y vais. On est en pleine Coupe du monde 1994. Le casting consistait à regarder un match et en faire un résumé. Je le fais très relax et je suis retenu. C'est un peu miraculeux ! Je suis content, mais insouciant, je ne mesure pas ma chance. La saison démarre en août et ils m'envoient à Cannes. Je fais un match de Ligue 1 pour Jour de foot : la première télé de ma vie. Ensuite, en octobre, j'ai dû partir à l'armée, pour mon service militaire. Dès lors, je n'étais plus disponible la semaine, mais j'appelais Thierry Gilardi depuis une cabine téléphonique et il m'envoyait à droite, à gauche les week-ends. Je passais le vendredi soir à Canal, puis j'allais sur les stades. Et au bout de dix mois, Thierry Gilardi me dit un jour : « On n'a rien pour toi cette semaine, Stéphane. » Je rappelle la semaine suivante : même chose. Je vous passe les détails, mais un nouveau rédacteur en chef était arrivé en provenance d'Eurosport, avec trois pigistes qu'il connaissait. J'ai sauté du jour au lendemain ! C'est la vie, c'est la règle du métier. Là, j'ai mangé de la vache enragée pendant deux ans, j'étais pigiste à la Fédération française de football, mais c'était bien compliqué de se faire un salaire. Et la chance est repassée. Plus de deux ans après, Thierry Gilardi vient dans l'Orne, il participe à une soirée que j'anime. On reprend contact. Il me demande ce que je deviens, je lui dis : « Je ne deviens rien. » Il me révèle qu'il reprend L'Équipe du Dimanche à la rentrée et qu'il aura des besoins. Le 31 août 1997, je reviens comme pigiste. J'avais une rubrique à minuit avec les buts portugais, écossais, néerlandais et suisses. Je suis revenu juste avant la Coupe du monde 1998 et là ils ont eu besoin de beaucoup de monde, je suis monté dans le wagon et je ne l'ai plus quitté, jusqu'en 2020.

À partir de là, comment bifurquez-vous vers le commentaire ?

Je commente mon premier match lors de la dernière journée de la saison 1997-1998, juste avant la Coupe du monde, où Canal+ est sur place non-stop avec un gros dispositif. Moi, j'avais deux missions : d'abord j'étais chauffeur, j'emmenais les journalistes de Canal à Clairefontaine tous les jours en Mercedes, parce que j'étais dernier de la classe et que je connaissais bien le monde fédéral pour avoir bossé pour le journal de la trois F. C'est la preuve qu'il n'y a pas de petites expériences. Je connaissais très bien Aimé Jacquet, Roger Lemerre, Philippe Bergeroo et Philippe Tournon, donc Canal s'est dit que j'allais pouvoir aider sur place, ce qui était vrai, j'ai eu ma petite utilité. Et ma deuxième mission, c'était de commenter les matchs diffusés en 16/9. C'étaient les débuts de ce format et Canal avait deux équipes sur chaque match : une pour le 4/3, donc la télé de monsieur Tout-le-monde, l'autre pour le 16/9. Il y avait peut-être 500 mecs en France qui avaient une télé en 16/9 et on commentait pour eux. J'ai fait dix matchs du Mondial 1998 grâce à ça, sur place, avec consultants. Pour un jeune commentateur, c'était fabuleux. J'ai connu Guy Lacombe, Laurent Paganelli, Olivier Rouyer, Arsène Wenger dans ce cadre-là. Il n'y avait pas d'audience, mais je suis allé jusqu'en quart de finale, j'ai fait Pays-bas–Argentine, c'était extraordinaire.

Après la Coupe du monde, Michel Denisot est devenu patron des sports de Canal+ et je me suis très bien entendu avec lui. Il a été très important dans ma carrière. Canal était en plein boom. J'avais pris goût aux commentaires de matchs, mais commenter, c'était quasi impossible. À Canal à l'époque il y avait Gilardi, Margotton, Josse, Linette, Balbir, Besnard, Sabattier, Doucet, Berger... J'étais le 18e dans la liste ! Je me disais : « Je ne recommenterai plus un match. » J'étais une petite main de la rédaction. On me donnait un sucre de temps en temps avec un match de Ligue 1. Puis un jour, il y a un match de foot anglais à commenter un lundi soir, pour « Canal+ Vert » : Leeds-Coventry. Le patron ne trouve aucun volontaire pour y aller. En désespoir de cause, il se tourne vers moi. Et moi j'étais dispo non-stop ! Le seul souci, c'est que je ne parlais pas un mot d'anglais et je ne connaissais rien non plus, au foot anglais. Mais je pars commenter ce match, je mets les pieds dans ce royaume inconnu qui deviendra ma grande passion et je découvre quelque chose que je n'imaginais pas. Je ne pensais pas que l'on pouvait vivre le football comme ça. C'est un grand souvenir. La semaine d'après, le chef n'a pas reproposé aux autres parce que ça devait être un match en bois comme Charlton-West Ham et j'y suis retourné. De fil en aiguille, un jour tu finis par faire Arsenal-Manchester. Dans les médias, c'est souvent comme ça que tu creuses ton sillon.

La présence de tous ces pontes à Canal+ influence-t-elle votre manière de commenter ?

Ah oui ! Après, si on doit parler des influences, il faut d'abord évoquer Thierry Roland. Notre génération a grandi avec lui. C'était la voix du foot. Le « Oui Michel, oui Michel » quand Platini met son coup franc contre les Pays-Bas, ça m'a marqué. Thierry Roland, c'est la base pour moi. Puis comme j'aimais beaucoup le vélo je trouvais que Robert Chapatte et Patrick Chêne étaient incroyables. Canal+ c'est différent, pour mes parents ce n'était pas pensable de payer pour avoir la télé. Je ne me suis abonné que lorsque j'ai commencé à travailler, à partir de 1992, pour les JO de Barcelone. Quand j'ai vu leur traitement je me suis dit qu'il fallait que je travaille un jour à Canal. Pourtant vous voyez, deux ans après quand on m'a appelé, je ne me suis pas excité pour autant, c'est paradoxal. Mais quand je suis arrivé, j'ai vu que c'étaient des cadors. À cette époque, ce sont les références du commentaire. Et quand tu n'as pas été à l'école comme moi, quand tu n'as pas appris le métier, tu ne peux agir que par mimétisme. Tu écoutes beaucoup. Ce que je découvre aussi, c'est qu'on prépare les matchs. Ça paraît naïf et idiot, mais je pensais vraiment qu'on y allait un peu comme ça. Non, il fallait travailler, remplir ces fameuses fiches jaunes. Je ne savais pas trop ce qu'il fallait y mettre, mais je voyais tous mes glorieux confrères le faire.

Vous encadraient-ils ?

Non, tu n'es pas encadré, mais tu es accompagné. Certains collègues sont tordus et te voient comme un concurrent, mais beaucoup d'autres sont bienveillants. Une rédaction, c'est une mare aux canards. On ne te livre pas les secrets de fabrication, tu les découvres... si tu es malin ! Je dois beaucoup à Thierry Gilardi. Il avait un tempérament ombrageux, c'était quelqu'un de sanguin, mais je l'admirais. Ce monsieur, s'il commentait vingt fois le PSG par an, les vingt fois il refaisait la fiche comme si c'était la première fois qu'il le commentait. La clé du métier, pour moi, elle est là. Le commentaire, c'est un métier d'anticipation. Une fois que le coup d'envoi est donné, c'est trop tard, tu ne peux plus aller chercher d'info ! Avec internet, tu crois que tu peux encore, mais ce n'est pas vrai, car à peine l'info donnée, la suivante t'appelle déjà. Dans ta fiche, tu dois avoir anticipé tous les scénarios possibles. C'est ça le métier de commentateur en direct à la télévision. Ce travail de préparation est fondamental.

À Canal, avec cette sacrée brochette de talents, le climat était dur, on ressentait la concurrence. Je dis toujours : « Il n'y a qu'un PSG-OM et tout le monde veut le commenter, le cador comme le dernier arrivé. » On était impitoyables les uns avec les autres. La première année, j'allais à Sochaux, Strasbourg et Nancy, les trois relégables. Je n'avais pas chaud ! (*Rires*) Mais si tu disais dans ton commentaire que c'était la quatrième passe décisive de Mostovoï et que c'était sa cinquième, le lundi tu te faisais moquer. C'était dur, mais en même temps, tu faisais un minimum d'erreurs. Il y avait une grande rigueur dans ce qu'on essayait de dire et de faire. Quand j'ai pris le foot anglais, il fallait que je me mette au niveau de mes prédécesseurs. Si tu ne le fais pas, tu disparais. À Canal on était éduqués pour être au service de l'abonné avec l'exigence que cela demande.

Vous dites souvent que le métier de commentateur c'est « décrire, divertir, informer ». Pouvez-vous développer ce concept ?

Au début quand tu arrives, tu copies les autres. Tu as ta voix, ta personnalité, mais elle existe très peu. Tu essayes surtout de ne pas faire beaucoup moins bien que les autres. Petit à petit, tu prends confiance en tes possibilités et au bout de dix ou quinze ans de commentaires, tu développes ta propre patte. À mes yeux, je suis devenu réellement un commentateur de foot à partir de 2007. Et donc tu es là pour décrire l'action, ça c'est la base. Divertir le téléspectateur, car il y a un côté ambianceur. Et tu es là aussi pour l'informer. L'école Canal t'apprend que derrière chaque image, il y a une information. Un plan de Nasser al-Khelaïfi en tribune, aux côtés de Sarkozy dans un match du PSG, c'est une information. Quand le même Nasser al-Khelaïfi est assis à côté du père de Kylian Mbappé plutôt que de Luis Campos, à la Coupe du monde, c'est une information aussi. Ça, tu dois le décrypter et le transmettre. Et puis, il y a un quatrième point qui arrive beaucoup plus tard et qui est lié à l'évolution du foot et du sport : tu as forcément une dimension éditorialiste. Le sport n'a jamais été neutre, on peut discuter des JO de Berlin, de Mexico... Mais il l'est encore moins aujourd'hui, il dépend d'intérêts politico-financiers tellement multiples et complexes, que c'est une dimension que tu es obligé de traiter. Le bon commentateur est celui qui parvient à équilibrer cela et c'est très compliqué. Tu ne peux jamais être totalement satisfait d'un commentaire, il y a toujours quelque chose que tu n'as pas dit ou que tu as mal dit. Le commentaire parfait n'existe pas, il est quasi inaccessible.

Vous ne l'avez jamais fait ? Même le « presque parfait » ?

Non, je ne pense pas. J'espère que ça m'est arrivé une ou deux fois. Il y a des moments de grâce évidemment. Quand tes mots rejoignent l'instant. Mais quand je rentre chez moi après un match, l'exercice d'auto-critique est assez douloureux. Parfois, ça t'empêche de dormir. Pas toujours. Mais tu n'es ni tranquille ni serein, parce que tu sais que ça a été imparfait.

Quels sont vos moments de grâce justement ?

(*Il hésite*) Le retourné de Rooney peut-être (*Manchester United-Manchester City, février 2011*). J'étais dans le ton. Mais j'étais aussi bien accompagné, parce que l'autre élément absolument fondamental du commentaire, c'est que l'on travaille en binôme ou en trio. Tu ne peux être excellent qu'en osmose totale avec ton acolyte. Rémi Garde, Aimé Jacquet, Raynald Denoueix, Jean-Luc Arribart, Gérard Houllier, Gilles Grimandi, Habib Beye et Eric Carrière par exemple, ils m'ont appris le football. Paul Le Guen, lui c'est un ami, j'irais à la guerre avec lui. Et ce jour-là, si je suis bon c'est aussi grâce à mon consultant, Marcel Desailly. Il est dans l'enthousiasme, ça me porte. Ce moment-là est réussi.

Après, pour revenir au sujet, il y a un but que je suis très heureux d'avoir commenté car c'est du descriptif pur, dans le bon tempo. C'est celui de Dimitri Payet dans l'Olympico contre Lyon (*novembre 2019*), la semaine où Payet se paie Rudi Garcia (*ex-entraîneur de l'OM et coach de l'OL ce soir-là*) en conférence de presse d'avant-match, puis donne la victoire à l'OM grâce à un doublé. Sur le deuxième but, il récupère le ballon sur un tacle et il est à la conclusion. Il n'a pas dû en mettre cinquante dans sa carrière des comme ça ! Moment de grâce : je suis au départ du ballon et je l'accompagne. J'aurais très bien pu être en train de raconter un autre truc au début de l'action et raccorder en cours de route, mais là j'ai le bonheur d'être synchro du départ. En plus on est au Vélodrome donc le stade s'enflamme, 60 000 personnes accompagnent ton commentaire !

Ensuite, le moment professionnel où j'ai été le plus heureux c'est Rio 2016. Je commentais l'athlé aux Jeux et ça, c'est unique. J'ai fait la cérémonie d'ouverture aussi. Je ne me mets pas de note, je pense qu'il y a de bien meilleurs commentateurs d'athlé, mais je me suis régalé. J'ai travaillé comme un acharné, j'étais entouré de deux types extraordinaires : Galfione et Caristan. Ils m'ont porté. On était en symbiose. Et sur le 200 m de Christophe Lemaitre, il est au couloir 7 ou 8, complètement à l'extérieur. Au moment où il passe la ligne, je dis : « Il est médaille de bronze ! » Il doit l'être pour deux centièmes de seconde. J'ai pris le risque et il a été gagnant, pour une fois. J'ai souvent pris des risques perdants ! (*Il rigole*)

En Premier League vous imposez votre patte, notamment en attribuant des surnoms aux joueurs, comme « L'infernal Wayne Rooney » ! Quelle en est la genèse ?

Je pense que le bon commentaire, c'est celui qui est naturel et spontané. Tu peux toujours préparer, mais l'important c'est que ça vienne du cœur. Pour l'Olympico, j'imagine forcément un but de Payet. Mais est-ce que j'imagine ce but-là ? Évidemment que non ! Est-ce que je le commente tel que je l'aurais pensé ? Non, car c'est de l'instant. À la limite, sur un 100 m d'Usain Bolt, tu peux avoir préparé une phrase et la placer. Sur du foot c'est déjà beaucoup plus compliqué. « L'infernal Wayne Rooney », ça vient comme ça, à la volée dans un match, je dis : « Il est vraiment infernal ce Wayne Rooney. » Et quand je le dis je me rends compte que ce mot lui colle bien ! Je le répète, je m'en amuse et j'en fais un gimmick, mais je ne suis pas arrivé au stade en me disant que j'allais l'appeler comme ça. Je pense que les bons surnoms, ce sont ceux-là. Pendant la période Ibra j'ai cherché, ce n'est jamais venu. « Le génie français » pour Mbappé, c'est arrivé car je pense vraiment cela de lui, que c'est un génie, que c'est ce qu'il le définit le mieux.

Peut-on considérer que la Premier League a fait de vous le commentateur vedette que vous êtes aujourd'hui ?

Oui, car il était beaucoup plus facile dans le Canal de l'époque, d'avoir une spécialité à l'étranger, que de travailler sur la Ligue 1. Le paradoxe c'est qu'au début, je n'avais aucune appétence particulière pour le foot anglais. J'y ai jeté un œil quand Cantona et Ginola ont débarqué, comme tous les Français. Mais le déclic, c'est vraiment le jour où je suis allé à Leeds. J'étais terrorisé, je suis arrivé au stade quatre heures avant – ça fera rire ceux qui me connaissent, car j'arrive toujours à la dernière minute – j'avais un plan papier de Leeds, j'avais peur de pas trouver le stade et l'hôtel. Puis j'ai vu ce stade, j'ai lu le programme du match. J'ai découvert que derrière ce simple Leeds-Coventry il y avait une histoire, des liens, une rivalité. Je me suis plongé là-dedans et j'ai adoré la façon dont les Anglais vivaient le foot. Quand tu vas voir un match en Angleterre, tu es transformé. J'avais fait deux ou trois matchs en Italie, je n'avais pas ressenti cela. Le foot est un sujet fondamental dans leur vie, mais il y a une espèce de détachement, une dose d'humour et ils acceptent la défaite. Bon, ils boivent beaucoup trop pour moi, par contre, ça je ne comprends pas ! (*Rires*)

Passer numéro 1 sur la Premier League est donc le fruit d'un cheminement naturel ?

Oui. Grégoire Margotton était numéro 1, puis il est passé sur la L1. L'avantage, c'est que tous les matchs ont lieu en même temps, donc un même commentateur ne peut pas être partout. Au début, je faisais les matchs de seconde zone. Je me souviens d'un derby de Londres, Charlton-Wimbledon, sous la neige, 0-0. Il ne s'était rien passé, mais j'étais à bloc, pour moi c'était la finale de la Coupe du monde. Denisot l'avait écouté et ça lui avait plu. Souvent, dans ce métier, tu te fais remarquer sur des matchs improbables, à des moments où tu ne t'y attends pas. C'est pour cela qu'il faut toujours être sérieux. Moi je n'ai jamais pris un match par-dessus la jambe.

Quelques années plus tard, Canal+ vous propose de devenir commentateur principal de la Ligue 1. Hésitez-vous ?

Oui ! Déjà, au début de ma carrière, je ne fais la Premier League que pendant deux ans. Et notamment l'année 2001, avec la fameuse équipe de Liverpool de Gérard Houllier, qui gagne tout. Je vous raconte ça parce que je pars commenter la demi-finale de Coupe de l'UEFA entre Barcelone et Liverpool et je reçois un appel de Denisot : « Stéphane j'ai pensé à toi pour commenter les courses de chevaux l'année prochaine. » Le tiercé ! Alors là, autant te dire que... (*Ton désabusé*) J'ai accepté hein... Mais sur le coup... Bref, en 2001 j'arrête tout pour faire les courses de chevaux pendant trois ans et j'en étais très heureux. Ensuite, je suis devenu patron de la rédaction. Pas le meilleur épisode de ma vie. J'ai fini par dire à Alexandre Bompard : « Ne te fatigue pas avec tes postes à responsabilité, remets-moi sur la Premier League. » Lui a eu du mal à comprendre. Quand tu as été chef, tu ne peux pas redevenir commentateur de foot anglais. Dans son esprit d'énarque c'est quelque chose qui ne se fait pas. Mais c'était la meilleure décision. À ce moment-là, je refais du foot anglais à temps plein, je suis en Angleterre tous les week-ends. Je n'ai que ça dans ma vie et j'aime ça ! Donc, que je sois de temps en temps un peu bon, heureusement quelque part, sinon ce serait dramatique...

Et puis Cyril Linette succède à Bompard. Il m'appelle un jour pour me dire que l'on récupère le match de Ligue 1 de 17 h et me dit : « Je veux que tu le commentes ! » Je lui réponds que ça ne m'intéresse absolument pas, que je préfère la PL. Il me le demande une deuxième fois, je refuse à nouveau. Puis la troisième fois, il m'explique qu'en fait, je n'ai pas le choix ! À cette période, le foot anglais est à un tournant. En 2004, Abramovitch arrive à Chelsea, en 2008 les Émirats débarquent à City. Jusque-là le football anglais était vraiment anglais et là il s'internationalise. Moi, j'accompagne éditorialement cela. Quand je commente City, je rappelle qu'ils ne pratiquent pas le même sport que les autres. Ça leur plaisait, donc ils voulaient que je fasse la même chose sur la Ligue 1 car le Qatar venait d'arriver au PSG. Ils m'ont demandé de commenter la Ligue 1 comme un éditorialiste.

Vous êtes aussi connu pour votre défense de la liberté à l'antenne.

Je pense que « journalisme » et « liberté » sont deux mots inséparables. Par définition un journaliste doit agir en conscience, par rapport à l'éthique de la profession, n'être lié à aucun lobby et ne dire que des choses vérifiées, corroborées. Tu ne dois rien inventer. Un commentateur, c'est un journaliste, on doit informer même quand on commente. La liberté, elle est là. Je jouis de ma liberté, mais je n'en abuse pas.

À propos de liberté : vous êtes l'un des seuls journalistes sportifs français à avoir refusé de vous rendre au Qatar...

Je ne comprends toujours pas comment on a pu faire une Coupe du monde là-bas et surtout comment elle a pu se dérouler sans qu'aucun des acteurs n'ait eu le courage de dénoncer ce scandale. Quelle lâcheté collective ! Je pense à froid que c'est la Coupe du monde de la honte. Et je n'ai, à aucun moment, succombé à la propagande du Qatar et de la FIFA. Le football a tué. C'est la première fois qu'une Coupe du monde tue directement. On est allé jouer dans des cimetières. Des stades qui ont été construits par des malheureux. Des gens qui, pour plusieurs centaines voire des milliers d'entre-eux, ont donné leur vie pour que l'on ait un mois de plaisir et de bagatelle au cœur de l'hiver. Je pense d'abord à ça. Après je peux penser à Mbappé, à Messi, mais en premier, c'est à eux que je pense. Je savais qu'aller sur place, au Qatar, ne permettrait rien.

Cet univers est tellement contrôlé que rien ne pouvait sortir. Mais ceux qui voulaient savoir, savent. Il y a eu des livres, des reportages faits par des confrères, parfois au péril de leur vie. Que grâce leur soit rendue. Soyons respectueux de ce qu'ils ont fait. Eux, ils ont informé ! Ceux qui ont désinformé, ce sont ceux qui ont vécu la Coupe du monde comme si elle se déroulait chez Tata Yoyo. J'avais dit à Winamax et RMC Sport que j'acceptais de travailler pour eux à une seule condition : que je puisse librement aborder tous les sujets, ce qu'ils m'ont permis de faire et d'ailleurs je n'en ai pas abusé. Je regrette de ne pas l'avoir fait pour la Russie. On peut me reprocher de ne pas avoir eu la même prévention. Et je ne crois pas non plus que la prochaine Coupe du monde (2026) sera une manifestation de la grandeur de Dieu sur Terre... Mais là, la clé, c'est qu'au Qatar le football a tué pour construire des stades qui ne serviront plus jamais. Je suis révolté qu'il y ait eu une telle lâcheté collective.

Comment le passionné de politique que vous êtes, peut-il encore se passionner pour le football actuel ?

C'est sûr que j'adorerais retrouver mon instinct d'enfant, mon innocence. Aujourd'hui, c'est impossible. C'est moins un plaisir qu'un sujet. Quand j'étais gosse je pensais que ce n'était pas un métier. Maintenant ça l'est. Il y a quand même quelques moments fugaces où l'on est rattrapé par la passion. Mais la façon dont évolue le football est dramatique. Je pense que le foot est malade du fléau premier de la société : l'argent. Il faudrait tracer, réguler. J'ai l'impression d'être un gauchiste en disant ça, pourtant ce n'est pas le cas. Mais si on analyse la société uniquement à travers le prisme du foot, on voit à minima les dégâts que font les inégalités et l'argent qui coule à flot.

On vous sait passionné de Charles de Gaulle, influence-t-il vos commentaires ? On pense aux « Citoyens, citoyennes » en début de direct...

Non, le « Citoyen, Citoyennes » n'a pas rapport avec le gaullisme. Je pense juste qu'il faut regarder le football en tant que citoyen. Ce n'est pas qu'un objet de plaisir. Il y a des enjeux autour du foot qui nous interdisent d'avoir une vision simpliste. C'est ce qu'aimeraient tous ceux qui se servent du foot. Ils voudraient qu'on ne le considère qu'à travers onze bonhommes qui tapent dans un ballon. Mais il ne faut pas leur faire ce cadeau-là. Il faut les placer en permanence face à leurs contradictions, à leurs mensonges, leur cupidité et leur soif de pouvoir.

Vous êtes le commentateur de la fameuse remontada. Racontez-nous cette soirée !

Ce n'est pas mon meilleur souvenir de commentateur, loin de là. D'abord, je pense qu'on ne se réalise vraiment que dans des moments heureux. Là, c'est une vraie humiliation pour le sport français ! Ça a été célébré à Marseille, mais ça ne m'intéresse pas. Je réexplique toujours que le match aller n'est pas sur Canal. Il est sur beIN. J'y vais en tant que spectateur au Parc des Princes. Je vois le PSG exploser le Barça 4-0 ! Je pense que c'est le meilleur match que je n'ai jamais vu du Paris Saint-Germain. C'est phénoménal ! Barcelone est en dessous de tout. Pour moi, c'est plié, terminé. Circulez, il n'y a rien à voir ! Je suis persuadé que je vais commenter un match retour qui ne sert absolument à rien. Et malheureusement je reste dans cet état d'esprit-là. Je commets une erreur. C'est ce que je vous expliquais tout à l'heure : tu dois tout anticiper ! Et moi je n'ai pas anticipé l'élimination du PSG. Je n'ai pas préparé les deux scénarios. Je n'ai pas été à la hauteur de ce moment-là. Mais c'est une bonne leçon, car la remontada, c'est une première qui en a appelé beaucoup d'autres depuis. Il y a eu Roma-Barça, Liverpool-Barça... Maintenant on sait. Toujours est-il qu'à la fin de ce match, je suis sur le cul, je n'y crois pas. Et surtout je me dis qu'il faut que je me remette en question professionnellement, car je n'ai pas été bon.

N'y a-t-il aucun moment durant ce match où vous imaginez ce scénario ?

Non. Je ne me le dis qu'à 5-1. Il y a 3-0, mais après il y a le but de Cavani. Et je me dis : « C'est plié ! » Ma fameuse phrase – celle dont vous voulez forcément parler – « C'est pas Gijón, c'est pas Valladolid ! », je la sors à 3-1 à la 83e minute, pour moi le match est clos. Je me suis trompé, dont acte. On a le droit de me chambrer pour ça, je l'accepte volontiers. Maintenant, je fais gaffe !

Vous êtes désormais à RMC. Avez-vous facilement trouvé vos marques ?

Déjà le rythme des matchs à commenter est beaucoup moins important. Et pour moi le commentaire c'est un peu un sport d'équipe. Tu as un consultant, un chef d'édition, un journaliste bord de terrain, le réalisateur... C'est comme le sprinteur au vélo. Cavendish, c'est lui qui a gagné les étapes du Tour de France, mais Cavendish sans son « train », il n'est rien. Le commentateur c'est exactement ça. J'en ai toujours été très conscient. Les stagiaires peuvent aussi t'apporter quelque chose. Tu pars commenter la Juventus et un jeune dans la rédaction qui est passionné par la Juve va t'apprendre un truc que tu ne connaissais pas. Je pense à lui quand je commente. Ce n'est pas du tout démago.

Aujourd'hui, je suis dans un autre monde, j'ai vécu un choc dont j'ai eu beaucoup de mal à me remettre. Une forme de petite mort. La proposition de RMC est arrivée et m'a permis de me remettre en selle et de conserver intact mon enthousiasme pour ce métier.

Votre anecdote secrète ?

On est en 2000, je suis au Stade de France pour la finale de la Coupe de la Ligue. On m'appelle et on me dit : « Stéphane, Manchester vient d'être sacré champion. Tu pars demain sur place en reportage pour le titre de United ! » Je pars un peu inquiet, car je ne suis pas hyper fluide en anglais pour les interviews. Mais la base de ma vie, c'est de me dire : « Je vais me démerder ! » On va au centre d'entraînement de Manchester United. Normalement c'est Fort Knox, tu ne rentres pas !

On rentre sur le terrain d'entraînement, c'est complètement inédit ! Il y a Beckham, Yorke, ils sont tous-là ! Ils sabrent le champagne. Et là, je tente Ferguson ! De façon miraculeuse, je parviens à enchaîner quatre ou cinq questions avec mon anglais d'Alençon. Ferguson, déjà quand tu parles très bien anglais c'est compliqué... Finalement, on fait une interview très sympa et il termine en français : « C'est mon plaisir ! » Si je n'avais pas réussi à ramener l'interview de Ferguson ce jour-là, ça aurait été la honte de ma vie...

beIN SPORTS

THOMAS FERRO VILLECHAIZE

« ET POUR TRANSMETTRE DES ÉMOTIONS IL FAUT ÊTRE EMPORTÉ, S'ÉMOUVOIR, S'ENTHOUSIASMER. MOI JE SUIS COMME ÇA DANS LA VIE. PARFOIS, JE PEUX ME METTRE À PLEURER DEVANT UN FILM. »

Février 2015, Doha. L'équipe de France de handball décroche sa cinquième étoile face au Qatar, vaincu en finale de « son » Mondial. En tribune de presse, un homme est en ébullition et s'adresse directement aux téléspectateurs de beIN Sports : « Prosternez-vous, peuple de France ! » Ce moment fera date : il s'agit-là de son premier souvenir mémorable au micro. Comme avec Benjamin Da Silva (*voir le chapitre suivant*), notre rendez-vous a lieu dans les locaux de beIN Sports. Vêtu d'un sweat célébrant le titre mondial de 2015, il résume sa philosophie en une phrase, rendue célèbre par une marque de fast-food américain : « Venez comme vous êtes ! » La suite de notre conversation ne sera pas aussi indigeste qu'un burger. Elle se rapprochera davantage d'un dîner chez Drouant. Car s'il n'était pas devenu journaliste Thomas Ferro Villechaize aurait pu devenir professeur de lettres, tant ses propos sont parsemés de métaphores. Nous constatons également sa popularité auprès de ses collègues. L'interview est interrompue plusieurs fois par des confrères venus chaleureusement le saluer. L'un d'entre eux est l'ancien footballeur de l'OL et du FC Barcelone, Sonny Anderson. Ou plutôt Sonny « en personne », tel qu'il se présente à nous, ce qui ne manque pas de faire rire notre commentateur du jour. Au terme d'une heure d'entretien, nous le laissons vaquer à ses occupations. Le soir, la France affronte la Pologne, et Thomas trépigne déjà d'impatience...

D'où vous vient l'envie de devenir commentateur ?

J'ai toujours aimé ça. Je me suis toujours nourri de sport, j'ai toujours été consommateur. Je suis né en 1976 et mon vrai souvenir marquant c'est 1986 et le match face au Brésil lors de la Coupe du monde au Mexique. Ce jour-là, je suis chez mon père, il fait beau. Ça a été un tournant dans ma vie. Ce moment m'a accompagné dans la mesure où il a suscité des émotions. À travers un moment de sport fédérateur, à travers une voix, un commentaire, un enthousiasme populaire, je me suis fait emporter par une vague de bonheur. Je me suis dit : « C'est ça que je veux faire ! » J'étais petit pourtant, en 1986 j'avais 10 ans. L'idée était diffuse au départ, mais je savais que je voulais faire des études sérieuses. J'aimais bien les études, enfin la vie étudiante surtout ! (*Rires*) Mais j'en ai profité pour avoir des diplômes. J'ai pris des chemins de traverse, j'ai fait une fac de lettres modernes, Sciences Po Aix, puis un master de journalisme à l'école de Marseille. J'ai vivoté. Je me suis toujours débrouillé tout seul. On ne m'a jamais tendu la main, au départ en tout cas. Malgré tout, mon chemin a été tracé par le sport. Pour mon premier stage à Marseille je travaillais en locale et j'ai couvert le combat de Jean-Marc Mormeck sur la plage du Prado contre un Canadien (*Dale Brown*). J'étais un enfant à la veille de Noël. C'était une expérience fantastique. Vivre l'événement sur place, ça transcende tout, les impacts, le son, le ressenti, la vitesse. C'est un catalyseur de tout ce que j'aime. C'est comme quand tu vas dans un stade de foot, tu sens l'odeur du gazon mouillé, des merguez, des fumigènes. Mon fils, la première fois que je l'ai amené au Parc des Princes, c'est exactement ce qu'il m'a dit. J'ai grandi élevé par ma maman, qui n'aimait pas le sport, donc je n'ai pas eu accès au sport tout de suite dans les stades ou dans les salles, mais j'ai joué au hand. J'ai fait le challenge Marrane (*Compétition annuelle de clubs masculins de handball*) à Carpentier et j'ai trouvé ça génial. J'avais cette fibre-là.

En sortant de l'école, j'ai fait RMC, puis j'ai laissé tomber le sport pendant deux ou trois ans, pour faire la tournante des France 3 Régions. Ça a été tellement formateur ! J'ai fait de la politique, la fermeture des dernières usines sidérurgiques en Moselle... Je me suis nourri de plein de choses : d'art, de culture. Ça a étoffé mes connaissances. On m'a proposé un CDI en Picardie, où j'avais passé deux ans à présenter une émission de sport, mais j'ai dit non, car j'ai grandi à Paris et je suis un vrai parisien. Je suis parti sur Infosport, TPS, Sport+, et j'ai croisé plein de gens qui m'ont appris les ficelles du métier. On m'a appris à travailler vite, mais bien. La rigueur. C'est là que j'ai croisé Thomas Thouroude, quelqu'un que j'ai toujours admiré. J'ai signé mon premier CDI dans le groupe Canal, pour de la présentation et des reportages. Mais je me souviens d'un truc fou. J'étais à Infosport et je disais oui à tout. Il n'y avait pas de quota de piges. Je faisais quarante jours par mois, j'enchaînais les doubles piges. Et un jour le créateur d'Infosport, Pierre Fraidenraich, demande dans l'open-space qui veut partir sur un tournage, le soir, à 20 h 30. Personne ne veut y aller. Je me propose sans savoir de quoi il s'agissait. Il me demande si je sais me servir d'une caméra, je dis oui et je passe la journée dans la rédaction à faire des plans, à m'entraîner. Le soir, il me dit : « Tu pars au Pavillon Gabriel récupérer une accréditation et tu vas tourner la venue de Michael Jordan ! » Il faisait un truc à Coubertin, mais personne ne le savait, c'était le secret le mieux gardé. Il y avait la presse spécialisée. Moi j'étais pigiste, j'ai vu Jordan arriver et là j'ai compris que je voulais rencontrer des sportifs et vivre de telles émotions toute ma vie.

Intervient ensuite votre départ pour beIN Sports...

Fin 2011, début 2012, on entend parler de l'arrivée des Qataris au PSG, de la création d'une chaîne de télé. Florent Houzot, qui a été directeur d'Infosport et que je connaissais bien, a été appelé par beIN. Mais il n'avait pas le droit de me contacter, il avait un devoir de non-concurrence. Donc c'est Charles Biétry qui m'appelle, pour présenter une matinale. J'étais en CDI à Canal, le rêve de ma vie, mais ma femme m'a poussé à tenter l'aventure. J'ai rencontré Charles. C'était une de mes idoles. Dans sa manière de commenter, de raconter les histoires, il a toujours été quelqu'un de très marquant. Mais au départ, il n'était pas question de commenter du sport. J'ai fait *L'Expresso* (*Émission d'information sportive diffusée sur beIN en matinale*). J'ai adoré faire ça pendant trois ans, c'était une cour de récréation avec une liberté de ton absolue. On a rencontré la Terre entière, on a voyagé, c'était fantastique. Et puis j'ai eu envie de faire autre chose, je venais d'avoir un enfant et Charles m'a proposé de faire du hand.

Je n'avais jamais fait de commentaire. J'adorais le hand, car j'y avais joué et que j'ai longtemps côtoyé Frédéric Brindelle (*ancien commentateur de handball sur Canal+*). Fred a été mon phare. J'ai adoré partager des moments avec lui, je lui dois beaucoup parce qu'il a été toujours été très bienveillant. J'écoutais sa manière de faire, son humour ras des pâquerettes – comme moi – et puis ses connaissances encyclopédiques. Il était toujours dans la générosité, le partage. Il a accompagné certains des plus grands moments de l'histoire du sport français. Donc j'ai dit oui à Charles. Je voulais transmettre des émotions.

Parlez-nous davantage de Charles Biétry qui semble avoir été très important pour la carrière de nombreux commentateurs ?

Il y a plein de moments de grâce que je retiens. J'ai toujours adoré la boxe et Charles avait un ton, une voix, une chaleur, une intelligence. Des gens comme lui, comme Michel Denisot m'ont marqué. Je me souviens d'Antoine Kombouaré qui met son but pour qualifier le PSG sur le but du 4-1 au Parc des Princes (*quart de finale de Coupe UEFA contre le Real Madrid en 1993*), ça fait partie de mon panthéon personnel. Charles est clairement une figure majeure de ce panthéon. C'est quelqu'un que je trouvais très charismatique. Il a inventé mille choses en télé, c'est un progressiste. Il y a des gens comme ça avec une aura, un charisme fou. Il n'y avait pas de barrière à se fixer, lui les ouvrait. C'était le meilleur, ce n'est pas un hasard si beIN vient le chercher. Ce que j'adorais, c'était sa rigueur. Il ne laissait rien au hasard. Il nous imposait de tout lire, tout écouter. Il nous faisait des débriefs après chaque émission, il décryptait chaque seconde. Il lisait le journal tous les matins, je me souviens qu'il pliait parfaitement *L'Équipe* et qu'il commençait par la quatrième de couverture. Il avait cette approche du journalisme : la rigueur au profit de tout le reste. Il disait toujours : « Si vous avez été bons aujourd'hui, sachez que vous serez encore meilleurs demain. » La vérité d'un jour n'est jamais celle du lendemain.

L'erreur était-elle interdite ?

Non, car on fait un métier profondément humain. C'est comme un acteur de théâtre qui répète et qui oublie une tirade sur scène. Qui va lui en vouloir s'il a tout fait pour l'éviter ? On travaille, on s'investit, on vérifie, mais l'erreur est inhérente à la nature humaine. J'ai été serveur pour financer mes études et tu peux faire une erreur de caisse. Mais lui limitait les erreurs. Parce qu'on avait toujours l'impression d'avoir, non pas une épée de Damoclès, mais une main apaisante au-dessus de l'épaule.

Suite à la proposition de Charles Biétry, vous devenez commentateur de handball. Quel est l'état de vos connaissances à ce moment-là ?

J'ai toujours aimé le hand. Déjà à Canal quand il fallait faire des résumés, c'était moi et personne d'autre. J'allais à Ivry, à Créteil voir des matchs pour le plaisir. En Picardie, j'allais à Abbeville, une place forte du handball féminin. J'écoutais Fred Brindelle, Laurie Delhostal. Mais je n'avais pas les connaissances encyclopédiques que j'essaie d'avoir maintenant. En revanche, il y a un truc que je déteste, c'est de ne pas être légitime. Je ne voulais pas être une imposture. Dans la mesure où j'ouvre une porte et pour être sûr que la lumière s'allume, je fais la peinture, l'électricité et je termine les fondations pour être certain de ne pas prendre un coup de jus.

Concrètement comment avez-vous procédé ?

De manière très scolaire, j'ai fait des fiches. Sur les joueurs, les clubs. Mon modèle quand j'étais jeune, c'était mon frère, qui était un puits de science. On avait les encyclopédies Universalis à la maison, je les apprenais par cœur, j'étais un psychopathe. Là, j'ai fait la même chose. Je me suis fait des dossiers sur des moments importants. Pour en avoir parlé avec Charles, il faisait la même chose, mais sans internet. Je suis un gars à l'ancienne, je préparais mes fiches avec des idées fortes, des noms, des dates, des années, des palmarès. C'était très scolaire, mais j'avais besoin de ça. J'ouvrais un tiroir dans ma tête, j'y rangeais des dossiers et je le refermais à la fin de chaque journée. Je voulais être capable de donner des points précis sur les équipes que j'allais commenter. Je regardais aussi des anciens matchs avec les commentaires de Fred Brindelle sur Sport+. D'ailleurs, ça me fait penser que ma première expérience de commentaire, c'était un truc incroyable ! Finale du championnat du monde de handball féminin au Brésil : Fred Brindelle est sur place, je suis présentateur à Paris et il y a une rupture de faisceau. On n'entend plus Fred ! J'ai dû commenter avec Jérôme Fernandez en plateau, il m'avait sauvé la vie. C'était ma première expérience et sans doute l'un des pires moments de ma carrière. (*Il se marre*) Mais pour revenir à la question, même maintenant je ne veux rien laisser au hasard. Je suis moins scolaire, mais j'adore communiquer avec les entraîneurs, les dirigeants, les capitaines, la presse locale. On en apprend toujours un peu plus. Il vaut mieux parler à Dieu qu'à ses apôtres.

Comment résumeriez-vous votre style à l'antenne ?

C'est très simple : « Venez comme vous êtes. » Il ne faut jamais se prendre pour un autre. Ce que je n'aime pas dans les commentaires de certains, c'est lorsque l'on ressent quelque chose de factice. Je souhaite apporter de l'humanité et de la sincérité. Je trouve que ma voix est un peu nasillarde, que je parle comme un canard, mais je n'ai jamais cherché à la changer. Je prends la vie avec beaucoup de dérision, je n'ai pas changé fondamentalement les choses dans ma manière de commenter. J'estime que ça donne de l'authenticité. C'est pour cela que je comprends totalement qu'un commentateur soit clivant. On peut aimer ou ne pas aimer une personnalité. Dans la vie, dans les rapports humains, c'est comme ça. Je suis transparent, je commente comme je suis dans la vie.

Beaucoup de commentateurs dans ce livre nous ont confié avoir agi par imitation au départ, ce n'est donc pas votre cas ?

Pas par imitation, mais par influence. On est influencé par les gens qu'on a aimé. J'adore la peinture et si je me mettais à peindre je serais influencé par les courants picturaux que j'aime. On se nourrit forcément de ce que l'on aime. Dans l'affirmation, je suis d'accord, je vous rejoins : je n'étais pas la même personne au tout début. J'étais peut-être plus dans la retenue, en retrait. J'arrivais à petits pas. C'était peut-être plus feutré, mais toujours authentique et sincère.

Votre style est empreint d'une touche d'humour. Est-ce une volonté de votre part ?

Oui, je voulais que ça transparaisse. Mon directeur d'antenne Florent Houzot nous fait des retours, mais la personnalité de chacun est respectée. Si l'on est venu chercher Benjamin Da Silva, Mary Patrux, c'est parce que ces personnalités fortes ont un caractère très marqué. Mary ne s'est jamais prise pour une autre, elle est dans la vie comme elle est à l'antenne : naturelle, spontanée, souriante, mais rigoureuse aussi. Tout le monde n'est pas comme ça. Moi je ne voulais pas du tout changer la personne que j'étais. Mais on change tous. La personne que l'on est maintenant n'est pas la personne que l'on est cinq ans après. On acquiert plus de maturité, plus d'assurance. La relation avec le consultant, c'est pareil. Au départ on apprend à se connaître et on devient de vrais amis. C'est une osmose qui se crée au fur et à mesure. Une histoire d'amour ce sont des pièces qui s'assemblent. C'est la même chose pour la manière de commenter.

Autre caractéristique de vos commentaires : votre manière de vous enflammer ! Vous donnez l'impression de vivre le moment.

Oui, c'est exactement ça ! Les réseaux sociaux sont parfois des autoroutes pour des véhicules cabossés ou de magnifiques berlines. Mais parfois, il y a des voitures avec des émanations toxiques. Il y a de tout. J'ai été très impacté par les commentaires négatifs, mais je les comprends totalement car on fait un métier complètement humain. On aime ou l'on n'aime pas. Moi, je suis très volubile, je vis les choses passionnément, la mesure ne fait pas forcément partie de mes qualités premières, même si je me suis un peu assagi avec le temps. Quand j'entends Matthieu Lartot sur le Tournoi des Six Nations, j'adore. Il apporte de l'intelligence, de la finesse, de la culture, mais aussi de l'émotion. Et moi, je voulais faire les choses comme ça. Quand je parlais de 1986, c'est ça qui m'a transporté. Dans un monde suffisamment antagoniste, dans lequel les crises se succèdent, où le bonheur n'est pas toujours présent au quotidien, il y a des oasis de bonheur qui subsistent. Le sport en fait partie. La transmission d'émotions est essentielle. Et pour transmettre des émotions il faut être emporté, s'émouvoir, s'enthousiasmer. Moi je suis comme ça dans la vie. Parfois, je peux me mettre à pleurer devant un film. Tout doit être vecteur d'émotions. Ça doit susciter des réactions, de l'emportement, des choses enamourées, pour penser à autre chose le temps d'un match.

Ce côté clivant, avez-vous avez fini par vous y habituer ?

Oui, totalement. J'ai mûri, j'ai eu des enfants. J'ai été très très marqué par les commentaires négatifs. Ça me minait. Je passais des nuits blanches, j'en pleurais. Mais le jour où l'on comprend qu'il ne faut pas essayer de plaire à tout le monde, on s'absout de tout ça. On essaie de plaire au plus grand nombre, on se met en danger, mais attention c'est relatif, on n'est ni des chirurgiens ni des infirmiers. Mais on transmet des émotions, donc ça peut ne pas plaire. J'entends que les gens puissent dire : « Villechaize, arrête de gueuler ! » Moi, je vis les choses comme ça. Ma femme n'en peut plus de moi quand je regarde les matchs à la maison. Certains disent que le commentateur doit rester dans un cadre, ce n'est pas comme ça que j'aime le sport. Moi, il doit m'emporter ! Anne-Sophie Bernadi sur La Chaîne L'Équipe, j'adore ! Quand elle part comme ça, moi je suis devant ma télé et je kiffe, tu sens qu'elle vit le truc. Je suis très fan et très client des commentateurs qui t'emportent.

Parlons du devoir d'objectivité. Êtes-vous davantage sur la retenue lorsque vous commentez une équipe que vous appréciez ?

Il y a deux choses. Pour l'équipe de France, je pars du principe que l'on ne me demande surtout pas d'être objectif parce que je ne peux pas l'être. Mais effectivement c'est différent pour les compétitions domestiques ou continentales quand deux équipes françaises s'affrontent. Lorsque Nantes et le PSG se rencontrent en demi-finale de la coupe d'Europe il y a quelques années, puis qu'on enchaîne sur un Nantes-Montpellier en finale, là j'oublie tout. On m'a parfois reproché d'être pour le PSG. J'ai été abonné à Auteuil, au Parc des Princes entre 1992 et 1994. J'ai grandi avec le Paris Saint-Germain, mais je suis supporter uniquement au foot. Dès lors que tu te crées un réseau, des amis dans le milieu, tu ne peux plus être subjectif, c'est impossible. J'ai des affections électives. J'aime beaucoup Nîmes, car j'adore son président qui est un ami. J'aime Saint-Raphaël, car ma femme est de là-bas, ma fille y est née. Nantes, parce que je trouve le public incroyable. Paris, j'ai eu beaucoup d'amour pour cette équipe, comme Montpellier, que j'accompagne dans les compétitions internationales. Mais en championnat, on oublie tout. On a une espèce de terreau, qui est notre histoire personnelle, sur lequel poussent diverses variétés de fleurs. Des fleurs qui peuvent s'épanouir même si elles n'ont pas toutes la même couleur et qu'elles ne sentent pas pareil. Pourtant on les trouve toutes belles et on peut faire un beau bouquet.

La relation avec le consultant est un aspect redondant de ce livre. La vôtre, avec François-Xavier Houlet, dépasse le cadre du travail.

Grâce à beIN, j'ai la chance de me déplacer sur les compétitions internationales. Trois semaines tous les ans, qu'on passe ensemble. C'est la seule personne qui m'accompagne, mon seul lien social, au-delà des joueurs pendant les matchs. On prend l'avion, le train ensemble, on échange des heures entières, mais pas que sur le hand. En fait, tu es sûr d'écouter la meilleure musique du jukebox, car c'est toi qui la choisis. Tu mets une pièce et c'est Père Castor : il te raconte tout. Il est omniscient, généreux. Les gens se demandent comment on travaille, mais on se connaît par cœur. Je vois les jours où il est un peu moins bien. Lui aussi sent quand j'ai un moment de moins bien dans la vie. C'est comme le yin et le yang, on s'équilibre. Ce lien très fort se ressent au micro. Je connais sa famille, ses filles. Il a une femme merveilleuse. J'ai l'impression de faire partie de sa vie et lui fait partie de la mienne. Cette alchimie-là est essentielle car, encore une fois, on fait un métier profondément humain. C'est une rencontre géniale. Un hasard heureux. C'est un peu Montaigne : « Parce que c'était lui, parce que c'était moi. » Il a changé énormément de choses dans ma carrière. Pour moi il est dans la catégorie des Jacques Monclar. Si je ne l'avais pas rencontré, peut-être que j'aurais arrêté avant. Mais j'ai tellement adhéré à sa manière de voir les choses... Je suis impétueux, vif, sanguin. Lui c'est la glace, il est doux, rond.

Le handball reste un sport de niche. Endossez-vous parfois le rôle de promoteur ?

Oui et c'est très important pour moi. Je fais les choses par passion, par amour pour le sport que je commente. Ces liens que l'on peut tisser avec les joueurs, on ne les a pas forcément dans d'autres sports. On est comme des ambassadeurs. T'as l'impression que t'as un petit bout de glace dans l'Antarctique, mais en dessous c'est un iceberg. La base est dense, solide et on a envie que ça remonte à la surface. On est un facilitateur pour donner de la lumière au sport que l'on aime. Un club, ce ne sont pas seulement sept joueurs sur un terrain. C'est une association, des licenciés. Je m'investis auprès de la fédération, des ligues. Dès que je le peux, je donne de mon temps pour la promotion du sport.

Est-ce aussi la raison de votre forte présence sur les réseaux sociaux ?

Je ne me pose pas la question. Je fais le distinguo entre Twitter et Instagram. Twitter, c'est un moyen d'information. Je détourne souvent les choses pour ne pas me prendre au sérieux. Bien sûr, si l'on s'en sert, c'est aussi pour faire la promotion du sport, donner des rendez-vous : à telle heure, sur telle chaîne. Et encore, je n'ai pas une énorme communauté, je fais les choses sans calcul. Je sais à qui je dois en référer : les abonnés et mes chefs.

Sentez-vous l'impact des succès récents de l'équipe de France sur les audiences et le nombre de licenciés ?

Chaque grande compétition crée un appel d'air. Et sans doute encore plus les Jeux olympiques. La meilleure vitrine d'un sport, c'est son équipe nationale. Les succès des équipes de France, filles comme garçons, ont été un vecteur immense du développement. La manière dont on accède à un sport, c'est aussi l'image qu'il renvoie et en termes de succès le handball est hors-catégorie. Parmi les plus belles audiences de beIN Sports il y a bien évidemment le football, mais il y a aussi la finale du championnat du monde en France en 2017. On a plein d'exemples comme ça où l'on a fait des audiences incroyables, car c'est fédérateur et rassembleur.

Lorsque TF1 a décidé de diffuser du handball, il se dit que Grégoire Margotton vous a demandé des conseils. Est-ce vrai ?

Grégoire, c'est lui qui a dit ça, mais il est dans l'humilité totale. Il est solaire et bienveillant. On se voit de temps en temps, on a dîné ensemble en début d'année, la veille de la finale du Mondial à Stockholm. Il a toujours été très bon avec moi. Il ne joue pas un rôle, il est comme ça. Dans son humilité, il a décidé un jour de m'appeler, alors qu'il n'avait pas besoin. Il avait tout écouté, regardé les matchs de championnat. Quand tu es talentueux et que tu mets le travail au profit du talent, et bien tu deviens Grégoire Margotton.

Cet appel, n'était-ce pas aussi une forme de reconnaissance et une sorte de consécration ?

Je me souviens très bien, je donnais un cours en école de journalisme et j'ai reçu un message de Grégoire Margotton. Je suis tombé des nues ! Je me suis senti comme un petit enfant. J'étais un peu gêné, j'ai toujours couru après cette légitimité, mais Grégoire n'a pas besoin de moi et de mes conseils. Il l'a fait par bienveillance. C'est comme lorsque tu as acheté ton billet, que tu sais que t'es en règle, mais que tu le montres quand même au contrôleur. Il est sur un grand groupe, il doit être plus œcuménique. Il fait plus de pédagogie, son public est moins marqué handball. Il laisse la technique à son consultant. Il n'y a pas de concurrence malsaine entre nous. Quand les matchs sont diffusés en même temps sur TF1, ça apporte un rayonnement. On fait toujours de meilleures audiences que sur les matchs d'avant. On gagne en visibilité, c'est vertueux.

Quel est votre meilleur souvenir au micro ?

C'est ma première expérience internationale. Les mondiaux au Qatar en 2015. On est en colonie de vacances avec Mary Patrux, Jackson Richardson, mais avec énormément de travail au quotidien. Le Qatar se construisait. C'était il y a huit ans et c'était déjà immense. Et puis on a eu le plaisir d'accompagner les Bleus jusqu'au titre pour la cinquième étoile, c'était irréel. Un privilège. Je me souviens de la demie face à l'Espagne, puis d'une phrase que j'ai sortie comme ça, je ne sais pas pourquoi : « Prosternez-vous, peuple de France ! »

L'autre grand souvenir, c'est la finale à Bercy face à la Norvège. Là je n'ai pas pu retenir mes larmes. En termes d'émotions, c'est le moment le plus incroyable de ma vie professionnelle. Il y avait 12 000 personnes, c'était fou, un volcan en ébullition. Je suis sorti de moi-même ce jour-là. J'enlevais mon casque de temps en temps pour me nourrir de l'ambiance. Quand j'ai des moments de moins bien, je repense à cet instant de grâce, suspendu : un peuple uni, une équipe victorieuse, un moment d'histoire du sport français. J'ai essayé d'être le vecteur de cette émotion. Et les jeunes m'en reparlent aujourd'hui. Avec le recul, je suis content d'avoir apporté une toute petite part de l'émotion qui va rester dans leur souvenir.

Racontez-nous votre anecdote secrète...

Ça n'aura échappé à personne, mais beIN est du même groupe que le PSG. Au début on avait le privilège de voyager dans l'avion des joueurs. C'était un rêve pour moi, j'étais à Disneyland. Je montais et descendais toujours le dernier de l'avion. On a eu la chance de faire des déplacements en Ukraine, en Russie, au Monténégro, en Roumanie... Et je me souviens d'un match à Skopje en Macédoine. Dans la salle on était avec des animaux sauvages, des sangliers. Et moi, j'étais avec mon petit costume trois pièces, limite tu devais échapper aux sièges qu'on te balançait. Mikkel Hansen avait dû être escorté, il s'était fait cracher dessus. C'était chaud et moi je commentais de manière tout aussi enflammée que d'habitude. Paris a gagné et j'ai vraiment cru que j'allais me faire découper. Il y avait des types qui se retournaient vers moi et qui avaient trois doigts, j'ai flippé. On s'était fait escorter jusqu'à l'aéroport. C'était à l'ancienne. C'est ce que j'aime dans ce métier : vivre des expériences hors du commun. Avec le recul, je suis trop heureux d'avoir vécu ça.

BENJAMIN DA SILVA

« PENDANT QUINZE JOURS, JE SUIS RESTÉ À L'EXTÉRIEUR, JE FAISAIS UN "SIT-IN" LE MIDI, DEVANT CANAL+. »

« Bombazo », « Golazo », ces mots résonnent aujourd'hui, dans l'imaginaire de tout fan de foot, comme marqués de la patte Benjamin Da Silva. Le journaliste de 46 ans commente depuis une décennie et avec panache l'un des feuilletons footballistiques les plus suivis sur les antennes de beIN Sports : la Liga Española. Son duo avec l'Argentin Omar Da Fonseca a conquis le cœur des téléspectateurs. Il respire la bonne humeur – parfois la fantaisie – dans un style purement sud-américain. Depuis l'an dernier, leurs rires, leur joie communicative et leur complicité leur ont valu l'honneur de devenir les voix du jeu vidéo « FIFA ». Benjamin Da Silva nous reçoit un soir d'hiver dans les locaux de beIN Sport à Boulogne-Billancourt. Il nous montre d'abord son bureau, dont le fauteuil est recouvert par un maillot de l'Argentine. Puis il nous ouvre les portes des salons de réception, au dernier étage de l'immeuble. Nous prenons place dans un canapé cossu avec vue panoramique sur la tour Eiffel. Quelques instants plus tard, l'interview peut enfin démarrer. L'occasion pour nous d'évoquer son parcours atypique, sa rencontre avec Omar, son amour du foot espagnol et l'influence des commentateurs latins.

D'où la passion du foot vous vient-elle ?

C'est l'enfance. J'ai de vagues souvenirs de chez mes parents, on avait une petite télé blanche, mais impossible de situer l'époque. Je devais avoir quatre ou cinq ans. Ensuite, j'ai vite voulu jouer au foot, je me suis inscrit en club. Je vivais à Malakoff dans les Hauts-de-Seine, je jouais pour le plaisir, je partais faire des stages de foot l'été, je savais que je ne pourrais pas devenir professionnel. Je n'étais ni passionné, ni doué pour les études. Je me suis dit qu'il fallait que je parvienne à vivre du foot. C'était le seul truc qui me passionnait. C'était l'époque des débuts de Jour de Foot, de L'Équipe du dimanche. Je me suis dit : « Ouah, j'ai vraiment envie de faire ce métier ! » Pendant un an, lorsque j'étais en poussins, j'avais un entraîneur que j'aimais beaucoup, qui s'appelait Christian Delcourt. Et un jour, il a arrêté. J'étais hyper frustré ! Puis un soir, je le vois sur Canal+. Alors, le jour où j'ai eu mon bac je me suis dit qu'il fallait que je fonce. Je n'avais pas le niveau pour faire les écoles de journalisme. Je m'étais inscrit en fac de droit, mais au bout de deux semaines j'ai quitté l'amphithéâtre, c'était un enfer. À l'époque, il n'y avait quasiment que Canal+ qui diffusait du foot, donc je suis parti taper à leur porte. Ils m'ont dit : « Vous n'allez pas rentrer comme ça dans les locaux ! » Donc, pendant quinze jours, je suis resté à l'extérieur, je faisais un « sit-in » le midi, devant Canal+. C'était pour moi le seul moyen d'intercepter les journalistes qui sortaient déjeuner. Les Besnard, Margotton, Gilardi, Linette... Dès que j'en voyais un, j'allais le voir : « Bonjour je m'appelle Benjamin je rêve de faire ton métier, qu'est-ce que je peux faire ? » Et puis un jour, je tombe sur Margotton, il me dit : « Tu ne vas pas rester dehors dans le froid, viens je te paie un café. » Il me fait monter dans la rédaction. J'étais hyper intimidé. Quand je suis arrivé, je lui ai demandé si Christian Delcourt était là. Il était à son bureau.

Je me suis présenté en lui disant qu'il m'avait entraîné au foot dix ans auparavant. Je lui ai fait remonter quelques souvenirs, j'avais des feuilles de matchs, des photos, des calendriers. Il s'est rappelé de moi et m'a dit : « Ok Benjamin, je ne sais absolument pas ce que tu vaux, mais je vais essayer de t'aider. » Au départ il m'a demandé de rédiger des articles et de les lui envoyer par mail. Je lui envoyais et il me donnait des conseils. C'est la plus belle rencontre professionnelle de ma vie, s'il n'est pas là je pense que je n'y arrive pas ! Parce qu'il m'a ouvert les portes. Je l'appelais souvent. J'entretenais le contact. Il m'amenait avec lui en reportage. J'ai énormément observé. Et puis un jour, il m'a fait commenter un extrait de Jour de foot à la volée. Pour une première il avait trouvé ça bien. Progressivement, il m'a donné des conseils. Enfin, il m'a tout appris, sur le rythme, le phrasé, les techniques d'écriture, les intonations, le débit. Je notais tout. Je m'enregistrais tout seul chez moi sur des résumés de matchs et je lui envoyais. Ça a commencé comme ça.

Quels commentateurs ont marqué votre jeunesse ?

J'ai plus de souvenirs de joueurs. J'étais un fan d'Amoros, de Caniggia, Maradona. L'équipe de France me faisait vibrer aussi. Il y a des commentateurs que j'ai aimés, mais je ne les ai jamais idolâtrés. J'adorais Philippe Bruet. Je me disais que j'aimerais être comme lui. Il était hyper pro, toujours de bonne humeur, agréable à écouter. Charles Biétry aussi, c'était un conteur. Il avait des anecdotes sur les joueurs et les équipes. Et puis Gilardi évidemment, c'est classique.

Quels sont vos premiers grands souvenirs de foot ? Il parait que la Coupe du monde 1998 vous a marqué ?

Mes souvenirs vraiment forts, ils sont bien avant tout ça. J'ai eu la chance très tôt de pouvoir aller sur les stades. Je me suis retrouvé à Bari pour la finale de C1, Marseille-Étoile Rouge. Mon père me savait passionné, il m'amenait avec lui. J'étais à la finale de la Coupe du monde 1990, c'est un truc de fou quand j'y repense. J'étais à l'Euro 1992 en Suède, celui de 1996 en Angleterre. On allait au Parc des Princes également très souvent. J'ai eu la chance de pouvoir entretenir cette passion très tôt.

Expliquez-nous votre cheminement à Canal+. Comment en arrivez-vous à commenter du football en direct ?

C'était ce que je voulais. J'étais parti là-dessus dès le départ. C'était tracé. Je ne voulais pas partir sur une autre voie. J'ai fait des démos, plein d'enregistrements. Puis un jour un mec à la prod m'appelle pour commenter un match sur le Kiosque, c'était l'équivalent du Multifoot. Mes premiers matchs, c'était de la Série A. Faire ça m'a permis d'accéder à d'autres chaînes, notamment Ma Chaîne Sport. À l'époque les besoins étaient sur les championnats étrangers.

Quels sont les conseils que Christian Delcourt vous donne au départ ?

Il m'a toujours dit qu'il fallait que je me distingue et que je me différencie des autres. Il voulait que j'aie ma personnalité, mon style. Une originalité. Et puis des conseils beaucoup plus techniques sur le phrasé.

Comment s'opère votre transfert de Canal+ à beIN Sports en 2012 ?

J'étais pigiste pour Canal+, j'étais bien installé, je faisais de la Ligue des champions, de la Ligue Europa, des championnats tous les week-ends. J'étais bien implanté, mais je n'avais pas de CDI. C'était ce que je cherchais. Pour la sécurité et pour évoluer dans une hiérarchie. J'entends qu'une chaîne va se lancer avec le Qatar et Charles Biétry à sa tête. J'appelle Christian Delcourt qui était très proche de Charles et je lui dis : « Essaie de voir si tu peux faire quelque chose pour moi, file-lui mon CV ou mon DVD. » Il a fait beaucoup de son côté. Des journalistes que je connaissais bien s'étaient fait embaucher, notamment Julien Brun. J'ai fait un courrier avec un CV et une lettre de motivation à Florent Houzot. Il m'a reçu le lendemain et il m'a embauché lors de l'entretien. Il me dit immédiatement que c'est pour la Liga. C'était déjà un droit très important pour la chaîne. Mais je pensais faire Séville, Osasuna, Valence. Pas le Real et le Barça !

L'aventure démarre fort !

Les premiers plannings tombent et je me retrouve au Camp Nou à commenter FC Barcelone-Real Sociedad avec Sonny Anderson ! Première fois de ma vie que j'allais là-bas. Le Camp Nou avec Sonny, tu mets un quart d'heure à arriver au poste-commentateur, car tout le monde l'arrête, tout le monde le connaît. C'était très spectaculaire d'entrée de jeu. Je me suis mis la pression : « Il faut que je sois bon, sinon on va me mettre sur d'autres matchs. » J'avais fait très peu de commentaires sur site. J'étais allé à Montpellier, à Lyon pour Canal+, mais là au Camp Nou quoi ! (*Il se marre*) Deux jours avant, Charles Biétry m'avait dit : « Tu sais Benjamin, moi je n'ai jamais été commenter au Camp Nou ! » Ah ouais, la pression !

Expliquez-nous la différence entre commenter en cabine et sur site ?

Ça n'a rien à voir ! Ce n'est pas le même métier. Dans le stade, c'est dix fois plus puissant. Tu ressens dix fois plus d'émotions. Tu vois le jeu différemment. Ce n'est pas la même chose pour la voix non plus. Parce que quand je commente en cabine, l'ambiance du stade, je la mets toujours très forte, pour être un maximum en immersion. Quand tu es au stade, tu n'as pas besoin et sans t'en rendre compte, tu hausses ta voix. Il m'est arrivé sur certains matchs de finir avec la voix fatiguée. J'ai appris, je suis allé voir un ORL. Dans un stade c'est de l'adrénaline. Quand tu commentes dans une cabine, c'est généralement sur des télés qui sont encore plus petites que celles sur lesquelles les gens regardent le match chez eux. Le téléspectateur voit mieux que nous.

Sur beIN, vous êtes connu pour votre duo avec Omar Da Fonseca, comment effectuez-vous sa rencontre ?

Au départ, j'étais avec Sonny Anderson, mais j'ai fait très peu de matchs avec lui. Puis un jour, on me dit que je vais passer avec Omar. J'avais déjà commenté un ou deux matchs avec lui quand j'étais pigiste sur Canal, dont un Real Madrid-Getafe. Avec Sonny, l'exercice me plaisait aussi. Mais avec Omar c'est différent. (*Il hésite*) J'ai tout de suite adoré. Déjà le personnage. Celui que tu vois dans la rédaction, puis le bonhomme à l'antenne. C'est quelqu'un qui est différent. Ça me plaît d'être avec quelqu'un qui propose autre chose, plutôt qu'avec un autre consultant plus classique avec un ton plus consensuel, avec des phrases plus lisses. Avec Omar, je me suis dit tout de suite qu'on pouvait faire quelque chose de très bien.

Omar Da Fonseca semble prendre beaucoup de place à l'antenne, avez-vous dû adapter votre commentaire ?

Oui, mais ça s'est fait naturellement. L'un des premiers conseils qu'on m'a donnés au début, c'était de mettre en valeur le consultant et le journaliste bord de terrain. Je n'ai jamais fait ce métier en pensant à moi. J'ai bien vu qu'Omar prenait beaucoup de place, mais moi ça ne me dérange pas, au contraire.

Il prend plus de place que les autres. Je m'adapte, mais c'est hyper facile. Avec Omar, il faut parfois savoir s'effacer, mais il faut aussi savoir exister, ne pas être mangé par sa personnalité. Il faut mixer les deux. Je me suis adapté au départ, mais j'ai adoré le bonhomme, le personnage.

Votre complicité se propage-t-elle également en dehors de l'antenne ?

Ah, mais attendez... Omar, il est entré dans ma famille ! C'est mon tonton. Il connaît toute ma vie, tous mes problèmes, tous mes bonheurs. Je suis heureux de travailler avec lui, je me sens privilégié aussi. Si un jour le duo s'arrête, franchement, je ne sais pas ce que je ferai. Je vous le jure. Parce que ça prend tellement de place dans mon cerveau et dans mon cœur... Je sais que ça s'arrêtera un jour et je me pose la question de ce qui se passera. On se dit tout, on parle de la famille. C'est un ami, un confident. On est heureux de se retrouver, de partir commenter.

L'une de vos caractéristiques lors de vos commentaires, c'est aussi de rire sur les buts, quand Omar s'enflamme...

Oui, je le vois et surtout, je l'entends ! Je ne m'autorisais pas ça au début. Être avec lui, ça m'a permis de me libérer. Lui, il est tellement naturel, sans filtre, que j'essaie d'être comme ça aussi, un peu plus cool, un peu plus humain en tant que journaliste. C'est naturel, sur certains buts je sais qu'il faut que je le laisse, que ça sorte !

Autre particularité : les mots que vous utilisez, à l'instar de « Bombazo », « Golazo »...

C'est à force d'écouter les commentateurs espagnols. Je regarde tous les résumés des matchs de Liga. Je les vois en VO. Quand je commente un match en cabine, je mets toujours le commentateur espagnol en fond sonore, en me disant que s'il est au stade il verra sans doute quelque chose que je ne vois pas. J'essaie de m'imprégner de ça. J'adore cette façon de commenter le football. Je vais souvent sur YouTube et je regarde les best of des commentateurs sud-américains. Je les écoute beaucoup, j'adore la musique, le rythme. Donc voilà, je ressors ces termes un peu naturellement. Mais bon, j'en sors deux ou trois, eux ils en ont cinquante !

Les commentateurs sud-américains ont-ils eu une influence sur votre style ?

Complètement. J'adore ! Déjà avant la Liga. C'est enflammé, extraverti. La musique de la langue s'y prête. Moi je préfère ça aux commentateurs anglais qui sont plus sages. C'est un style plus posé, plus calme, moi j'ai besoin que ça parte.

Vous avez couvert deux Coupes du monde : en 2014 au Brésil et en 2018 en Russie. Est-ce le Graal ?

Ah, la Coupe du monde sur site, c'est le rêve ! En plus, pour la première, je ne suis à beIN que depuis deux ans. On part un mois en Coupe du monde au Brésil ! Quand t'es commentateur de foot, un Mondial au Brésil... C'est mon plus grand souvenir ! J'ai suivi l'Argentine et l'Espagne. La Russie, c'était génial aussi. Mais Brésil 2014, c'est encore plus fou. Le déroulé de la Coupe du monde est exceptionnel. L'Argentine galère contre l'Iran, il y a des buts de Messi incroyables, les Argentins sont présents en masse dans les stades, ça chantait, c'était juste dingue. Et puis il y a ce fameux match Espagne–Pays-Bas, où Omar sort sa phrase « l'amour sans préliminaire ». Pour la petite anecdote, on n'aurait jamais dû commenter cette rencontre. Ceux qui devaient le faire ont eu un souci avec leurs billets d'avion et on s'est retrouvés sur ce match. Puis, j'ai rencontré Maradona, mon idole. À l'hôtel un jour, je le vois traverser avec dix gardes du corps et je dis à Omar : « Écoute, il faut absolument que je fasse une photo avec lui. » À un moment, il était à la salle de sport de l'hôtel, sur le tapis. On l'attendait à la sortie comme vingt-trente personnes et j'ai eu ma photo. Le Brésil c'était fou pour ça, j'ai vu plein d'idoles de jeunesse, comme Boban.

En 2018 en Russie, Omar débarque en retard à un match. Comment gérez-vous ce moment ?

Aaah ouais ! Bon j'avais commenté des milliers de matchs en solo avant d'arriver à beIN. Ce jour-là, j'avais mon téléphone à côté de moi, je voyais qu'il m'envoyait des messages (*il l'imite avec l'accent argentin*) : « Mais voilà, je suis perdu à Moscou, le taxi, il m'a emmené à l'autre bout… Je te jure ! » Il est arrivé vingt minutes après le coup d'envoi. J'ai reçu un ou deux textos de chefs : « Il est où Omar ? » En Russie, ça ne parle pas espagnol, ça parle très peu anglais, si tu ne parles pas russe, tu es vite en difficulté. Donc le taxi l'a emmené à l'autre bout de la Terre !

Quels sont les matchs les plus intenses que vous ayez eu à commenter ?

Les Real-Barça ! Surtout la grande époque avec Bale, Benzema, Ronaldo, Messi, Suarez, Neymar, Modric, Iniesta, Xavi, Ramos… C'était le summum. C'étaient les matchs les plus forts !

Que souhaitez-vous apporter en priorité lorsque vous commentez ?

J'ai besoin de beaucoup travailler en amont parce que ça me met en confiance. J'ai des sites favoris à partir desquels je fais moi-même mes stats. J'analyse les résultats, les performances des joueurs. Ça me met dans le match. Et ensuite je complète avec les dossiers qu'on nous envoie. Je lis énormément la presse locale, les sites des clubs. Après, j'essaie de donner le minimum de stats. J'en prépare, mais il ne faut pas que j'en donne trop. Ensuite à l'antenne je n'ai pas de prétention, je me considère un peu secondaire. Pas totalement, mais un peu. C'est mon travail de bien commenter le match. Mais celui qui le regarde ne le fait pas pour moi. Il le regarde pour les joueurs, pour l'ambiance, pour le public, le stade. Moi j'essaie de faire mon métier du mieux que je peux, j'essaie d'être à fond sur les émotions, beaucoup plus que sur les chiffres. C'est ce que j'aime. Je veux vibrer ! Ce que j'essaie de transmettre c'est le côté émotionnel, la passion. La bonne humeur, c'est hyper important ! Le sourire ! On a la chance de faire un beau métier, dans de bonnes conditions. Je n'ai pas envie que la personne qui nous regarde s'ennuie. Charles Biétry nous disait : « Il faut que vous soyez sympa à l'antenne ! » Donc j'essaie d'être sympa. L'émotion vient du moment, du match, du but.

Un moment a marqué les esprits cette saison : le fameux Atlético-Bayer Leverkusen (*Yannick Ferreira Carrasco manque un penalty dans le temps additionnel et Benjamin s'écrie : « Truc de ouf ! »*)

(*Il coupe*) Ah ouais, là j'ai craqué j'avoue ! Il y a beaucoup de choses. Déjà, je me suis senti un peu chez moi. Je passais un bon moment, c'était un bon match. J'étais tout seul dans ma cabine puis il y avait des gros matchs à côté. Je me disais : « Les gens regardent le Barça contre le Bayern. » Ce qui se passe c'est qu'il y a le corner, la main et l'arbitre siffle la fin du match. Donc moi je dis que c'est terminé et j'annonce que l'Atlético est éliminé de toutes les coupes d'Europe. Puis je vois l'arbitre qui fait ça (*il mime le geste du VAR*), et je me dis : « Non ! Il va leur donner le péno ! » Effectivement, il y a le VAR, tu vois la main. Et dans ma tête, je me fais la réflexion : « C'est pas possible. » Car pour moi l'Atlético, c'est une équipe qui a beaucoup de chance. 98e minute de jeu, ils sont éliminés et puis non ! Penalty ! Et finalement le gardien le sort, ça repart sur la barre. Et là c'est sorti tout seul, naturellement, comme si j'étais devant ma télé, ce qui est un peu problématique, car parfois il ne faut pas trop s'emporter non plus...

Prenez-vous conscience immédiatement de ce que vous venez de dire ?

Non ! Je suis encore dans le plaisir, dans l'euphorie du moment. Tu perds parfois le contrôle, les mots. Bon, tant que je ne dérape pas, ça va. J'ai commencé à voir les notifications et à croire que j'avais dit une connerie ou fait une boulette sur un joueur. (*Il rigole*) Et puis non pas du tout, c'est juste l'extrait qui était sorti.

Vous êtes aujourd'hui le commentateur du jeu vidéo FIFA. Est-ce une forme de consécration ?

Ouais, c'est une consécration de dingue ! Pour FIFA 2023 on a été contactés un an et demi avant la sortie du jeu. C'est le boss d'Electronic Arts qui m'envoie un texto. Il m'explique qu'il veut me parler par Zoom. On cale ça le lendemain, mais il ne me dit pas pourquoi. Je suis tout excité dans ma tête. Je reçois l'invitation et je vois qu'il y a les directeurs marketings et financiers. Donc là j'ai commencé à me dire : « C'est sans doute pour FIFA. » J'avais eu des échos comme quoi ils allaient changer les commentateurs et je savais que beaucoup de gens poussaient pour nous. On fait la réunion et là ils m'expliquent enfin que c'est pour FIFA ! Ils me demandent si je suis partant et j'essaie de faire le mec un peu distant. Mais ils m'ont dit quelques semaines après qu'ils avaient vu tout de suite à ma réaction que j'étais chaud ! (*Rires*)

Comment se passe un enregistrement FIFA ?

C'est un péplum. Un truc de titan. Ça a duré un an, car il fallait refaire tout le jeu. Toutes les séquences, toutes les phases de jeu, pour toutes les équipes et tous les joueurs. C'est hyper répétitif. La première année j'ai fait 3 ou 4 séances par semaine, des séances qui duraient entre 3 et 6 heures. C'était un truc de fou, un travail incroyable ! Tu fais ça en studio avec un directeur artistique et un ingénieur du son, face à un écran noir. Tu as zéro image et des lignes qui s'enchaînent. Il faut les sortir. À ta manière. On avait la liberté totale de se les réapproprier. Il faut s'imaginer le contexte, tu as plein de phrases qui doivent fonctionner pour plusieurs équipes et pour plusieurs joueurs. Ce que les gens ne savent pas quand tu joues au jeu, c'est que le nom du joueur a été ajouté à la phrase. Tu commences une phrase en février, tu dis : « Bonjour, bienvenue au stade de Manchester City pour cette rencontre. » En mars tu fais la suite… Ça a duré un an. C'est un puzzle monstrueux. Mais j'étais trop heureux de le faire, trop fier. C'est une forme d'aboutissement. Je me demandais si ça allait marcher, si les phrases allaient bien s'assembler. Car tu enregistres des phrases pour des séquences de jeu proches de la surface, ensuite pour le milieu de terrain, etc. Il faut toujours avoir le bon rythme, sinon ça sonne faux. Il n'y a aucune continuité, si tu écoutes deux ou trois phrases, aucune n'a été enregistrée au même moment. Mais c'était génial ! En plus on a signé pour plusieurs saisons. On est sur du long terme. C'est le jeu vidéo de mon enfance, j'y passais mes nuits.

Que peut-on encore vous souhaiter ?

J'ai fait des Clásicos, des Coupes du monde, des Copas America. J'ai réalisé plus que ce dont je rêvais. Après, ce seraient des bonus. J'aimerais commenter à Old Trafford, à San Siro. Un Boca-River à la Bombonera ! Avec Omar évidemment. Ça, je pense que ce serait une vraie expérience à vivre. Un Old Firm, sur le terrain des Rangers ça me tente bien aussi. Je suis plus attiré par des stades, des lieux.

LIGUE 1
Uber Eats
prime video

JULIEN BRUN

« JE SUIS UN BÉNI-OUI-OUI DU FOOT. MÊME LES ÉMOTIONS NÉGATIVES NE DURENT PAS ASSEZ LONGTEMPS POUR ME GÂCHER LA VIE. »

Il est 9 h , un vendredi matin de novembre. Sur le boulevard de Port-Royal, dans le Ve arrondissement de la capitale, Julien Brun nous a proposé un rendez-vous à la Terrasse Saint-Jacques, un bistrot situé non loin de son lieu résidence. L'un des commentateurs star d'Amazon Prime Video, diffuseur principal de la Ligue 1, débarque vêtu d'un bas de survêtement noir et d'un sweat à capuche à l'effigie d'un de ses musiciens préférés. Fatigué, les yeux encore brumeux, il commande un chocolat chaud et une tartine de beurre avant de lancer sa première plaisanterie de la matinée : « Vous m'avez sorti du lit ! » Pour lui, les semaines à venir ne seront pas de tout repos. Quelques heures après notre rencontre il est attendu à Troyes afin de commenter Troyes-Auxerre, puis il prendra la direction de Marseille, pour raconter le toujours très bouillant duel des Olympiques. À 44 ans, Julien Brun l'admet sans détour : il « mène la belle vie ». Celui qui s'est fait connaître entre 2013 et 2020 par son vocabulaire et son sens de l'humour sur les antennes de beIN Sports s'apprête alors à vivre un mois de novembre mémorable. Prêté « sans option d'achat » par Amazon à TF1, il aura l'occasion de commenter sa troisième Coupe du monde. Sa première au micro de la chaîne historique française. En attendant le Qatar, Julien Brun inaugure notre bal d'entretiens, laissant entrevoir une réflexion poussée, quasi intellectualisée, de sa profession.

D'où vous vient la passion du football ?

J'ai l'impression que c'est un truc qui a toujours été là. J'avais un grand frère qui avait huit piges de plus que moi et qui pratiquait. À la maison, on avait une petite table basse, c'étaient les buts et une petite balle en mousse avec laquelle on jouait. J'ai grandi en Picardie et à l'époque il n'y avait pas mille choix, tout le monde jouait au foot. J'ai eu ma première licence à 6 ans. Je n'ai pas de souvenir d'un élément déclencheur, mon enfance a été bercée par le foot.

Avez-vous le rêve de devenir pro à cette époque-là ?

J'ai toujours eu ce rêve-là, jusqu'à mes 33-34 ans... (*Il explose de rire*) Non je rigole, mais autour de 10-12 ans je me suis rendu compte que ce ne serait pas possible, je n'avais ni la vitesse ni le physique pour percer. En revanche, j'ai rêvé que je jouais pro, toute ma vie jusqu'à ce que j'aie 33-34 ans, et que ça corresponde à une fin de carrière d'un joueur professionnel. C'est vraiment étonnant. J'avais un rêve récurrent : avec le maillot des Bleus, mon entraîneur en Picardie et on gagnait la Coupe du monde.

Virtuellement, vous avez le meilleur palmarès du football français.

Surtout que j'ai gagné la même Coupe du monde environ 400 fois quoi ! (*Rires*)

Quelle était votre manière de consommer le foot ?

Mes parents ont divorcé et j'ai grandi avec ma mère pour qui le foot et la TV n'étaient pas des éléments du quotidien. Alors, imaginer prendre Canal+, c'était complètement dément ! Heureusement, dans mon village les gens étaient sympas et j'allais voir tous les matchs chez des potes.

Ma consommation de foot se faisait par ce biais, soit en tant que parasite chez les autres soit à la radio avec le multiplex d'Europe 1. Une fois qu'on a eu une nouvelle télévision à la maison, j'ai aussi regardé des matchs en crypté. Le PSG-Real avec la tête de Kombouaré, je l'ai regardé intégralement en crypté.

Racontez-nous votre premier grand souvenir de foot à la télé ?

L'Euro 1984, mais ce sont des souvenirs diffus, je n'avais que 6 ans. Je n'ai pas un match en particulier, mais j'ai le souvenir de barbecues chez des cousins, de l'atmosphère, du sourire des gens. Il y a Platini. Et Platini, je l'ai en poster dans notre salle de jeu. Je me souviens d'Amoros qui prend un rouge, des buts de Platini. Ensuite, je me souviens des exploits de l'OM en C1 où même dans l'Oise il y a des célébrations, les gens descendent dans la rue avec des pétards.

Il paraît qu'avant de devenir journaliste, vous souhaitiez être diplomate...

Oui c'est vrai ! Mais je pense que je ne savais pas ce que ça voulait dire. J'ai toujours été intéressé par la géographie, la politique, les relations internationales. J'ai dû lire une fiche Onisep sur la diplomatie, je me suis dit qu'être représentant de la France à l'étranger ça devait être sympa. Mais je ne ferme pas la porte hein, si quelqu'un me lit. (*Rires*)

Pourquoi choisissez-vous le journalisme finalement ?

Je crois que j'ai dû voir qu'il y avait des écoles de journalisme et pas des écoles de diplomatie. (*Il rigole*) Mais je plaisante à moitié. Ma fille, qui a grandi à Paris, connaît toutes les possibilités qui s'offrent à elle. Ce n'était pas mon cas, on n'avait pas internet, juste les gros bouquins de l'Onisep. Je ne savais pas comment devenir diplomate. Donc je me lance dans le journalisme et ça correspondait plus à ma manière d'être. Après, j'ai eu un parcours relativement classique. Je démarre une fac d'économie, mais je me rends compte que ce n'est pas ce que je voulais faire. Je passe les concours d'école de journalisme et je suis pris à Bordeaux. Je sais très vite que je vais me spécialiser, mais je ne sais pas encore en quoi. J'aimais la politique, la musique et le sport. Je voulais faire quelque chose où je n'étais pas un escroc. J'ai fait des stages dans le domaine de la politique, mais je n'aimais pas tout ce qui tournait autour. Ça m'a refroidi, ça aurait été difficile d'être objectif, dans le sens où je me sens partie prenante en tant que citoyen. Le sport, je savais que je n'en serais jamais dégoûté. Il n'y a pas que des aspects reluisants, mais je ne me suis jamais vu journaliste d'investigation, je suis incapable de faire ça, il faut connaître ses limites. Je ne connais pas les agents, je m'intéresse au jeu. Et le jeu ne peut pas te dégoûter. J'utilise le terme « jeu » sciemment. Pour moi le foot, c'est joyeux, c'est un motif de bonheur. Je n'ai jamais été supporter, je n'ai jamais pleuré de tristesse pour du foot. En revanche, les moments positifs m'ont toujours fait du bien. Un attaquant qui rate une frappe, un arbitre qui se plante, une équipe qui perd, rien ne me semble scandaleux. Cette vision positive m'est parfois reprochée. Je ne nie pas les aspects négatifs, les histoires d'argent, la violence, mais dans le domaine du jeu, je suis un béni-oui-oui du foot. Même les émotions négatives ne durent pas assez longtemps pour me gâcher la vie.

Comment surmontez-vous les épisodes les plus ternes du football ? Knysna ? L'affaire Tapie ?

Quand ce sont des histoires de corruption, de dopage, ça me navre totalement. C'est quelque chose que l'on peut judiciariser.

Le jeu en tant que tel n'est pas vicié. Knysna, pour moi ce n'est pas grave. Si la France était parvenue à se qualifier pour les huitièmes ou les quarts de finale, on aurait dit que les mecs étaient des tauliers, qu'ils s'étaient repris en main. Alors qu'ils n'étaient pas descendus du bus quelques jours avant. J'en suis persuadé. Tout dépend toujours du résultat. Il fait qu'a posteriori on voit les choses différemment. Les politiques font de la récupération, mais les footballeurs ne représentent qu'eux-mêmes. Qu'on en fasse des représentants de la banlieue ça m'exaspère. Ils sont partis à 13-14 ans de chez eux, ils ne sont pas représentatifs de qui que ce soit. Ni d'une origine ethnique ni d'une origine géographique ou sociale. Knysna n'est pas un épisode glorieux du foot, mais la réaction a été disproportionnée. Dans le fond, ce sont 23 mecs qui décident de faire la grève dans un bus. C'est *peanuts* !

Revenons sur le jeu. Il ne vous déçoit jamais... (*Il coupe*)

Ah si, il me déçoit hein ! Quand je vois les équipes de Conte par exemple, il peut me décevoir ! (*Rires*)

Les évolutions récentes du jeu, comme la VAR ou les cinq remplacements, n'affectent pas non plus votre passion ?

Je pense qu'il faut être honnête, on vit dans la plus belle ère du foot. Depuis le Barça de Guardiola, peut-être même le début des années 2000. Le jeu collectif s'est amélioré, les stars individuellement ont montré des trucs qui n'existaient pas. Quand je revois des matchs des années 1980, je me dis qu'on est gâté. Les cinq changements au début ça me semblait louche et puis finalement je trouve que ce n'est pas une mauvaise idée. La VAR je ne suis pas forcément pour. Mais c'est parce que pour moi, une erreur d'arbitrage ce n'est pas grave. La seule chose c'est qu'elle était plus acceptable avant la VAR que maintenant. On a tous des souvenirs d'erreurs d'arbitrage, qui sont finalement des moments d'anthologie du foot. Et on se prive de ça pour une vérité qui n'en est pas toujours une. Notamment sur les hors-jeu jugés aux millimètres, alors qu'il n'y a pas suffisamment d'arrêts sur image pour être aussi précis que ça. On a substitué aux erreurs humaines, des erreurs technologiques. Je n'en fais pas un combat, car la VAR récupère parfois de grosses fautes, mais je n'en attendais rien donc je ne suis pas déçu. D'un point de vue du commentateur, j'essaie toujours d'expliquer pourquoi l'arbitre prend telle ou telle décision. Je suis un transmetteur vis-à-vis des gens. J'ai la chance de savoir comment fonctionne le protocole VAR, donc j'explique les différentes étapes. Mes collègues se moquent toujours de moi, car ils pensent que je suis le meilleur ami des arbitres, mais j'essaie simplement d'être pro. La VAR met les émotions en pause, je ne crois pas que ce soit une avancée exceptionnelle, bien qu'on fantasme beaucoup la technologie, mais on s'y fait avec le temps.

Il est de notoriété publique que vous discutez beaucoup avec les arbitres. Pouvez-vous nous détailler vos rapports avec eux ?

C'est devenu un running gag. (*Il rigole*) J'ai le document de l'IFAP (*Bureau international des arbitres*) et en début de saison je regarde ce qui a changé au niveau des lois du jeu. Je fais une mise à jour. En août, j'aime aussi aller voir les arbitres pour connaître les directives qui leur ont été données. Les consignes changent et si on ne les connaît pas on peut être tenté de taper sur l'arbitre. J'ai tendance à me dire que l'arbitre ne se trompe pas sur les lois du jeu. Il peut se tromper sur une interprétation, mais pas sur la règle. Alors j'essaie de discuter avec eux pour comprendre certaines situations et être en capacité de les expliquer sur les matchs suivants, si le cas m'arrive. On prend le train avec les arbitres, avec les acteurs du foot. On les côtoie. Ne pas en profiter serait dommage. Ça me permet d'enrichir mon commentaire.

Vous avez des exemples ?

Prenons l'intentionnalité, ou pas, d'un dégagement qui remet l'adversaire en jeu. La loi ne change pas, mais les directives si. Exemple : le but de Mbappé contre l'Espagne (*Finale de la Ligue des nations, le 10 octobre 2021*). C'est la situation qui a modifié les directives. Lors de la deuxième journée de Ligue 1 cette saison, une action similaire se produit. En rentrant à l'hôtel, je vois l'arbitre de la rencontre et il m'explique que les directives avaient changé. C'est de la curiosité individuelle, mais aussi de la conscience professionnelle. Ça me frustre de ne pas comprendre. J'essaie de ne pas être un escroc, les lois du jeu ça me paraît être la base. Pourtant vous savez, je ne les maîtrise pas toutes. Je suis allé faire des tests à la VAR, et je mettais dix fois plus de temps que les arbitres à prendre des décisions. Je ne souhaite pas me substituer à eux, mais avoir la capacité d'expliquer les situations.

Vous avez aussi la volonté de ne jamais vous en prendre directement aux arbitres.

Si un arbitre se plante et que j'en ai la conviction, je le dis. Mais quand un attaquant rate seul devant le but, je le dis aussi. Je ne me considère pas comme celui qui doit dire aux gens ce qu'ils doivent penser. Je me vois comme un accompagnateur des émotions plus que comme un prescripteur. J'essaie de commenter objectivement. Je considère que parmi les gens qui nous regardent, il y a des supporters des deux équipes, des gens neutres, des enfants. Chacun a le droit de vivre le truc comme il l'entend, ce n'est pas à moi de leur dire que l'arbitre est nul. J'ai le droit de dire qu'il s'est trompé. Je suis un accompagnateur.

Je ne veux pas infantiliser les gens. Prescripteur, tu peux l'être dans une émission de débats, après les matchs. Parce que les gens choisissent de les regarder. Sur les matchs, personne ne choisit d'écouter Julien Brun. Le foot n'est pas mon moment, l'audience sera la même avec moi ou sans moi. Je suis un passeur d'émotion. Si l'émotion est à 90 % sur un but, mon objectif c'est de la monter à 95-96 %. Mais les 90 %, c'est le but. En radio, le journaliste est l'acteur majeur, mais en TV notre rôle est secondaire. Il faut l'accepter. Je considère que le match n'est pas le moment de l'éditorialisation. Le match, on en est locataire, il appartient aux footballeurs, au ballon. Choisir de se mettre en avant, ça revient à faire croire que tu as la science infuse.

Pouvez-vous insister sur les différences entre la TV et la radio ?

À la radio, s'il n'y a pas de commentateur, il n'y a pas de match. Je ne veux pas minorer mon apport. Mais sur des matchs à la télé, plusieurs fois j'ai eu des problèmes de micro et le match a continué d'exister. Les gens continuent de regarder. On est là pour accompagner, ajouter de la compétence sur des points techniques et je reste persuadé qu'un match sans commentaire est plus compliqué à suivre. Mais le commentateur est un personnage secondaire, c'est factuel, pas un jugement de valeur. Pour vous donner exemple, sur Prime Video, on part toujours avec une équipe de présentateurs et de consultants. Les gens qui aiment le foot savent qui ils sont. Nous c'est moins le cas. Personne ne choisit de regarder un match pour nous.

Vous assurez pourtant un rôle de chef d'orchestre pendant le match.

Oui, notre rôle est secondaire par rapport au programme dans son ensemble. Mais on a un rôle majeur, par rapport aux journalistes bord de terrain et aux consultants. Ceux qui sont sur la pelouse ont une vue plus partielle. Je réalise avec le temps, sans vouloir être prétentieux, que les consultants ont besoin que l'on soit les chefs d'orchestre. Mon rôle est de mettre en valeur les solistes. Au début, j'avais un peu honte de dire ça, car quand tu commentes une rencontre avec un type qui a 500 matchs de Ligue 1, c'est dur de se dire que tu es le chef d'orchestre. Surtout quand les consultants comprennent comment tout fonctionne. Des Benoît Cheyrou, Mathieu Bodmer, ou un Jacky Durand sur le cyclisme, tu sens qu'ils sont supérieurement intelligents. Mais ils sont quand même très contents de ne pas avoir à tout gérer. Le découpage des tâches permet aussi de ne pas se marcher dessus.

Reprenons le fil de votre carrière. Vous avez débuté en tant que pigiste pour différents médias. Mais il y a un moment marquant, chez Canal+, celui de votre rencontre avec Grégoire Margotton. Parlez-nous de votre relation.

C'est quelqu'un que j'ai trouvé très classe dès qu'il est arrivé à Canal. J'aime la manière très tranquille avec laquelle il commente, sa voix, ses références culturelles, sa capacité à trouver le bon mot sans que ce soit de la grivoiserie. C'est une sorte de commentateur anglais en français.

Pouvez-vous définir ce concept du commentateur anglais ?

Il y a plusieurs écoles du commentaire. L'école allemande, où un type commente tout seul, très neutre, même sur les buts. L'école latine, il y a beaucoup plus de couleurs, de cris, de variations sur le rythme. Sur les buts, ils sont charnels, il y a peu de punchlines. L'école arabe, c'est un flot impressionnant de paroles, avec un rythme cadencé. Quand ils sortent de cabine, ils sont rincés. Je serais incapable de le faire. Et puis, il y a l'école anglaise qui ressemble à l'allemande, mais avec plus de variétés. Ce que j'aime chez les Anglais, c'est qu'ils accompagnent le rythme du jeu. J'apprécie d'être en adéquation avec le rythme du match, de laisser des silences, notamment sur les chants des supporters. Et le truc costaud, c'est la punchline sur le but. Ils trouvent la formule choc. Et puis leur langue est classe ! Grégoire Margotton, je pense qu'il a tout ça. Il a fait ses études en Angleterre, tu sens qu'il est imprégné. Je ne pense pas commenter comme Grégoire, mais on est de la même école. J'ose l'espérer en tout cas.

Grégoire Margotton vous a aussi conseillé, après un match à Liverpool.

Oui, en rentrant de ma première à Anfield, il me dit : « T'as été très bon sur le match, mais après le "You'll never walk alone", tu dois laisser plus de mou, car les applaudissements se poursuivent. » Ce n'est pas non plus mon mentor, mais il m'a dit quelques trucs importants, qui m'ont aidé. J'aime juste la manière dont il commentait. « Benzema, c'est Benzebut », c'est la bonne punchline. Ce sont des trucs qui ne se travaillent pas, mais ça m'a fait comprendre qu'il fallait être exigeant avec soi-même. Il est important de ne pas lasser le public avec toujours les mêmes formules. Même s'il est bien d'avoir une formule récurrente, je devrais peut-être travailler là-dessus. Mais il faut éviter de faire du commentaire à trou. Grégoire Margotton, il ne dit pas : « Coup d'envoi de ce match entre X et X » ou « Ouverture du score, ça fait 1-0 ». Sur cet aspect-là, des gens comme Cyril Linette ou David Berger m'ont beaucoup inspiré.

Pour la petite anecdote, quand j'ai fait mes premiers matchs pour TF1 lors de l'Euro 2021, je suis allé voir Grégoire et je lui ai demandé : « Qu'est-ce qu'il faut que je change pour TF1 ? » Il m'a répondu : « Rien du tout. » C'est le conseil le plus inutile qui soit, mais ça m'a beaucoup aidé. Il m'avait aussi dit de ne pas hésiter à remettre les choses en perspective en fin de match, de relancer le commentaire. Ce sont des choses que je fais désormais de manière naturelle, notamment sur les coups de pied arrêtés. Mais encore une fois, il n'est pas un mentor, je ne l'ai pas eu au téléphone depuis un an.

À propos du vocabulaire, comment travaillez-vous afin de l'enrichir ?

Je ne me réécoute pas. Mais j'ai l'impression de me saoûler moi-même lorsque j'utilise les mêmes expressions. J'essaie de varier afin de pas tomber dans la routine. Mais je suis comme ça dans la vie. Je ne le travaille pas sciemment, ce n'est pas du calcul. J'aime la langue, j'écoute de la chanson française, je lis pas mal donc je me nourris de ces choses-là. Dans le même temps, je ne veux pas noyer les gens avec des termes hyper compliqués juste pour faire l'intello.

Quels sont vos goûts musicaux et littéraires ?

Je n'ai pas envie de passer pour l'intello, mais quand je peux, j'essaie de lire plusieurs bouquins en même temps. Un roman, un livre de musique, un livre historique. Mais ça ne veut pas dire que je les lis tous dans la même journée ! (*Rires*) Depuis quelque temps, je dois avouer que je me suis laissé prendre par les séries. Je confesse que je lis moins qu'avant, mais j'en ai conscience donc je me force à démarrer de nouveaux romans contemporains.

Cette passion pour la lecture vous aide-t-elle dans le commentaire ?

Je ne le fais pas pour ça. Il y a sûrement inconsciemment des formules qui te marquent. Je le fais aussi, car j'ai la chance d'avoir du temps notamment dans la semaine. J'aime passer du temps au lit, je lis souvent en me réveillant le matin. Ou dans les transports.

Vous avez évoqué l'Euro 2021, tout à l'heure. Vous êtes désormais le deuxième commentateur de TF1. Est-ce une forme de consécration pour vous ?

Je devrais le voir comme ça, mais c'est juste le fruit d'un appel. Je suis le choix d'une ou deux personnes. J'en suis super content. Mais je n'ai pas une conscience objective de ce qu'on pense de moi. Je ne me sens pas intouchable. Après bien sûr, c'est un peu « *The dream comes true* » (*Le rêve devient réalité*). J'ai grandi dans l'Oise, je ne connaissais personne, on avait la télé en noir et blanc, si on m'avait dit que je commenterais la Coupe du monde sur TF1, je n'y aurais jamais cru. C'est le fruit d'un cheminement, mais je ne le vois pas comme une consécration, car pour moi ce n'est pas fini, j'ai envie de continuer. Ça fait quand même partie des moments marquants d'une carrière. Les matchs sur TF1, surtout le premier, il y avait un énorme niveau de stress… Je ne vous raconte pas !

Si, justement allez-y…

Écoutez, je ne suis pas quelqu'un qui stresse beaucoup, mais là… Le moment où la scripte me dit dans l'oreille : « Une minute et on est en direct », là c'est vertigineux. C'était un vendredi soir (*Angleterre-Écosse Euro 2021*) et pour moi le vendredi soir sur TF1 c'est Koh-Lanta, c'est Denis Brogniart ! Et je sais qu'après le match, c'est lui qui présente le Mag. Donc, quand elle m'a dit « une minute » la gorge s'est nouée et je me suis dit : « Waouh c'est 5 millions de personnes qui regardent. » Les vingt premières secondes, j'ai la voix chevrotante. Je n'ai pas revu tout le match, mais j'ai revu l'intro. Ce n'est pas la meilleure de ma carrière. J'ai toujours bossé pour des chaînes payantes, où les gens choisissent le foot. Là, sur TF1 tu parles au grand public. Et puis TF1, c'est Thierry Roland, Thierry Gilardi... On n'est pas 20 à avoir commenté du foot pour la chaîne. Mais le stress est parti très vite, après les 15 ou 20 premières secondes.

Vous avez commenté des Coupes du monde et des Euros. Quels sont les moments les plus marquants ?

Je dirais le Belgique-Japon en 2018, en huitièmes de finale de la Coupe du monde. Il y a tout ce que je kiffe dans le foot. On ne savait pas encore si ce serait notre dernier match de la compétition. J'étais avec Bruno Cheyrou et je lui dis : « Il faut qu'on kiffe. » La première période est catastrophique : 0-0. En seconde période, le Japon mène très vite 2-0, la Belgique revient à 2-2 puis marque le 3-2 dans le temps additionnel. Tout le foot est là ! C'est une succession d'émotions. Et en plus, ce jour-là, je suis hyper content de tous mes commentaires sur mes buts, c'est rare. Le foot ce sont parfois des émotions contradictoires, il ne faut jamais insulter le jeu, tout peut se passer dans les trente dernières minutes.

Hors football, je crois que mon meilleur souvenir reste la Russie. Car ça a été une énorme découverte. On exerce un métier génial, on est payé pour aller dans des stades et là, en plus, on a découvert un pays incroyable. Je me suis rendu compte à quel point il était différent des autres. Il y avait une telle diversité de lieux, de populations. Rostov par exemple, je n'y serais jamais allé si je n'avais pas été journaliste. À Saint-Pétersbourg, j'avais l'impression d'être en Finlande et puis j'arrive à Rostov où l'on se sent sur un autre continent. Il y avait une telle richesse culturelle. On pouvait comprendre le sentiment russe de se dire « on n'est pas un pays comme un autre. » Pour le pire aussi, comme on le voit depuis quelque temps. Je n'imaginais pas un truc aussi énorme. Sur deux jours, on éprouvait des sensations contradictoires. Les odeurs étaient différentes. Je me suis dit que j'avais une vraie chance de faire ce métier.

Vous avez vraiment le temps de profiter du pays sur une grande compétition internationale ?

Ah ouais ! Sur les grandes compétitions, j'essaie de regarder presque tous les matchs. On va au stade pour les conférences de presse l'après-midi. Mais le matin on fait les musées. À Saint-Pétersbourg par exemple, j'ai découvert celui de l'Hermitage. À Rostov, j'avais envie de découvrir la ville, de sentir l'atmosphère. Je pense qu'en plus, ce genre de moment permet d'enrichir le commentaire. Je ne suis pas le *Guide du Routard*, mais tu dois t'imprégner de ce que tu ressens.

Vous partez dans quelques semaines au Qatar. Une compétition qui fait polémique... Vous sentez-vous investi d'une responsabilité particulière ?

Je ne sais pas, car dans ce cas-là on a une responsabilité sur quasiment toutes les compétitions. Les JO en Chine, la Coupe du monde en Russie. Je sais que je vais la vivre différemment, mais l'essentiel de mon travail restera le foot.

C'est l'heure de l'anecdote secrète !

Je la raconte, mais en gardant secret le nom de la personne concernée. Mon grand regret c'est de ne pas avoir photographié un taxi parisien au stade Bonal !

Je faisais la Ligue 1 sur beIN, et je commente un match à Sochaux au stade Bonal à 14 h le samedi. Moi j'y vais la veille, car on doit faire un duplex le matin. Je dors sur place, puis vers 9 h 30, le consultant avec qui je dois commenter le match m'appelle… À sa voix je comprends qu'il ne s'est pas réveillé et qu'il est encore à Paris ! Ça nous laisse 4 h pour trouver une solution. Je lui dis : « Va te doucher et je vais te trouver un train ou un avion. » Je vais sur les sites de la SNCF, Air France, Expedia, mais c'est Sochaux. Je regarde toutes les solutions imaginables. Même les trains pour Nancy, Strasbourg, les avions pour Bâle, les aérodromes du coin. Rien ! Le consultant sort de la douche et je n'ai pas de solution pour lui. Alors je lui dis d'appeler un taxi, car il n'a pas de voiture. – « Un taxi ? Mais ça va me coûter je ne sais combien. » – « Oui, mais c'est de ta faute ! » Bref, le chauffeur arrive, il reconnaît le consultant, mais il ne trouve pas Sochaux sur son GPS… Il cherchait en Île-de-France ! (*Rires*)

Heureusement, le type est dingue de foot, il appelle sa femme pour la prévenir et il l'emmène. De mon côté, je pars au stade et je chope une accréditation supplémentaire pour le taxi. Mon consultant me tenait au courant minute par minute du trajet. On savait que ce serait ric-rac !

On prenait l'antenne à 13 h. De 13 h à 13 h 50, on a fait sans lui, mais sans le dire à l'antenne. Je ne voulais pas le griller. On a dit plusieurs fois à nos chefs qu'il était en train de récolter des infos en coulisses ! Rétrospectivement, ce n'était pas très malin, mais personne ne s'en est rendu compte. Il est arrivé pile poil, un peu essoufflé et une minute après on a fait le match. La TV c'est formidable, ça s'arrange toujours !

Le chauffeur du taxi était à côté de nous, il avait son accréditation. À la fin du match, on l'a amené au point presse avec Ranieri. Il a vu passer Falcao, il nous a dit : « C'est le plus beau jour de ma vie ! » En plus il venait de prendre 900 balles ! (*Rires*)

Quand on est sorti du stade, il y avait le taxi parisien juste devant Bonal et j'ai oublié de prendre la photo. Et le consultant, sympa, est rentré avec lui sur Paris. Ils sont devenus potes !

france•tv
sport

MATTHIEU LARTOT

« LA QUÊTE, C'EST DE FAIRE LE MATCH PARFAIT ET LE MATCH PARFAIT ON LE FAIT UNE FOIS DANS SA CARRIÈRE OU UNE FOIS TOUS LES DIX ANS. »

Il enchaîne les records de précocité à la même fréquence avec laquelle Damian Penaud inscrit ses essais avec les Bleus. En 2003, Matthieu Lartot devient le plus jeune commentateur de rugby de l'histoire de France Télévisions à l'âge de vingt-trois ans. Six ans plus tard, en 2009, il hérite des matchs du XV de France. Depuis, les amoureux de rugby ont rendez-vous avec sa voix et son sens de l'humour, chaque hiver, à partir du mois de février, à l'occasion du Tournoi des Six Nations. Le printemps est ensuite l'occasion de vibrer lors des matchs couperets des clubs français engagés en Coupe d'Europe.

Matthieu Lartot nous fixe rendez-vous au milieu du mois de décembre dans un café du XVIe arrondissement de la capitale, au lendemain de la demi-finale de la Coupe du monde de football entre la France et le Maroc, dont les images défilent sur un écran jouxtant notre table.

Souriant et détendu, il détaille avec honnêteté les écueils inhérents à ses débuts précoces. Il s'attarde ensuite avec précision sur les moments forts de sa carrière, comme sur ses instants de doute au micro.

La passion du rugby est-elle un héritage familial ?

Comme souvent dans le rugby, les histoires se ressemblent. Mon père jouait au rugby, j'y ai joué longtemps. Aujourd'hui, c'est au tour de mon fils. Mon père a été président du club de rugby dans lequel j'ai eu ma première licence, dans lequel mon fils a eu sa première licence aussi. C'est une histoire de famille. Une passion par la pratique d'abord, puis par les médias. Dès mes deux ans, j'étais sur les bords de terrain avec ma mère pour voir jouer mon père. J'étais conditionné par cet univers et il m'a absorbé. La passion télévisuelle est née avec les matchs du Tournoi des Six Nations, les voix du XV de France comme Pierre Salviac. Ça m'a pris au berceau et ça ne s'est jamais tari. Au départ on ne souhaite peut-être pas reproduire un schéma, par exemple je n'ai jamais poussé mon fils, mais il y est venu de lui-même, naturellement.

Êtes-vous passé proche d'une carrière professionnelle ?

Oui, mais il n'y avait pas de plan. Je n'étais pas loin du haut niveau jusqu'à 17 ans. Je jouais à Mantes-la-Jolie. J'ai été sélectionné avec l'équipe d'Île-de-France puis casté par le lycée sport-études Lakanal. Et puis j'ai eu un problème de santé au genou et j'ai dû tout arrêter. Ma vie s'articulait autour du rugby sans n'avoir aucune garantie. Je jouais demi-de-mêlée. Je vivais pleinement cette passion, avec l'objectif de prendre du plaisir, sans objectif de carrière. En revanche, quand tout s'est terminé, je me suis posé la question de savoir comment j'allais pouvoir continuer à vivre cette passion-là par procuration. Très naturellement le milieu du journalisme s'est imposé, puisque j'aimais lire et écrire. J'ai eu la chance d'arriver très jeune dans le service des sports de France TV et quelques années plus tard mon rêve a été exaucé.

Les passions du journalisme et du rugby semblent liées.

Oui, mais c'était presque inconscient. Le sport marque les parcours de vie des uns et des autres. C'est la force du sport à la télévision, ça fédère, ça rassemble, ça véhicule des émotions immenses. On le voit en ce moment avec la Coupe du monde de football. Quand on est habité par une passion, tout est multiplié par mille à la télévision. Certains souvenirs de jeunesse nous marquent à vie. Je me rappelle des premiers Tournois des Six Nations que j'ai suivis, avec mon père au cœur de l'hiver, ou au club house avec les copains : les gens qui nous retranscrivent ça sont nos héros. Ils incarnent les grandes heures des équipes de France. « Bala » (*Pierre Albaladejo*) et Salviac étaient des compagnons de route. J'enregistrais les matchs sur cassette, je réécoutais. Quelque chose s'infuse en vous et les phrases restent ancrées. Je me rendrai compte de ça plus tard, au moment de mes premiers commentaires.

Pourriez-vous détailler ce point ?

Je ne dirais pas qu'on s'approprie des formules, car lorsqu'on est commentateur on a envie d'imposer sa patte. Mais il y a des choses, dans le rythme, dans la voix, dans la tonalité, qui sont reproduites de manière inconsciente. Moi, je n'ai pas qu'un seul modèle. J'ai été très marqué par le rugby, par Salviac, mais aussi par George Eddy, car, lorsque j'étais gamin, j'étais dingue de basket et de NBA. J'aime bien jouer avec les mots, faire des blagues et ça c'est plus dans l'esprit de George Eddy qui est quelqu'un avec des formules uniques, un peu en dehors des sentiers battus. Je me suis construit avec ces gens-là, avec Canal+ qui a été précurseur. Je regardais tout, je m'inspirais de Biétry, Gilardi. Ils ont tous eu une influence sur le journaliste que j'allais devenir. C'est un héritage inconscient. Les commentateurs de ma génération ne peuvent pas ignorer ça.

On ne peut pas se détacher de ça. Quand on regarde l'histoire du commentaire sportif à la télévision, ce n'est pas si ancien que ça. On a tous grandi avec des précurseurs qui se sont imposés à nous naturellement. Même s'il ne s'agit pas de les singer, on vit avec ces références-là.

C'est aussi vrai sur les méthodologies de travail. Salviac, qui m'a donné ma chance, m'a montré la manière dont il travaillait, qu'il avait lui-même récupérée d'un commentateur anglais qui s'appelait Bill McLaren et qui était LA référence – on l'appelait « *The Voice* ». Ensuite j'ai eu la chance d'avoir Charles Biétry comme directeur des sports et il m'a aussi beaucoup apporté. Dans mon parcours je sais que tous ces gens-là m'ont amené quelque chose. D'abord de manière inconsciente puis de manière plus consciente quand j'ai commencé à les côtoyer professionnellement. J'ai pris un peu de tout le monde pour commencer, je me suis approprié les choses plus tard, mais la base de ce que je fais revient à tous ces gens-là. On m'a souvent parlé de Roger Couderc. Moi, je ne l'ai pas connu, mais quand je suis arrivé à France Télévisions je suis allé chercher des cassettes à la vidéothèque et je l'ai écouté. Ça se détachait de ce que moi j'avais connu et de ce que je voyais dans le métier. C'était lunaire, il était quasiment au milieu du public avec un micro, il avait une gouaille extraordinaire, ce n'était pas la même manière de retranscrire les choses. On est aujourd'hui très loin de tout ça. Couderc, à l'heure des réseaux sociaux, serait mort. Mais j'ai vraiment essayé de voir comment il fonctionnait et envisageait son métier. C'est comme une grande photo devant laquelle on s'arrête et on prend un petit peu de tout le monde.

Vous arrivez à France TV en tant que reporter. Expliquez-nous le cheminement jusqu'au commentaire ?

Mon parcours est un peu atypique, car je suis arrivé à France TV à vingt ans. Le rédacteur en chef de l'époque est très connu aujourd'hui, car il est directeur du Tour de France : c'est Christian Prudhomme. J'étais stagiaire. Prudhomme était connu pour faire passer des entretiens qui terrorisaient tout le monde. C'était sur la culture sportive. Quand il m'a reçu dans son bureau, il a pris mon année de naissance et m'a parlé d'événements qui étaient liés à cette date-là. Il fallait que je ressorte le troisième du Tour. Il testait les gens sur leur culture sportive et il s'est intéressé à mon parcours de vie. Il cherchait des profils hybrides entre les sportifs de haut niveau et les journalistes. Quand j'arrive en 2000, il n'y a que des dinosaures dans la rédaction. Des Fulla, des Salviac, des Montel. Tous les noms qui ont fait la renommée du service des sports des années 1980. Prudhomme voulait casser cela et il souhaitait que je fasse du terrain avant de me spécialiser rugby. Donc, oui, j'ai commencé en tant que reporter. J'ai dû traiter entre 30 et 40 disciplines pour *Stade 2*. En 2000, j'ai couvert les Jeux de Sydney et puis en 2003 j'ai reçu un coup de fil de Jean-Louis Calméjane juste avant le Tournoi des Six Nations. Il était le directeur du rugby à France TV. Il m'a dit qu'un journaliste était malade, et qu'il fallait que je parte commenter Angleterre-Italie à Twickenham.

J'ai 23 ans à l'époque. Twickenham c'est le temple ! Sur ce premier match, je suis catastrophique. Ca-tas-tro-phique ! La voix n'est pas placée, très haut dans les aigus. Je ne suis pas prêt, je sens que je ne suis pas armé. Salviac me prend dans son bureau le lundi et me fait un débrief moins catastrophique que ce que je pensais. En octobre 2003, on a les droits de la Coupe du monde de rugby en Australie et je pars pour du reportage. Mais l'Australie est tellement immense, que les commentateurs ne peuvent pas se rendre à tous les matchs. On m'en a confié deux, en cabine, à Sydney. En rentrant, Prudhomme m'a dit : « Maintenant, tu ne vas faire que du rugby ! » En 2004, Daniel Bilalian arrive et me donne la Coupe d'Europe de rugby. À partir de ce moment-là je ne sortirai plus du commentaire. Et en 2009, je prends le XV de France.

Les événements se bousculent !

Oui, ça a été très rapide, avec plein de circonstances favorables. Je suis jeune, je connais bien le sport et Salviac est en fin de carrière et en conflit avec la direction. On me confie le XV de France à 29 ans. C'est une anomalie absolue ! Ça me tombe un peu dessus, je suis très honoré, mais ça nécessite beaucoup de travail pour se montrer à la hauteur. France TV souhaitait amorcer autre chose. Mais moi je suis très redevable de Pierre Salviac. Il m'a pris sous son aile et m'a confié mes premiers matchs. Nos trajectoires se sont croisées.

Comment le jeune homme que vous êtes alors, gère-t-il ses premiers directs ?

Je n'ai jamais été pétrifié par le stress. Je suis toujours un peu excité cinq minutes avant la prise d'antenne, comme un sportif de haut niveau, dans le tunnel pour rentrer au stade, c'est naturel. Mais je n'ai jamais eu le trac et je le dois à Pierre. Car il était tellement exigeant sur la manière d'aborder un direct que j'avais la sensation que j'avais tout pour ne pas me casser la gueule. Ensuite il y avait mon regard sur ma prestation, j'ai toujours été très critique envers moi-même. À cette époque-là, j'ai les meilleures fiches du monde, mais je ne comprends pas qu'un commentaire de sport ce n'est pas uniquement ta préparation. Tu peux préparer tout ce que tu veux, mais il faut être capable de se l'approprier et le restituer à l'antenne. En 2003, pour le coup, je suis en train de me tromper. Je prends les mêmes méthodes de travail que les gens qui m'inspirent, mais du coup je ne suis pas moi. J'en tire les leçons. La question que je me pose, c'est : « Quel commentateur es-tu ? Un Pierre Salviac bis ? Un Charles Biétry numéro 4 ? Non ! Tu es toi ! » Il fallait que je sois le plus proche possible de ce que j'étais dans la vie. Ce n'est pas évident à faire. On est tous un peu formatés. Mais à mon sens, le bon commentateur sportif est celui qui parvient à se détacher de tout ça et devenir ce qu'il est lui, en tant que passionné de sport. J'ai eu ce cheminement-là sur mes trois premières années, en Coupe d'Europe. Certains matchs m'ont donné beaucoup de confiance. Je me souviens d'une rencontre au Parc en 2005, une demi-finale de Coupe d'Europe Stade Français-Biarritz. Ça part en prolongation. Le match plonge dans l'irrationnel et c'est là que l'on voit qui on est. Comme commentateur. Toutes nos méthodes, tous nos codes tombent. Tu te retrouves dans un moment que tu as rêvé de vivre et c'est là que ressort qui est profondément la personne qui commente. Ce match a été un déclic. Sur les 20-25 dernières minutes, j'ai eu l'impression d'être celui que je voulais. Des barrières sont tombées. Ça m'a donné confiance. Avant cela j'avais le sentiment d'être jeune, d'endosser une énorme responsabilité et ça pesait. J'ai toujours eu cette idée que je devais être à la hauteur de ce qu'on m'avait confié. De 2004 à 2009, j'ai pris ces années comme un palier. Comme un joueur de Top 14 qui s'approche petit à petit de l'équipe de France.

Vous dites vouloir amener une partie de vous à l'antenne. Qu'apportez-vous concrètement ?

Mon côté passionné de rugby. J'essaie de commenter pour le gamin que j'étais quand j'ai commencé à suivre les matchs à la télévision. Ça veut dire : être assez didactique pour faire comprendre les subtilités d'un sport qui est quand même complexe. Être vecteur d'émotion, car c'est le sel de notre métier. Et être le plus rigoureux possible. Dans ce triptyque-là, il faut avoir conscience que l'on fait un métier dans lequel on parle de sport et qu'on peut se permettre d'avoir un ton parfois léger, jouer avec les mots. À partir du moment où ce truc-là n'est pas excluant pour ceux qui nous écoutent je considère qu'on peut y aller. Le sport ce sont des gamins, des familles et des potes qui se réunissent devant un match et se font des blagues. C'est ce que j'ai envie d'être à la télévision. Au début, je me suis demandé si j'étais dans le vrai, s'il ne fallait pas réduire la voilure. J'ai toujours été très réceptif aux retours que j'avais, mais pas que du microcosme. Aujourd'hui, je m'approche de ce que je voulais être : le passionné de sport qui véhicule des émotions tout en étant le plus accessible possible. Sur France TV on s'adresse à un public extrêmement large sur un sport qui est très technique. Donc on se doit de garder un côté pédagogique.

Un commentateur grandit-il dans ses échecs ?

Complètement et c'est quelque chose qui m'habite de semaine en semaine. D'un match à l'autre, on est comme un sportif de haut niveau. La quête, c'est de faire le match parfait et le match parfait on le fait une fois dans sa carrière ou une fois tous les dix ans. Le scénario d'un match n'est jamais le même. Toi, comme un joueur de haut niveau, tu peux arriver l'esprit tranquille et passer à côté de ton match. Ça m'est arrivé. En direct, tu es sur un fil. Tu peux te tromper sur un commentaire, un jugement sur un fait de jeu. Ça arrive tout le temps. Je me souviens d'un match de Coupe d'Europe sur lequel pendant un quart d'heure je n'avais pas de retour image. Je ne commentais que le terrain, mais j'étais très loin dans le stade, je n'avais pas de ralenti. Ça les gens chez eux, ne le voient pas.

Je vais vous donner un exemple précis de quelque chose qui m'a hanté pendant quasiment une année. On fait un match du Tournoi des Six Nations : pays de Galles-France avec Fabien Galthié. Il y a une séquence de jeu où un Gallois va aplatir sur le poteau. À l'époque, quand on aplatissait à la base du poteau, il y avait essai. Ce jour-là, le joueur aplatit droit sur le poteau, mais pas à la base. On est en prime time, 7 ou 8 millions de téléspectateurs et on a enlevé nos oreillettes depuis vingt minutes, car elles ne fonctionnent plus. On commente, mais on ne s'entend pas, c'est un exercice de style particulier dans un stade de 80 000 personnes. Moi je suis dans le commentaire de l'action, sur de la description factuelle puis je laisse Fabien sur la partie technique et le rappel à la règle. On est hyper perturbés, on sort du match. Sur l'action je n'entends pas ce qu'il dit et à ce moment-là il ne précise pas qu'il n'y a pas essai, car le gars n'a pas le droit d'aplatir sur le sommet du poteau et qu'il aurait dû aplatir à la base. On se fait dézinguer sur les réseaux sociaux. Je sors du match meurtri, car je sais qu'on a fait une connerie. Je sais pourquoi on l'a faite, mais personne ne peut comprendre. On est inaudibles. Et ces choses-là te blessent, mais elles te rendent meilleur, car tu anticipes toujours le pire des scénarios.

Je me souviens que Biétry m'avait dit : « Quand tu pars au stade, amène toujours un crayon à papier. » Au début je ne comprenais pas, jusqu'au jour où je fais un match à Leicester, il neige, –2 °C, j'avais un stylo bille et il avait gelé ! Je me suis retrouvé comme un con. Le rôle du commentateur sportif, c'est d'anticiper le pire pour donner le meilleur. Tu travailles sur tes échecs.

Ce fameux match parfait, l'avez-vous déjà fait ?

Ça serait prétentieux de le dire. Parfois, je n'ai pas été pas très loin. Notamment sur le match le plus long de l'histoire du rugby international : France-pays de Galles au Stade de France en 2017, qui se termine à la 100e minute. Ce jour-là, on est encore dans l'irrationnel. C'est là que je différencie un bon commentateur d'un très bon commentateur. Ce jour-là, la France est menée, c'est la dernière journée du Tournoi, les trois matchs se déroulent à la suite. Notre match s'éternise et juste derrière il devait y avoir Irlande-Angleterre. J'avais les images des Anglais et des Irlandais qui étaient sur le terrain, mais qui ne pouvaient pas commencer le match tant que le nôtre n'était pas terminé. Au Stade de France on a une série de mêlées incroyable, des filouteries, on sort une commotion qui n'existait pas. À France TV on est dans un scénario de malade, car ça retarde toute notre antenne et qu'on a un truc incompressible : le 20 h. Je dois faire vivre les vingt dernières minutes avec tout ce contexte. Je fais une blague sur l'arbitre : « M. Barnes, il va peut-être falloir prendre une décision, parce que derrière on a le 20 h. » Là je suis naturel, je pense être grand public dans la manière dont je narre ces dernières minutes. Je suis le supporter devant sa télévision, qui ne comprend pas. J'essaie de me mettre dans sa peau de manière candide. Et puis il y a le dénouement : on marque, Lopez transforme, c'est du délire dans le stade ! Quand on sort de ce match-là, je sais qu'on a fait un truc bien. Ce n'est pas si souvent. Tout n'a pas été parfait, mais le moment qui compte, là, oui !

Vous êtes connu du grand public pour les surnoms que vous donnez aux joueurs, notamment Antoine Dupont, le « ministre de l'Intérieur ». Expliquez-nous ce concept.

Il n'y a pas de règle. Pendant très longtemps je préparais à outrance. À force de trop vouloir préparer je n'étais pas naturel. J'étais trop bon élève. Je préparais mes attaques de direct. Daniel Bilalian m'avait dit : « Il n'y a pas de bonne impro. » Avec l'expérience, je me suis détaché de ça. Je suis moins scolaire. Pour être plus précis en ce qui concerne les surnoms, les expressions, il faut bien comprendre que j'ai grandi en Île-de-France. Le rugby a toujours eu une connotation très Sud-Ouest. Au tout début, les gens ne savaient pas qui était ce gamin qui n'avait pas d'accent et qui leur parlait de rugby. Cette perception-là était légitime.

Je me suis demandé ce que je pouvais amener de différent, que n'avaient pas fait les autres. Je n'ai ni l'âge ni la gouaille d'un Couderc, qui vivait en symbiose tout le temps avec le XV de France. Le « Allez les petits ! », c'était le cri du cœur d'un papa qui vivait avec eux tout le temps. Nous, on subit cette distance qui s'est créée avec les joueurs. Je me suis demandé si ça sonnerait juste de dire cela aujourd'hui à l'antenne. Bon déjà je ne pouvais pas dire « Allez les petits », je suis plus jeune que les joueurs, ce serait ridicule ! Donc j'ai essayé de travailler différemment, d'incarner les joueurs d'une autre manière. Le « ministre de l'Intérieur », ça parle au très grand public, ça colle au style de jeu de Dupont, qui est hors-norme. Donc tu veux le mettre dans une catégorie spéciale. Comme Michalak, le mec *bankable* du rugby français, avec son pote Poitrenaud. Je me souviens de Salviac qui disait « Poitrenak/Michalot ». Ça permet aux gens de s'attacher aux personnages. Comme un film. Il faut trouver des trucs récurrents qui vont marquer l'esprit des gens. Quand tu regardes un match de Dupont, le truc qui te saute aux yeux c'est qu'il est toujours au soutien et il est toujours à l'intérieur. Et ce surnom, ce n'est pas moi qui l'ai inventé. Dans une discussion avec lui, c'est lui-même qui s'est autoproclamé ministre de l'Intérieur !

Attribuer des surnoms a aussi un côté risqué : ça peut déplaire...

Ah, bien sûr. Il faut aussi savoir s'arrêter quand on a trop utilisé une expression. Ce qui m'est arrivé avec Jamie Heaslip, le numéro 8 irlandais. Il fait un match de malade contre les Bleus. Ça doit être ma deuxième année aux commentaires de l'équipe de France. Ce truc-là n'était absolument pas préparé, mais je dis : « Il est à la fête Heaslip » et Galthié sort : « C'est la fête d'Heaslip. » Quand il le dit, je prends un fou rire terrible ! Je ne pouvais plus parler. Pendant deux ou trois ans, à chaque fois qu'il jouait et qu'on le commentait, on se sentait obligés de le ressortir. Ça a gonflé. Les gens nous disaient : « C'est bon, on a compris. » Ça nous faisait tellement marrer qu'on le faisait de manière systématique et un peu lourde. Ça peut marcher une fois, ça peut marcher deux fois, on peut tromper mille fois mille personnes... (*référence au film* La Cité de la Peur) (*rires*) Ça peut me faire rire quinze ans, mais si la majorité des gens ne rigolent pas, il faut savoir se renouveler. J'ai eu une période très jeux de mots, mais je le fais de manière plus espacée, moins systématique. J'en faisais trop. Tu deviens une caricature, tu t'enfermes.

Vous inspirez-vous aussi de commentateurs actuels ?

Oui et je vais prendre deux exemples complètement opposés dans le style et la personnalité. Patrick Montel a été, pendant des années, un mec incroyable en direct. Il avait une facilité à l'antenne et une capacité à te foutre les poils, hallucinante, comme j'ai très peu vu dans ma carrière. Il avait des travers, le côté un peu moralisateur, un peu démago. Mais en direct, sur l'instant où tu te lèves, où tu es dans une émotion extraordinaire, je n'en vois pas beaucoup capables de le faire aussi bien que lui. Dans un tout autre style, j'adore Alexandre Pasteur. Très posé, très carré, très rigoureux, une vraie voix. Alexandre est dans la justesse d'un Gilardi. Il a les mots justes au bon moment, ce qui fait la force d'un propos. Pasteur c'est ça, c'est « attention le parapet », c'est le commentateur 4.0. Tu le mets sur n'importe quelle discipline, tu sais que ce sera carré. Patrick Montel lui, il t'embarque sur n'importe quelle course. Même la course la plus mythique, où il se plante dans le commentaire (*voir le chapitre sur Patrick Montel*), il te sort ce « alors peut-être ! », alors qu'il a été à la cave pendant toute la course. Le mec est fort ! Il rattrape le truc. C'est vraiment comme un joueur. Un joueur qui ne met pas un pied devant l'autre, mais qui marque en finale de Coupe du monde, tu ne retiendras que ça. Tu dois être bon dans les grands moments. Pour moi, il n'y a pas de commentateur absolu, ce sont des styles qui correspondent à certaines sensibilités. Ça ne m'intéresse pas de savoir qui est le « GOAT ». Ce n'est jamais par hasard que tu fais 20-25 ans à la télévision, un milieu ultra-concurrentiel. Je pourrai aussi vous parler de George Eddy, de son phrasé. Il avait cette force de vulgariser. Il m'a fait aimer le basket. Il m'a donné la fibre du commentaire. Il est ultra-spécialiste de basket, mais il n'étale pas sa science, il me fait marrer et il m'invite à venir passer un bon moment avec lui.

Quand vous démarrez en 2003, les réseaux sociaux n'existent pas. Aujourd'hui ils peuvent défaire votre réputation, comment gérez-vous cet aspect-là de votre métier ?

J'ai été très vite dessus. J'ai tout de suite adhéré, car c'était dans l'air du temps. Il y a un échange, une interaction avec les gens qui te regardent. Il y a énormément de talents, de gens qui gravitent autour de notre univers. Je voulais voir comment ces personnes-là traitaient notre matière première, de manière différente. Je me suis un peu battu avec la Boucherie Ovalie, je trouvais qu'ils allaient trop loin. Mais en même temps je les trouvais brillants et talentueux. Je suis venu pour ça. Je savais que les gens ne me suivraient pas pour les infos. Ils ont *L'Équipe, Rugbyrama.* Sur le rapport à ce qu'on raconte de nous, dire que je n'y ai pas prêté attention serait mentir. Mais en fin de compte, je m'en suis très vite détaché. Car ton cerveau n'est pas conditionné pour garder ce qu'il y a de bon, et tu mémorises les messages de ceux qui suivent un match en attendant le moment où tu te plantes. J'en ai souvent parlé aux jeunes, notamment à Cécile Grès. Elle accordait énormément d'importance aux réseaux sociaux et elle venait d'Eurosport. Je lui ai dit : « Tu passes de 100 000 spectateurs à 10 millions. Donc si à chaque match, tu vas voir ce que les gens disent sur toi, tu vas te flinguer. » Tu ne peux pas plaire à tout le monde. Il faut savoir qui tu es et si tu as donné le meilleur de toi-même.

Aujourd'hui, le XV de France cartonne. Pensez-vous être à l'apogée de votre carrière ?

Non. J'ai une conception du monde sportif telle que l'apogée ne veut pas dire grand-chose. Moi, ce qui m'intéresse, c'est l'épopée. Quand j'accompagne l'équipe de France sur un Grand Chelem, comme ça a été le cas l'hiver dernier, j'aime savoir d'où elle vient et où elle va. C'est un éternel recommencement. Il y a toujours quelque chose qui va dépasser ce que tu as connu. À un moment donné, en direct, j'ai cru voir un truc fou et un mois plus tard je vivais quelque chose d'encore plus fort.

Racontez-nous votre anecdote secrète.

Au tout début de ma carrière, je pars faire un match à Lansdowne Road à Dublin. C'était un Irlande-Italie que je commentais avec Jérôme Cazalbou. J'étais jeune, j'avais 23 ou 24 ans. On était dans des cahutes en bois qu'on partageait avec des commentateurs italiens. En fin de première période, il me prend une envie d'uriner, un truc affreux ! Je me disais : je vais me pisser dessus ! Le problème c'est que la configuration du stade faisait que je n'avais matériellement pas le temps de passer aux toilettes. On avait un technicien avec nous et à la mi-temps je lui demande de me trouver un truc. Il me ramène une pinte vide. J'avais mal au ventre vraiment. En plus on était à 5 mètres de nos collègues italiens, j'étais embêté. (*Rires*) Bref, je remplis la pinte discrètement et je la file à notre technicien qui la met à l'entrée de la porte. On finit le match, on sort de la cabine et il n'y avait plus la pinte... J'ai sans doute empoisonné un supporter irlandais bien malgré moi !

JULIEN FÉBREAU

« ON REJOINT PRESQUE LES TÉLÉSPECTATEURS SUR LE CANAPÉ, JE M'AUTORISE À AVOIR LES ÉMOTIONS QUI DÉBORDENT. »

Si la carrière de Julien Fébreau ressemblait une saison de Formule 1, le Grand Prix de Monza en serait le virage le plus célèbre. Le 6 septembre 2020, le commentateur de Canal+ livre un récital au micro, à l'aube d'une première victoire française en F1 depuis vingt-quatre ans : « Accélère, accélère ! » À mesure que Pierre Gasly s'approche de la ligne, le rythme se fait plus intense, l'émotion plus touchante, au point de conquérir le cœur des passionnés de la première heure comme celui des « nouveaux » fans séduits par la série Netflix *Drive to Survive*.

La parenthèse enchantée durera douze semaines. Jusqu'au 29 novembre et le GP de Bahreïn. Ce jour-là, Romain Grosjean, l'un de ses meilleurs amis, est victime d'un terrible accident. Sa Haas s'écrase violemment dans le rail de sécurité après quelques secondes de course. Une boule de feu jaillit de la monoplace et la direction de course brandit le drapeau rouge. Le temps s'arrête. Sauf pour Julien Fébreau, tenu de nourrir l'antenne. L'attente dure trente interminables secondes, avant que le pilote français ne s'extirpe miraculeusement du brasier. Le soulagement est à la hauteur de l'angoisse. Mais la tragédie évitée de justesse met en lumière une facette moins clinquante du métier de commentateur : la gestion brutale du drame en direct.

Votre père était pilote amateur, vous a-t-il initié au sport automobile ?

La passion vient de l'enfance, c'est souvent là que s'ancrent les passions et les imaginaires les plus forts. Je n'ai jamais vécu avec mon papa, mais je suivais sa vie à distance, par ses courses automobiles. Assez jeune, je l'accompagnais sur les circuits, soit le week-end, soit pendant les vacances. J'ai commencé très tôt à arpenter des paddocks. Mes héros d'enfance étaient les pilotes de rallycross, puisque c'était la discipline dans laquelle mon père s'exprimait. Il a d'ailleurs été champion de France en 1992. C'était mon univers, je vivais des émotions extrêmement fortes, presque disproportionnées.

Comment basculez-vous du rallycross vers la F1 ?

Je me suis mis à regarder les courses de F1 quand Michael Schumacher est arrivé. Début 1992, j'ai neuf ans et j'entends à la télévision qu'on nous parle d'un pilote hors normes. Il a immédiatement impacté l'univers de la F1. D'autres l'ont fait plus tard : Alonso, Vettel, Hamilton, Verstappen... Tous ces mecs-là, à l'instant où ils arrivent, on se dit : « Il se passe un truc. » Et ça ne rate jamais, ils sont champions du monde quelques années après. Schumacher à cette époque-là c'est pareil, on parle d'un phénomène. Et pourtant Senna est encore là, Prost allait revenir. Je me suis passionné pour ce héros en puissance, je suis devenu fan absolu de Michael Schumacher. Je me levais la nuit quand les Grands Prix étaient à l'autre bout du monde.

À ce point-là ?

J'ai beaucoup de rituels, j'en ai encore dans la cabine aujourd'hui. Celui de l'adolescence, c'était de descendre mon matelas dans le salon quand le GP était en Australie ou au

Japon. La veille j'achetais un paquet de pistaches, des tartelettes à la fraise premier prix et une bouteille d'Orangina. C'était mon menu de la nuit pour regarder les courses. Je ne réveillais pas ma mère qui était à l'étage et j'avais le salon pour moi avec mes petits amuse-bouches ! Ces moments étaient pour moi.

Ces instants-là sont-ils à l'origine de votre vocation ?

Jusqu'à la fin du collège, je suis plutôt branché sur des études pour devenir kiné. Parce que la F1 était ma passion dévorante, mais il était inimaginable à cet âge-là de travailler pour la télévision. Ça aurait été d'une prétention... Je n'étais pas du tout dans l'optique de travailler dans cet univers, jusqu'au jour où j'assiste à mon premier Grand Prix de Formule 1. C'est le GP de France à Magny-Cours en 1999. Je gagne deux places sur RTL, il faut m'imaginer le jour où je suis tiré au sort : c'est Noël puissance 1000 ! Je cours dans la maison, j'ai le cœur qui bat comme si j'avais gagné un million d'euros ! Je suis la F1 depuis sept ans, mais je n'y ai jamais mis les pieds et enfin arrive cette occasion !

Racontez-nous !

Nous y sommes allés avec ma maman. Ça a été un tel choc émotionnel ! Apercevoir les pilotes et se dire : « Ils existent, ils sont là pour de vrai... » Le dimanche soir de ce Grand Prix, j'arrive à me faufiler dans cette zone sacrée du paddock en déjouant un peu la sécurité. C'est le moment du démontage, les gens plient bagage. Pendant un quart d'heure, je suis dans la cour de l'Élysée pour ceux qui veulent faire de la politique, au milieu du Parc des Princes pour ceux qui souhaitent devenir footballeur. Je rencontre Jean Alesi à qui je demande un autographe, tout tremblant. Et je vois deux hôtesses de chez McLaren et Ferrari qui se parlent en anglais et je les entends dire : « On se voit dans quinze jours à Silverstone. » Vraiment, au moment où l'une des deux prononce cette phrase, je prends un coup dans le ventre en me disant : « Purée, elles dans quinze jours, elles y seront et pas moi ! » C'est horrible, ça m'a fait mal de me dire : « Pour elles, l'aventure continue et pour moi c'est la fin. »

Cet instant-là fait donc office de déclic ?

C'est la première claque. Le lendemain, sur la route du retour, j'ai une migraine monstrueuse, du mal à lire les panneaux... Je suis hypocondriaque et j'imagine que je suis en train de faire un AVC. C'est un peu jeune à seize ans ! Je panique en silence et en arrivant à Quimper, je file chez le médecin. En lui parlant des symptômes, il me dit : « Tu as fait une migraine ophtalmique, il s'est passé quelque chose ce week-end ? » Je lui raconte alors toutes les émotions que j'ai vécues et il m'explique : « Tu as fait une réaction physiologique au deuil de ton week-end. » C'est pour vous dire à quel point ce que j'avais pris émotionnellement était fort. Après ça, je me suis immédiatement dit : « Terminé la kiné, je veux travailler en F1. Je ne veux plus jamais entendre des gens dire "à dans quinze jours" et que moi je n'y sois pas ! »

Et quelques années plus tard, vous devenez reporter F1 chez RMC...

Je suis rentré en stage à RMC, puis je suis devenu assistant sur la F1 les week-ends, en étant là jour et nuit, en leur montrant à quel point j'en voulais. Et l'opportunité de partir sur le terrain se présente début 2005. RMC me donne ma chance pour deux Grands Prix de test, en Malaisie et à Bahreïn. Le seul fait d'avoir un badge avec mon nom, ma photo et d'entrer légalement dans le paddock m'avait fait dire : « Même si ça n'arrive que deux fois, tu l'auras fait ! » À partir du Canada, j'ai obtenu le poste de manière définitive. Je me suis senti totalement épanoui très vite même si j'avais beaucoup à apprendre. C'est marrant parce qu'on observe de l'extérieur un milieu de manière totalement passionnée depuis plus de dix ans et on se rend compte le jour où l'on arrive dans le paddock qu'on ne connaît rien. On a des chiffres, des statistiques, mais on ne connaît pas la F1 de l'intérieur. Tu as toutes tes preuves à faire, mais tu ne demandes que ça. Tu observes, tu écoutes, tu apprends le métier.

Vous marquez les esprits dès le GP de Chine 2007 (*susceptible de devenir champion du monde, Hamilton sort de la piste en entrant dans la voie des stands*) !

C'est un des événements qui a le plus marqué les gens, mais à mon sens, le moment décisif de ma carrière intervient un an plus tôt, à Hockenheim (*Allemagne*). Il y a une scène qui implique Giancarlo Fisichella (*Renault*) effectuant un dépassement pour une belle place. Pourquoi je me souviens de ça et pourquoi c'est décisif ? Parce que c'est la première fois que je me suis lâché à l'antenne. Jusque-là, je commentais avec toute l'humilité de ma jeunesse, n'essayant pas de prendre le « *lead* ». Mais ce jour-là Patrick Tambay et Alexandre Delpérier commentaient à l'Atelier Renault sur les Champs-Élysées, avec plein de supporters de Renault qui vivaient le Grand Prix sur grand écran, avec nos commentaires. Et comme les micros de Patrick et Alexandre étaient ouverts, j'entendais les réactions. Ce jour-là, je décide de commenter. Jusqu'ici je racontais et là j'ai commenté. L'action est très belle et ce qui m'offre un shoot d'adrénaline monstrueux, c'est qu'au moment où je crie « Il est passé ! », j'entends la réaction des gens. C'est très mégalomane, mais je me dis : « Ouah, je les ai chopés avec ma voix ! » C'est l'action qui les a fait réagir, mais dans l'action il y avait ma voix aussi. Je me souviendrai toute ma vie de ce moment.

J'ai compris que j'étais dans le vrai, que j'avais le droit de me lâcher, d'embarquer les gens, d'exprimer ce qui me faisait frissonner. Que ce soit par une accélération du débit, par la voix qui part dans les tours, par le fait d'asséner des punchlines. Ce n'est même pas ton droit, c'est ton devoir. Ça a été mon déclic. De fait, est arrivé le GP de Chine.

Revenons donc sur ce Grand Prix de Chine, fort de cette expérience d'Hockenheim.

Je comprends le drame de la situation. Le choix de McLaren de laisser Hamilton en piste est étonnant, avec ce train de pneus qui se détériore. On se dit : « Mais qu'est-ce qu'ils font ? » On voyait mal comment le titre pouvait leur échapper et ils commettent une boulette monstrueuse ! On est en radio, il faut détailler, imager, mettre les bons mots pour que les auditeurs visualisent : à l'entrée des stands, il vient se mourir dans le bac à graviers. Mon rôle, c'est de raconter les conséquences de cet événement. Il est en train de tout perdre et il faut que je fasse comprendre aux gens que la voiture est posée dans ce bac à graviers, que les roues tournent dans le vide, qu'il aimerait qu'on vienne l'aider à sortir de là. C'est un super scénario catastrophe. Si on l'avait écrit pour une série Canal on aurait dit : « Là, vous allez un peu loin les gars ! » On sait qu'on est en train de vivre un moment exceptionnel, on m'en parle encore. On rejoint presque les téléspectateurs sur le canapé, je m'autorise à avoir les émotions qui débordent.

Avez-vous connu le même type d'émotions lors de la bataille Hamilton-Raïkkönen à Spa en 2008 ?

C'est aussi un bon exemple pour moi, car ça partait dans tous les sens et c'est une des fois où je me suis dit après la course : « Tu t'es quand même un peu fait déborder par les émotions. »

Bien sûr j'ai commenté avec beaucoup de ferveur, mais je n'ai peut-être pas été très clair dans ce que je disais. Ça m'a servi dans le cadre de la victoire de Pierre Gasly, où dès l'explosion du passage sur la ligne au micro, je me suis immédiatement dit : « Julien, sois très compréhensible maintenant sur tout ce que tu vas dire, sur le palmarès, sur le côté historique. D'accord c'est dingue, tu peux être en roue libre quelques instants, mais tout de suite après, sois audible pour donner plein d'autres clés aux gens. » Je pense que c'était l'expérience de Spa où j'étais resté dans l'émotionnel et pas assez dans le contrôle.

Revenons aussi sur ce GP du Brésil 2008, où le championnat bascule dans le dernier virage. Contrairement à d'autres médias, vous voyez immédiatement qu'Hamilton double Glock et qu'il est finalement sacré devant Massa...

Il n'y a aucune fierté, car c'est notre travail, mais on était contents de ne pas s'être plantés ! Je perçois bien quel est l'enjeu à ce moment-là : il s'affiche bien dans ma tête qui se trouve où sur la piste, et je surveille les Toyota. C'est le pivot possible du titre de Massa ou d'Hamilton, je regarde les chronos de Timo Glock depuis au moins l'avant-dernier tour. Dans le premier secteur du dernier tour, il n'est pas encore en perdition. C'est à partir du deuxième que ça se dégrade énormément. Je le surveille par les chronos, pas par l'image, car on est sur la caméra embarquée d'Hamilton. Forcément quand on revient sur l'image extérieure, je cherche davantage la Toyota que la voiture d'Hamilton. Je me demande « Mais il est où ? », parce qu'à l'époque, on n'a pas encore la carte GPS avec la localisation des pilotes. Alors quand je vois cette Toyota à l'agonie au pied de la dernière remontée, je comprends tout de suite. Je me dis : « Hamilton est champion du monde, mais raconte le bien. » Et la meilleure façon de le raconter c'est de décompter un à un les pilotes qui en terminent, puis au moment où il passe la ligne en cinquième position, je peux exploser. Donc je les énumère et au moment où Hamilton franchit la ligne je ne dis pas « Hamilton est cinquième », mais « Hamilton est champion du monde ! », parce que c'est ça l'info. La satisfaction que j'ai, c'est de mieux en mieux lire à la fois ce qu'on voit et ce qu'on ne voit pas : imaginer toute la détresse de la famille Massa comme le soulagement d'Hamilton. Je pense avoir une bonne lecture mentale pour mieux raconter les événements.

Plusieurs années plus tard, vous êtes recruté par Canal+ pour commenter les GP à la TV. Que cela change-t-il à votre manière de travailler ?

Naïvement, j'ai cru que ce serait le même travail qu'en radio, mais j'ai très vite déchanté. (*Rires*) Canal+ m'avait écouté sur RMC et Europe 1 et souhaitait retrouver cette ferveur. J'étais très touché qu'on puisse penser à moi, mais ça faisait deux ans que j'écrivais à *L'Équipe* et que je ne commentais plus. Alors quand il a été question de s'y remettre, je me suis dit : « Tu vas repartir sur les bases que tu connais. » Sauf qu'en TV, il y a de l'image ! Et qu'elle raconte tellement de choses que tu la satures si tu racontes ce qu'on voit. J'étais très déçu de mon premier commentaire, mais déçu... Je trouvais ça nul ! C'était nul d'ailleurs. J'avais reçu un message de mon boss me disant : « C'est super. » Je lui avais répondu : « Merci beaucoup, mais je ne suis pas satisfait et je te promets que je peux faire mieux. » J'ai vite compris qu'il fallait accompagner l'image, travailler sur l'aspect émotionnel et être plus exigeant sur le côté descriptif. Je me suis servi de la précision de la presse écrite dans mes actes de description. Sur les dépassements il fallait aller au-delà dans l'analyse, je me suis rapidement dit : « Explique-nous ce qu'il se passe dans le comportement des voitures, sur les risques pris par untel, plutôt que de dire ce que tout le monde avait vu. »

Vous êtes aujourd'hui indissociable de votre duo avec Jacques Villeneuve. Comment se construit-il ?

C'est une relation de partage. Jacques, je le connaissais avant en tant que pilote, on avait déjà une bonne relation, c'est un bon client, il n'a pas sa langue dans sa poche et il n'y avait jamais de langue de bois, c'était chouette. Après, ça s'est fait simplement : j'ai infiniment de respect pour son palmarès et pour la personne qu'il est. Et lui aussi m'a témoigné du respect : il avait dit dans plusieurs interviews qu'il appréciait le fait que je fasse de la course automobile. Que ce soit un petit amateur comme moi ou un grand pilote de F1, l'émotion, je suis persuadé qu'elle est la même. Je pense que j'ai autant de bonheur qui m'envahit quand je gagne le Trophée Andros, que George Russell lorsqu'il remporte son premier Grand Prix. Quand tu commentes ça, ça te ramène à toi : « Cette joie je la connais, donc les mots que je choisis ne doivent pas être loin de ce qu'il doit ressentir actuellement. » Et pareil dans la douleur.

Le jour du « accélère, accélère », vous vous imaginez donc à la place de Pierre Gasly ?

(*Il hésite*) Je ne me mets pas à sa place, mais à ce moment on est presque dans un sentiment universel. En tout cas en France, peu de gens souhaitent que ce soit Carlos Sainz qui passe la ligne en tête, on veut tous la même chose là ! On est d'accord que quand Grégoire Margotton commente la finale de la Coupe du monde il y a quelques semaines, on souhaite tous le même résultat ? Et cette tentative dans les arrêts de jeu, on a tous envie de la voir au fond ? C'est un sentiment universel. Là pour Pierre, c'est pareil, je sors de ma cabine de commentaire et je viens encore m'asseoir sur le canapé avec les millions d'abonnés. Certains m'ont demandé si j'avais préparé : mais jamais de la vie ! Je suis juste 100 % spectateur, mais avec un micro entre les mains. Le « accélère, accélère », c'est juste la traduction de : « Délivre-nous ! Fonce jusqu'à la ligne, s'il te plaît ! » Je ne me mets pas à sa place, mais j'ai envie de le porter.

Avez-vous compris l'ampleur prise par ce commentaire ?

Pas du tout ! On rend l'antenne, on fait l'émission Formula One où on a les parents en pleurs, Jean Alesi en pleurs, Olivier Panis. Puis je retourne dans ma cabine, tout est éteint, il n'y a plus un bruit, plus d'écran, c'est le vide. Je ramasse toutes mes affaires, je suis rincé et la vague de submersion arrive... Le téléphone commence à sonner. Beaucoup ! Les messages affluent. Thomas Sénécal, le directeur des sports m'envoie un texto : « Dans les jours qui viennent, ça va secouer. » Je lui réponds : « Oui ça va secouer, mais pour Pierre ! » Et à partir du soir, c'est n'importe quoi, je n'arrivais plus à éteindre mon téléphone, ça faisait « bzzz, bzzz », il se vidait à une vitesse folle ! Il m'a fallu deux mois pour répondre à tout le monde ou au moins mettre un like, j'étais débordé. Le moment où j'ai pris conscience que peut-être j'avais un peu contribué à cette effervescence, c'est le lundi.

Pourquoi ?

Je n'avais pas fermé l'œil de la nuit et j'avais un rendez-vous en face (*il pointe du doigt le commerce à quelques mètres du bar où nous sommes installés*) chez l'orthoptiste pour mes lunettes. Il est 10 h du matin et juste avant d'arriver, je vois un appel entrant : Pierre Gasly ! Évidemment je décroche et je n'arrive pas à en placer une ! Il me dit : « Tout le monde m'envoie la vidéo de ton commentaire, c'est dingue ! » – « Mais pardon, c'est toi qui as gagné la course ! » Et lui est en boucle sur le commentaire : « Les Japonais chez Alpha Tauri ont pleuré devant ta vidéo alors qu'ils ne comprennent pas le français. » J'étais choqué ! Je lui ai dit : « Bravo à toi et merci, tu m'as offert mon 12 juillet 1998 ! » Ça y est, j'ai eu la chance de vivre l'événement d'une vie ! Le « On peut mourir tranquille, le plus tard possible, mais on peut », tout le monde l'a. Et à un autre niveau, le « accélère, accélère », les gens l'ont et me le disent très souvent. Mais ça m'a gêné, parce que le commentateur n'est pas celui qui fait l'événement. Par moments, j'avais trop le sentiment que le commentaire avait pris le dessus. N'oubliez pas que l'événement, c'est la victoire de Pierre Gasly. Ma seule satisfaction, c'est d'avoir été au rendez-vous au moment où il fallait l'être.

Comment gérez-vous l'aspect « inattendu » de cette victoire ?

Au moment du drapeau rouge, je dis à mon chef d'édition : « À partir de maintenant on change de braquet, on se tient tous prêts, ça peut déménager. » Je sais que je peux confier les rênes de l'antenne à Jacques, car il connaît les codes. Pendant deux minutes j'ai besoin d'être en échange avec mon chef d'édition, parce que je veux qu'il me donne la liste dans l'ordre, de tous les pilotes français vainqueurs d'un GP depuis que la F1 existe. Je ne veux surtout pas en oublier un seul. Je cherche moi-même le nombre de jours d'écart exact entre la victoire de Panis à Monaco en 1996 et celle de Gasly. Puis à la fin, Jacques est très fort, il se met en retrait. Il n'y a plus d'analyse à faire, on est dans l'action pure et dure, je pars dans ma tirade, il ne me coupe pas et je peux me laisser porter par le dernier tour.

La victoire d'Esteban Ocon l'année suivante est-elle aussi riche en émotions ?

Les gens m'ont dit : « On vous sentait moins dedans que pour la victoire de Pierre. » Si vous réécoutez, je vous le promets, je suis dans le même état, c'est une question de perception parce que les gens ont vécu une scène similaire peu de temps avant. Mon commentaire est tout aussi enflammé. Tellement que je manque de me rater sur une des dernières phrases, je me rattrape de justesse. Je voulais dire « Elle va être historique cette victoire », et je dis « cette voiture ». La fatigue ! Je me dis « merde, c'était pas "voiture" », alors je tente une répétition : « Elle va être historique cette victoire ! Et il va être historique ce pilote ! » Je me rattrape aux branches stylistiques.

Évoquons un moment plus dur : le crash de Romain Grosjean à Bahreïn... Comment trouver les mots justes ?

Je suis témoin de son mariage, parrain de son premier enfant, on est extrêmement proches. On a mis ça de côté sur les week-ends de course et je me suis constamment forcé à exacerber mon objectivité avec lui. Mais j'ai toujours une petite appréhension au départ. Nos cabines sont au-dessus de la grille, je vois mon ami à quelques mètres et je me dis : « Pourvu que dans les quinze secondes, il ne se passe rien. » Au moment de l'accident, on cherche d'abord à savoir qui c'est. Je vois tout de suite que c'est une Haas. Je n'ai rien contre Magnussen évidemment, mais mon premier réflexe c'est de me dire : « Pourvu que ce ne soit pas Romain. » C'est ma réaction humaine. Je lève les yeux sur la carte GPS du circuit et je vois le petit point « GRO » arrêté. Ça prend trois secondes. Je sais que c'est lui. Et quand je ramène les yeux sur l'image, je vois que la boule de feu n'a pas diminué. Il y a 110 kg d'essence au départ, ils ont fait 400 mètres... Mentalement c'est bizarre : une partie de moi passe en pilotage automatique. On m'a toujours appris que sur un événement grave, il fallait faire simple, ce n'est pas le moment de faire du grand commentaire, il faut aller à l'essentiel. Du factuel. Il faut rester sur le présent et être prudent, décrire ce que l'on voit. La deuxième partie de mon cerveau, elle est par terre et dans le questionnement : « Est-ce qu'il est mort ? Est-ce qu'il est brûlé ? S'il est mort, que va-t-il se passer dans les minutes qui viennent ? » On pense à tout ça, ça dure trente secondes, tu as toutes les idées noires. On a déjà enterré deux Français, Jules Bianchi et Anthoine Hubert, je me dis : « Mais ça ne va pas s'arrêter ? » Je parle, je parle et je meuble pour chasser les idées noires. Je ne peux pas lâcher l'antenne, c'est mon métier, je ne suis pas seulement là pour les bons moments.

Et finalement, Romain s'extirpe du brasier !

Au moment où on le voit, je suis tellement perturbé, que la première image que je vois de lui, je ne réalise pas que c'est du direct. Je pensais qu'on nous montrait des archives. Il m'a fallu trois ou quatre secondes pour me dire : « C'est bon, il est vivant. » Les trente secondes d'avant étaient un combat mental. J'essayais de me dire « si ça se trouve ça va », mais ça ne pouvait pas aller ! Quand ils nous montrent les images de la carcasse, puis de l'accident, je me dis « mais c'est impossible qu'il soit sorti de ça ». Je suis presque plus sous le choc rétrospectivement. Et là je reçois un message de Christine Bianchi – la maman de Jules – qui m'a bouleversé et c'est ce qui m'a fait craquer à l'antenne. Elle m'écrit : « Au moins l'accident de Jules aura servi à sauver la vie de Romain. » (*À la suite de l'accident de Jules Bianchi, les cockpits des monoplaces sont équipés d'un halo de sécurité*) Évidemment, me remonte à l'esprit le drame vécu au Japon, les heures d'attente à l'hôpital, la conséquence désastreuse et mortelle de l'accident de Jules. Elle a le courage de m'envoyer ce message. Alors là... C'était trop ! J'étais déjà limite... Quand j'ai repris l'antenne, j'ai expliqué pourquoi j'avais craqué. À la fois parce que je trouvais le message de Christine tellement fort et en même temps pour rassurer les gens sur le fait que je n'avais pas appris de mauvaises nouvelles sur la santé de Romain.

Comment aviez-vous vécu ce drame de Jules Bianchi à Suzuka ?

En tant que commentateur, c'était plus « facile » à gérer. On n'avait pas vu l'accident. On savait que c'était grave, mais on ne nous avait rien montré, il n'y avait pas de flamme. On était dans l'incertitude. Le Grand Prix se termine, on rend l'antenne. Après il y a l'hôpital, l'attente, là on commence à prendre conscience de la gravité de ce qu'il s'est passé, mais on n'a plus l'antenne à tenir.

Passons à une question plus légère. À quoi attribuez-vous le regain d'engouement récent pour la F1 ?

C'est un alignement des planètes. Beaucoup d'éléments entrent en jeu dont la série Netflix bien sûr. Il y a aussi la reprise de la F1 par Canal+. À l'époque, elle n'était plus considérée comme j'estime qu'elle devait l'être. À l'instant où elle arrive sur Canal, on y remet des moyens humains, financiers et on décide d'en faire quelque chose de grand. On souhaitait immerger les abonnés au maximum, les plonger dans les coulisses, faire en sorte qu'ils ressentent ce que nous ressentons sur place. Après le confinement, la F1 est aussi le premier sport mondial à reprendre et offrir un spectacle vivant.

Le duel Hamilton-Verstappen y a-t-il aussi contribué ?

Bien sûr ! La F1 a revu ses règlements pour rapprocher les pilotes et les écuries. Plus il y a de batailles, plus l'histoire est belle à raconter. Et à la fin, les gens s'attachent aux personnages de l'histoire. C'est une addition de plein d'éléments qui ont fait réaliser aux gens que la F1 était géniale. Tous ces éléments ont amené un public plus jeune. Je mesure tous les jours sur les réseaux sociaux le rajeunissement du public et sa féminisation. Les femmes aiment le drama de la F1, elles connaissent les « undercuts » et les « overcuts » comme n'importe qui. Il y a une passion chez les femmes de plus en plus importante ! Vous allez voir la génération de jeunes filles qui vont arriver en karting.

Un mot sur le Grand Prix Explorer suivi par plus d'un million de personnes ?

Squeezie m'avait invité. Je suis curieux de nature et je voulais voir quel était cet OVNI. C'était incroyable ! Une folie ! Je ne pouvais pas passer à côté de ça. J'ai halluciné du monde sur place – 40 000 personnes – de l'ambiance et de la bienveillance. Tout le monde a vécu un truc de dingue. J'ai été scotché de l'accueil que j'ai reçu là-bas. Et l'événement en lui-même était d'une qualité ! La bande de jeunes de Squeezie est bourrée d'idées, ce sont d'énormes bosseurs. Ils sont tous arrivés avec humilité. Et la course était super belle !

Votre anecdote secrète ?

Une année, au départ du GP du Brésil, j'étais debout et j'ai appuyé mon pied sur l'arrière de la chaise, qui s'est repliée. Je me suis cassé la gueule ! J'avais mon pied coincé entre les barreaux de la chaise. J'étais par terre, j'avais mal et je devais commenter le départ, c'était du commentaire de l'extrême. J'ai réussi à ne pas éclater de rire et ne pas lâcher l'antenne en attendant de m'extirper.

prime video
prime video

SMAÏL BOUABDELLAH

« IL FAUT RESPECTER CEUX QUI NOUS REGARDENT ET CEUX QUI JOUENT SUR LE TERRAIN ET QUI PARTICIPENT À CE SPECTACLE. »

L'amour du football comme leitmotiv, la spontanéité comme marque de fabrique, Smaïl Bouabdellah se veut fidèle à sa personnalité derrière le micro : simple, chaleureux et conscient de son immense privilège de se nourrir de la passion de sa vie. Ceux qui l'ont un jour côtoyé dans une rédaction pourront témoigner de son amour profond du ballon. Lui, l'enfant bercé aux fulgurances de Diego Maradona et biberonné aux exploits du Racing Paris.

À l'instar des joueurs de foot modernes, le désormais commentateur de Prime Video a lui aussi été régulièrement transféré depuis ses débuts dans la profession. Parmi ses anciens « clubs » figurent beIN Sports, L'Équipe ou Téléfoot-La Chaîne. De quoi dresser un CV à la hauteur du palmarès d'Enzo Francescoli, l'un de ses premiers héros.

Initialement prévue en novembre, notre rencontre est décalée au mois de janvier, à cause de l'enchaînement rapide entre les matchs de Ligue 1 et ceux de la Coupe du monde, qu'il commente pour la chaîne togolaise New World Sport. Smaïl devient alors le treizième commentateur interviewé pour les besoins du livre : « Le 13 ? J'espère qu'il me portera chance. Normalement moi c'est le numéro 10 hein ! » Le 10, comme son idole Zinédine Zidane, dont il a fait floquer le nom avec fierté, sur une de ses tuniques de l'équipe d'Algérie.

Votre passion du football naît-elle, comme beaucoup, dès l'enfance ?

Oui, je n'ai pas la passion du journalisme ou du commentaire à la base. Je fais ce métier parce que j'aime le foot. Je voulais trouver un travail qui me permettrait de vivre au plus près du terrain, au plus près de ce qui me donne – à part ma famille – le plus d'émotions dans ma vie. Je suis issu d'une famille de footballeurs : le papa, les tontons, les cousins. Toute notre vie a tourné autour du foot, à y jouer, à en parler, à le regarder et à le vivre. C'est un virus familial. Pour moi, le foot, c'est l'enfance, les copains et la famille.

Le foot, c'est aussi les Bleus de 1998 et Zinédine Zidane...

Bien sûr, mais j'ai été piqué par le foot bien avant Zizou ! Il m'est propre et il m'est intime, mais ma passion du foot ne vient pas de lui. Elle vient de Maradona, de Sócrates, de Zico, parce que c'étaient les joueurs que mon père aimait. Il est né en 1957, sa première vraie Coupe du monde, c'était celle de 1970. Après je citerais Chris Waddle ou Enzo Francescoli parce que lui jouait au Racing (*RC Paris*). Ce sont sûrement des joueurs que mon père m'a donné à aimer. J'adorais Raï et je pense que je l'aimais parce que c'était le frère de Sócrates et que mon père me disait : « Tu dois l'aimer. » Après vers l'âge de 10 ans, quand Zizou a commencé à jouer, il avait ce truc spécial. Vous savez, à ce moment-là, il n'y avait pas beaucoup de joueurs d'origine algérienne ou maghrébine au très haut-niveau en D1. J'adorais Alim Ben Mabrouk et Aziz Bouderbala qui jouaient au Racing. Mais en 1992, le Racing n'est plus en D1 et dix ans, c'est l'âge auquel tu te crées tes premiers héros. Moi, Zizou, c'est ma première idole, à moi tout seul. C'est aussi pour ça que j'ai aimé Redondo, Del Piero, Romário, Roberto Baggio. Parce que ces joueurs-là étaient mes joueurs à moi. Contrairement à Maradona qui était aussi le joueur de mon père !

Au milieu des années 2000, vous subissez une fracture de la jambe alors que vous jouez au football à un bon niveau. Vous choisissez alors d'opter pour le journalisme. Pourquoi ?

C'est très bien que vous tourniez la question comme ça. Souvent les mecs te disent : « Tu sais je devais être pro, mais les croisés... » Non, non, moi je n'ai pas été pro parce que je n'avais pas le niveau ! Fin du débat et fin de la discussion sur mes espoirs de devenir professionnel. J'ai eu une grande carrière de joueur amateur, j'ai encore une licence aujourd'hui à quarante ans, dans un club de niveau régional à côté de chez moi et j'en suis très fier. Je n'ai pas changé ma façon de jouer depuis l'âge de cinq ans. Mais il me manquait certaines choses pour devenir professionnel. Alors au lieu de dire : « Je ne suis pas devenu footballeur parce que je me suis cassé la jambe », j'aime à dire : « Je suis devenu journaliste parce que je me suis cassé la jambe ». J'ai eu la chance d'avoir des parents qui m'ont poussé pendant mes études. J'avais une licence de sociologie, je me dirigeais vers l'enseignement pour devenir professeur des écoles ou professeur d'histoire. Et puis on m'a soufflé l'idée de tenter le journalisme. J'ai trouvé une école gratuite : l'Institut Pratique du Journalisme et j'ai débuté en alternance à France 3 Normandie pour apprendre le métier.

Avec quelle ambition débarquez-vous dans le milieu du journalisme ?

Je n'avais qu'un seul objectif : être dans le foot. Je ne vais pas vous dire que je voulais commenter des matchs ou présenter des émissions. Non ! Demain si vous me mettez en PQR (*Presse Quotidienne Régionale*), je serais très heureux. À France 3

Normandie, je faisais des Pacy-sur-Eure contre Quevilly-Rouen, des FC Rouen-Racing et j'étais le plus heureux du monde.

Votre passé de footballeur amateur vous a-t-il permis de tisser des liens avec de futurs professionnels ?

J'ai eu la chance de jouer dans le plus beau club du monde : le Racing ! Et je suis de la génération Karim Ziani et Franck Béria. Celle au-dessus de moi, c'est celle de Benoît Cheyrou, Papus Camara, Brahim Hemdani, Louis Saha. Juste en-dessous celle de Michaël Ciani. J'ai aussi été éducateur de Steven Nzonzi et de Sada Thioub, j'ai eu cette chance-là.

Pourquoi avoir endossé ce rôle d'éducateur ?

Quand on avait quinze ans, au Racing, on était obligé de donner un mercredi par mois à l'école de foot. J'y suis allé un mercredi et je n'en suis jamais sorti. J'ai adoré ça. Ce serait trop présomptueux de dire que je voulais transmettre, je n'ai pas joué assez haut pour être dans la transmission. Je suis davantage dans le partage. Je veux partager ce que j'aime et ce que j'ai vécu dans le foot. J'ai un parcours qui parle à plus de monde que celui d'un footballeur professionnel. Plus de gens auront le mien. Ce que je dis à tous les gamins, c'est : « Kiffez le foot ! » Je suis très heureux de ma carrière de footballeur amateur et je pense que je ne pouvais pas rêver mieux. Je pense sincèrement que j'ai eu une plus belle carrière amateure que certains joueurs n'ont eu de carrière professionnelle. Parce que j'ai joué de la manière qui me faisait le plus kiffer au monde, avec mes amis. Pas mes copains : mes amis ! J'ai joué pendant trente ans dans le même club. Le Smaïl gamin, il passait sa journée au stade, il connaissait tout le monde, il faisait la touche pour aider, il rangeait les ballons, il faisait ramasseur de balle. Et quand je suis monté en senior pour jouer avec l'équipe première, j'étais fier parce que je voyais dans les yeux des enfants, le même regard que j'avais quand je regardais les joueurs de CFA. J'ai aimé des joueurs du Racing qui étaient amateurs comme Richard Soulas, Guillermo Izquierdo. Ce sont des mecs que vous ne connaissez pas, mais qui sont des grands noms du club.

Vous entrez à L'Équipe TV en faisant preuve d'un grand culot (*il s'était présenté dans les locaux en assurant avoir rendez-vous avec le rédacteur en chef*). Est-ce un trait de votre caractère ou était-ce contre-nature ?

Non, ce n'est pas du tout mon caractère ! Du tout ! Aujourd'hui, j'ai peut-être un peu plus de sérénité parce que ma vie professionnelle a plus d'épaisseur, mais non, je ne me suis pas dit : « Je dois forcer mon caractère sinon personne ne me prendra. » Je ne me suis jamais victimisé. Je me suis simplement dit : « Fais-le, il n'y a rien à perdre. » Je n'ai pas le caractère de super-héros, il n'y a aucune gloire à sortir de ça.

D'abord présentateur à L'Équipe TV vous devenez ensuite commentateur pour CFoot...

Pierre Peyronnet vient me chercher avec Éric Hannezo pour commenter et faire du documentaire. À CFoot, je fais une vraie rencontre : celle de Jean-Michel Roussier. C'est celui qui m'a toujours vu avant tout comme un commentateur. Je suis parti à CFoot, ça a coulé. Je suis parti à Téléfoot, ça a coulé. Mais au lieu de lui en vouloir et lui dire : « Mais dans quelle galère m'as-tu emmené ? », ce sera toujours la première personne que je remercierai. Je pense avoir rencontré deux personnes déterminantes dans ma carrière : lui et Charles Biétry à L'Équipe TV. Quand je pars à CFoot, Charles Biétry me dit : « Surtout, ne pars pas. » Et bien que je parte quand même, il me rappelle quelques années plus tard pour venir à beIN Sports. Charles Biétry est quelqu'un de très important, pour qui j'ai beaucoup de respect.

Ces gens-là ont-ils eu besoin de vous convaincre d'exercer le commentaire ?

Non, ils m'ont donné l'opportunité d'en faire, mais j'en ai toujours eu envie. Quand j'étais à beIN Sports, je commentais déjà quelques matchs. J'avais suivi l'Olympique de Marseille en Coupe d'Europe et j'avais fait le Chelsea-PSG (2-2), qu'on me ressort tout le temps. Ça me fait mourir de rire parce que depuis, certains disent que je suis supporter de l'OM et d'autres pensent que je suis pour Paris. Ceux qui m'insultent me font encore plus rigoler. Quand j'ai commencé à commenter de manière plus récurrente, Charles Biétry m'a souvent donné des conseils. Ce n'étaient pas toujours des remarques très positives d'ailleurs, mais ce sont sûrement les meilleures, car ce sont celles qui te font progresser. Quand tu sais qu'une personne te veut du bien, tu peux même entendre que t'es nul !

Que vous disait-il ?

Il me corrigeait avec bienveillance. Il m'a toujours dit de bien garder mon émotion et ma passion du foot.

Quel est votre premier grand souvenir au micro ?

Arles-Avignon–Le Mans, 1-0, but de Romain Rocchi pleine lucarne ! C'était la première fois que je commentais un match en direct avec une vraie exposition. On m'en parle encore ! À ce moment-là, je crois que je m'imagine dans un match de Boca Juniors, je dois gueuler comme un cochon « Golazooo ! », ou quelque chose comme ça. Le kiff quoi ! Je n'ai pas de modèle référence de commentateur, mais j'ai des inspirations sud-américaines. J'ai beaucoup regardé le football argentin, brésilien, même portugais. Ce match, je m'en rappelle bien parce que c'est ce jour-là que Jean-Michel Roussier me dit : « Maintenant, tu vas vraiment commenter, tu ne vas faire que ça. »

Vous sentez-vous à l'aise dès vos débuts ?

Je n'avais pas d'appréhension en tout cas. Je pars du principe que si tu travailles, tu peux ne pas être bon, mais tu ne peux pas être nul. Je me suis dit : « Je vais parler de foot, c'est ma passion, j'y suis ! » Comment voulez-vous que j'appréhende ? Je n'ai rien à perdre en fait. Si ça ne marche pas, ça ne marche pas, je retournerai présenter des émissions.

Vous avez brièvement évoqué vos influences. Les commentateurs algériens sont-ils également une source d'inspiration ?

Vous les avez déjà écoutés, vous ? C'est phénoménal, ils parlent 100 % du temps et tout est important. Je suis incapable de faire ça, mais j'adore. Mes parents sont Algériens et Français, ou Français et Algériens, on peut le tourner dans tous les sens. Et moi aussi, j'ai la double nationalité. Mais de là à dire qu'ils sont des sources d'inspiration, non. Parce que quand on regarde le foot avec ma famille, c'est à la TV française. Il n'y a que moi qui regarde les matchs algériens sur internet. Mais j'adore aussi les commentateurs argentins : Pollo Vignolo, Mariano Closs, Víctor Hugo Morales, ce sont des mecs qui me plaisent. J'adore ça. En France, quelqu'un me donnait la même émotion : Thierry Gilardi. Mais je n'ai pas de règle dans le commentaire, pas de mécanique. Je suis incapable d'analyser ça, je n'ai pas intellectualisé le commentaire. Ni le foot d'ailleurs.

Que souhaitez-vous transmettre aux téléspectateurs ?

Les émotions. Je ne souhaite pas transmettre, je souhaite partager. Chaque supporter d'une équipe qui prend un but doit penser que je suis pour l'adversaire. Parce que je suis content pour celle qui a marqué. J'ai toujours l'émotion du but. Je veux la partager, qu'elle soit positive ou négative. Au final, tu vis le foot pour ça.

Quel match vous a offert vos plus belles émotions ?

C'est cette rencontre de Ligue des champions entre Chelsea et le Paris Saint-Germain ! Le 2-2 et le but de Thiago Silva à Stamford Bridge (2015). D'ailleurs ceux qui disent que je suis supporter du PSG s'appuient sur ce commentaire : « Regardez comment il crie : “Ouais, ouais, ouais” ! » Ouais, j'ai crié, ouais. C'est vrai. (*Ton désabusé*) J'ai grandi dans la rivalité avec le PSG parce que je suis pour le Racing, donc vous imaginez bien que je ne suis pas supporter du Paris Saint-Germain. Sinon ma dernière grande émotion, c'est Maroc-Espagne en Coupe du monde. La panenka d'Hakimi. J'ai eu la chance de commenter le Mondial pour New World Sport qui diffusait dans toute l'Afrique sub-saharienne et francophone. J'ai dû commenter ce match pour 120 millions de téléspectateurs, c'était grandiose.

Arriveriez-vous à décrire ces émotions ?

J'ai des émotions de joueurs. Ils font un match de Ligue des champions ou de Coupe du monde et moi je fais un match de Coupe des Hauts-de-Seine. Je me dis : « Mais l'émotion et le kiff que ça doit être ! » Je me mets à la place de celui qui a marqué, j'ai des réflexes de joueur. Mais pas de joueur professionnel attention, simplement de joueur de foot. Pour Chelsea-PSG, j'étais au stade avec Bruno Cheyrou, qui est le grand-frère de mon ami d'enfance. C'est très symbolique ce qu'il se passe ce jour-là.

Le fait de baigner dans le foot depuis tant d'années, notamment dans le rôle d'éducateur, est-il un avantage dans la pratique du commentaire ?

Certainement, mais ce n'est pas parce que vous n'avez pas joué au foot en DH, en CFA 2 ou que vous n'avez pas été éducateur que vous ne serez pas un excellent commentateur. Après, ça me donne des clés en plus, bien sûr. Déjà, je suis à la page avec les jeunes. Quand j'étais petit et que j'avais des chaussures de couleur, l'entraîneur me faisait sortir et me disait : « Va chercher des chaussures noires sinon tu ne joues pas. » Ce n'est plus comme ça aujourd'hui, mais j'ai vu arriver le changement des mentalités. Je ne dis pas que je les excuse, mais je sais comment fonctionner avec des mecs qui arrivent avec le casque sur les oreilles et une démarche atypique. Ça ne me surprend pas, je ne suis pas déconnecté de la réalité et de leur façon de penser.

Quels rapports entretenez-vous avec les joueurs de Ligue 1 actuels ?

Je m'interdis de les mettre en difficulté. Par exemple, si j'ai envie d'avoir la compo, je la demande à l'entraîneur. Comme ça personne ne peut être mis en porte-à-faux. Il y a des joueurs que je ne connais pas du tout, certains avec qui c'est « bonjour », « au revoir » et d'autres que je connais, avec qui j'échange et c'est toujours super agréable. Et puis, il y a ceux dont tu te rapproches et qui deviennent des amis. C'est souvent une question de générations.

Observez-vous une routine d'avant match ?

La sieste ! Pour le reste je n'ai aucune routine, aucune superstition. J'ai travaillé, j'ai préparé ma rencontre… De toute façon, ce n'est pas moi qui fais le match. Si tu mets la finale de la Coupe du monde et que le match est exécrable ou si tu mets un Gueugnon-Avranches – sans manquer de respect aux deux équipes – et qu'il y a 5-5, ce n'est ni grâce à moi ni à cause de moi que le match est bien ou pas. Par contre, ce que j'adore, c'est descendre au bord du terrain. Je regarde tout, j'adore l'odeur de l'herbe, des frites, des merguez. Mais c'est l'odeur du foot amateur.

Prenez-vous le temps d'aller parler aux arbitres comme le fait votre collègue Julien Brun ?

Mais lui, il est délégué syndical ! (*Rires*) Julien est le meilleur représentant des arbitres de France et ça vous pouvez l'écrire, il le sait. C'est lui leur porte-parole ! Sans rigoler, on a ça en commun avec Julien : quand vous arrivez au stade, c'est comme lorsque vous arrivez sur votre lieu de travail, vous dites bonjour aux gens. Mais ce n'est pas de la superstition, c'est de la politesse. Si vous avez une médaille pour ça... (*Il souffle*) C'est nul ! C'est vrai que souvent ce sont les arbitres qui sont là les premiers, donc on les voit. Et après, il y a toujours des joueurs que tu connais avec qui tu rigoles, des entraîneurs... Il n'y a pas de pression.

Vous êtes également connu pour le fameux Total Régal qui vous permettait de mettre en lumière les plus beaux gestes techniques du championnat sur les Multiplex. Est-ce une fierté ?

Oui, c'est quelque chose dont je suis très fier. C'est une marque qui appartient à beIN Sports. Mais attention, le Total Régal, ce n'est pas que moi : c'est David Benarousse et moi. Et c'est important de le souligner. J'y tiens. David qui a d'ailleurs été monstrueux pendant la Coupe du monde. En plus il commentait l'Argentine ! C'était génial.

Y a-t-il des punchlines dont vous êtes fier ?

Non, je ne crois pas avoir de punchline, moi. Il faut peut-être demander aux gens. Je peux davantage rebondir sur une talonnade, une aile de pigeon ou un petit pont qui va me faire kiffer. Mais moi, je ne suis pas un grand littéraire, si je travaillais en presse écrite, je n'aurais pas de belles formules. Je ne suis pas de cette catégorie-là. En toute humilité, il y a des gens brillants : je n'en fais pas partie ! Je dois être pas mal sur d'autres trucs, mais vous le voyez bien, je commente les matchs de la même manière que l'on se parle là. Donc non, je n'ai pas de punchline, je n'ai pas ce talent-là. Par contre, là où je suis très à cheval, c'est sur la préparation du match. Savoir comment les équipes ont travaillé les coups de pied arrêtés, comment elles s'organisent à la récupération, dans les un contre un. Il faut respecter ceux qui nous regardent et ceux qui jouent sur le terrain et qui participent à ce spectacle. Il faut respecter tous les acteurs du foot. Au même titre que votre employeur.

Avez-vous connu des coups durs dans ce métier ?

Jamais. À part lors de très rares et tristes fois, les gens ne meurent pas du foot. Il n'y a jamais rien de grave, jamais de mauvais moments. Je ne peux pas utiliser le mot « grave » quand je parle de mon métier. Je peux parler de privilège, d'émotions, mais il n'y a pas de mauvais moments, tout est génial. Mais ça ne veut pas dire que je ne me suis jamais déchiré, hein.

Vous relativisez beaucoup ?

Bien sûr ! Il y a peut-être des journalistes qui ne dorment pas quand il se gourent sur un truc. Mais alors là... (*Il souffle*) Moi, non !

Y a-t-il un match que vous rêveriez de commenter ? Une rencontre du Racing ?

Ah ouais ! Je vous promets ! Je rêve de commenter la montée de D2 en D1 du Racing. Enfin de Ligue 2 en Ligue 1, je dis D2 parce qu'on est descendu en 1990 ! (*Il marque un temps d'hésitation*) Quoique... Non, je ne sais pas même si je voudrais le commenter. Parce que je serais au stade ! Et j'espère que j'emmènerais mes enfants et ma famille. Il y aurait mon papa, mes oncles, mes cousins, mes copains du foot. Donc, non pas le Racing.

S'il y avait un France-Algérie en Coupe du monde, vous n'auriez donc pas, non plus, envie de le commenter ?

Je pense de façon très égoïste que ce n'est pas quelque chose que je voudrais partager avec des gens que je ne connais pas. Parce que j'aimerais tellement le faire avec des gens que j'aime et qui me sont chers. C'est très égoïste. Mais France-Algérie, je préfère rester à la maison avec la famille, qu'on rigole, qu'on se charrie et qu'on soit très heureux de vivre ça quoiqu'il arrive. Mais sinon, des rêves... Je n'ai jamais commenté un but de Pierrick Capelle, qui est mon ami ! Et puis ce coquin de Sada Thioub, qui est sûrement celui que j'ai eu le plus souvent au foot en tant qu'éducateur, je l'ai commenté plein de fois et il n'a jamais marqué non plus, ce petit con ! (*Rires*) Ce sont plus des choses intimes comme ça, que j'aimerais commenter. Pour le reste, souhaitez-moi juste que ça dure le plus longtemps possible, de travailler avec des gens bien et de continuer d'apprendre. Je progresse beaucoup en regardant Julien (*Brun*), je le trouve juste. Il aime trop le foot direct alors que je préfère le jeu de passes, mais ça ne nous fâchera pas. J'aimerais prendre un peu de sa justesse.

Votre anecdote secrète ?

Avec Prime Video, on commente deux matchs par week-end et un dimanche je fais PSG-OL au Parc des Princes. Le 2-1 avec le but de Paquetá (*2021*). Je fais ma sieste à l'hôtel et dans ma pochette j'ai ma fiche jaune, je l'emmène au stade et je m'installe au poste commentateur. Les compositions d'équipes tombent, il y a un changement par rapport à ce qu'on attendait. Et en voulant modifier ma composition, je me rends compte que j'ai pris la fiche du match de la veille... Du coup, j'ai commenté le match sans notes ! D'où l'importance des gens capitaux dans notre métier : les consultants et surtout les chefs d'édition. Ce sont les personnes les moins connues, les moins vues, mais ce sont elles les plus importantes. Benoît (*Cheyrou*) m'a aidé, mais ça l'a bien fait rigoler !

ANNE-LAURE SALVATICO

« JE VEUX TROUVER DE BELLES FORMULES, DE JOLIS MOTS, DES RÉFÉRENCES. J'ESSAIE AUSSI D'ÉCOUTER LES AUTRES, DE VOIR CE QUI MARCHE OU PAS. »

En 2019, Anne-Laure Salvatico devient la première femme commentatrice principale de football sur Canal+. Au fil des saisons, elle s'impose comme l'une des voix les plus marquantes de la chaîne cryptée et l'un de ses visages les plus connus. Fan de football depuis le berceau, la jeune sudiste n'avait pourtant jamais envisagé devenir journaliste de sport avant que le destin ne lui propose un stage chez Infosport+, chaîne du groupe Canal+, en juillet 2008. Quoi de plus naturel pour celle qui, adolescente, ne ratait jamais un Jour de Foot ou une affiche de Ligue 1 en prime time, retransmise par le diffuseur historique du football français ? À 38 ans, elle est aujourd'hui la commentatrice phare de la D1 Arkema et se voit confier certaines affiches de Premier League et de Ligue des champions. Autour d'un café moderne situé rue du Bac, dans le VIIe arrondissement de Paris, elle nous raconte ses débuts au micro de sa chaîne de cœur, le soutien indéfectible de ses collègues et les émotions suscitées par l'exercice de sa passion. Notamment, lorsqu'il s'agit de couvrir un match de Liverpool, dans la mythique enceinte d'Anfield.

Comment la passion du sport vous saisit-elle ?

Comme beaucoup je pense que c'est une histoire de famille. J'ai reçu une éducation par le sport. Il n'y avait pas le choix à la maison, il fallait en faire. Mes parents estimaient que c'était important pour le bien-être et le développement. Mon père jouait au foot, mon frère aussi. J'ai baigné là-dedans. Je passais mes week-ends au bord du terrain pour aller les voir jouer. C'est une passion familiale. Il n'y avait pas un seul repas sans évoquer le classement de la Ligue 1. Petit à petit je m'y suis mise aussi. À Ramatuelle, dans mon village, une section féminine s'est montée quand j'avais quatorze ans. Et j'ai joué pendant dix ans. La passion du foot est là depuis le début et elle ne m'a jamais lâchée.

À cette période-là, le journalisme n'est pas encore dans votre esprit ?

Non. Je voulais rester dans le sport. Le journalisme, ça s'est dessiné sur le tard. Une fois que j'ai eu ma licence STAPS, option foot. J'adorais écrire, raconter des histoires. À l'école, quand il fallait faire des rédactions, j'étais à fond ! Un jour c'est tout bête, j'étais chez ma grand-mère et je lisais *Var Matin.* Il y avait une page sur une formation journalisme qui s'ouvrait à Toulon. Je me suis dit : « Ça m'irait bien. » J'ai mis 21 ans pour m'en rendre compte ! Finalement, cette formation ne s'est pas ouverte, mais j'ai fait l'école de Nice. Le journalisme, ce n'était pas si évident avant la vingtaine.

Quels sont vos premiers grands souvenirs de sport à la télé ?

France 1998 a compté ! C'est un marqueur, l'année zéro, pour moi, comme pour beaucoup de personnes de ma génération. Je peux décrire ce que je faisais à chacun des matchs, avec qui je les ai regardés. C'est un été que je n'oublierai jamais, mais j'ai aussi des souvenirs bien plus vieux. On avait Canal+ à la maison, mon oncle venait voir les matchs. Et ce dont je me rappelle, ce sont les grandes disputes ! (*Rires*) Mon père est supporter des Verts, et mon oncle de l'OM. Il y a toujours eu beaucoup de passion à la maison autour du foot. Ce sont mes premiers souvenirs. Depuis toute petite, j'ai suivi l'Olympique de Marseille. Mon frère aussi, il était fan de Chris Waddle, je me rappelle sa coupe de cheveux. On avait des fanions à la maison, des housses de couette de l'OM.

Avez-vous déjà des influences à cette époque ?

Petite, non ! Ce n'était pas un métier que je souhaitais exercer. Je n'avais pas l'oreille attentive, je ne me disais pas : « Mais comment font-ils ? » Mes souvenirs ce sont vraiment les samedis soir où l'on partait manger chez des amis et on rentrait vite pour ne pas louper le début de Jour de Foot. Mes vrais souvenirs sont là. Les journalistes n'étaient pas des modèles. Mais je suis un bébé Canal+, je ne regardais pas les autres chaînes. Donc je me rappelle Gilardi, Mathoux. Nathalie Iannetta aussi. Même si à l'époque je n'avais pas cette réflexion : « Ah, elle est la seule femme. » Je me rappelle juste du plaisir que j'avais à regarder les résumés.

C'est donc avec une certaine forme de logique que vous vous retrouvez, quelques années plus tard, sur Canal+ ?

C'est une logique qui s'est un peu imposée à moi. Les choses se sont dessinées tout doucement. Même quand j'étais en école de journalisme, je n'étais pas certaine de vouloir faire du journalisme de sport. Ça m'avait ouvert l'esprit sur plein d'autres univers, notamment la politique. C'est à l'école de journalisme de Nice qu'ils ont réalisé qu'ils avaient une passionnée de sport et ce n'était pas très commun quinze ans en arrière. Ils m'ont proposé un stage à Infosport. Et là j'ai réalisé : « C'est Canal+, waouh ! » Et j'y suis allée. Aujourd'hui, je me dis : « Quelle autre issue y aurait-il pu avoir pour une bébé Canal+ ? » C'était écrit. Ça a commencé par un stage d'un mois en juillet 2008. Puis les piges et les premiers contrats.

Avance rapide : comment se présente la première opportunité de commenter un match ?

Elle se présente juste avant la Coupe du monde féminine en France. Un énorme tournant pour le foot féminin dans notre pays. On est en 2019. Pendant onze ans j'ai fait du reportage, de l'édition, de la présentation. J'étais un couteau suisse. Canal+ s'est dit : « On est à l'orée d'un Mondial en France, on va tout diffuser et on n'a pas de commentatrice ! » C'est quelque chose qui les a interpellés et ils se sont demandé qui dans la rédaction pourrait être intéressée et avoir les aptitudes. Ils ont pensé à moi. J'ai joué, j'adore le foot. Grégory Nowak et David Barouh (*rédacteurs en chef à Canal+*) sont venus me voir et ils m'ont demandé. Fou rire ! Ma première réaction a été de rigoler, car je ne m'étais jamais posé la question du commentaire. Ça m'a surprise puis après je me suis dit : « Pourquoi pas ? » Il y avait une journée de Ligue 1 ce week-end-là. J'avais choisi un match de Marseille pour faire un test hors antenne. Il a été concluant. La Coupe du monde a commencé et je me suis lancée sur un Brésil-Jamaïque le 9 juin 2019 en cabine. Dans mon parcours, les choses sont arrivées très lentement, mais à chaque fois au moment où elles devaient arriver. Je n'ai jamais forcé les choses, je suis d'une nature craintive et j'ai besoin d'être en confiance. Quand j'ai commencé le commentaire, il n'y a pas eu de jugement. Dès mon premier commentaire j'ai pu être adoubée par la rédaction foot. Les premiers retours ont été très bons. Stéphane Guy, Dominique Armand, Hervé Mathoux sont venus m'encourager. (*Elle souffle*) Grand soulagement ! Je me suis sentie à ma place, je bosse, je bosse, je bosse pour le prouver chaque jour. Mais ça m'a fait du bien de sentir que la rédaction était derrière moi. C'était une suite logique, après 10 ans à Canal. J'ai besoin de mûrir les choses. Canal, c'est ma maison. Mes collègues sont comme ma famille.

En 2019, Stéphane Guy et Dominique Armand, que vous avez cités, commentent également cette Coupe du monde. Quels conseils vous prodiguent-ils ?

Des conseils, je suis la première à en demander. Ils m'ont beaucoup aidée, m'ont donné des clés. Hervé Mathoux et David Barouh l'ont fait aussi. J'ai eu des regards très bienveillants autour de moi. C'est lié au fait que je ne débarquais pas non plus. Ils m'ont aidée à avoir un ton moins scolaire. Au début, je donnais l'intégralité de ce que j'avais préparé sur mes fiches, il fallait prouver que j'avais travaillé. Surtout en tant que femme. J'étais trop « bonne élève ». Il fallait en sortir assez vite. L'enjeu du commentaire va bien au-delà de placer trois stats dans un match. On m'avait aussi demandé de prendre de la hauteur au quart d'heure de jeu, de dézoomer, d'être moins dans l'instant et de recontextualiser.

Les premiers retours de l'extérieur sont-ils également positifs ?

Sur mon deuxième match, Julien Froment (*ex-Europe 1*) avait mis un tweet super sympa me concernant et Grégoire Margotton avait mis un pouce derrière. Il avait acquiescé. Donc autant vous dire que pour moi c'était génial. Il avait écrit : « Je plussoie ! » Alors si Grégoire Margotton plussoie... Ça fait du bien, encore une fois, même s'il faudrait savoir faire les choses sans qu'on me dise « c'est très bien ». Mais j'ai tendance à apprécier le fait d'être cajolée. Quand Grégoire a écrit ça, ça m'a tellement touchée. Je l'avais aperçu quelque temps après sur un match, et je lui avais dit merci de loin. Il a compris de quoi je voulais parler. Sur les tout débuts, le positif pour moi, c'est surtout du soulagement. Je ne savais pas si je n'allais pas subir un raz-de-marée.

Le fait d'être une femme dans ce métier, générait-il une forme d'appréhension ?

C'était dans ma tête. Sur le premier match, Ludovic Deroin nous lance en disant que c'était la première fois que deux femmes commentent un match sur Canal. J'étais en duo avec Sandrine Roux. Forcément, vous ne pouvez pas dire que vous n'y pensez pas, mais pour moi l'enjeu n'est pas là. Il est de montrer que je sais commenter au même titre qu'un homme. Ça rajoute peut-être une petite pression, c'est un élément supplémentaire à prendre en compte, mais j'essaie très vite de m'en détacher. Ce n'est pas ça qui me stresse : c'est de bien faire mon métier.

Vous devenez ensuite commentatrice principale de la D1 Arkema et vous travaillez aussi sur la Premier League et la Ligue des champions. Comment jonglez-vous entre ces compétitions ?

C'est le plus difficile, il faut se mettre à la page tout le temps. Ce sont des commentaires différents. La D1 Arkema, ça va moins vite que la Premier League, je ne vous apprends rien ! En D1 on prend davantage le temps de raconter des histoires, même si le public est averti. On a aussi le devoir d'être beaucoup plus didactique. En Premier League, ça va trop vite, on travaille sur le rythme du commentaire. Après, sur un PSG-OL, la grosse affiche de D1, on touche des spectateurs qui ne sont pas là d'habitude donc il ne faut pas hésiter à les embarquer avec des histoires. Le nombre de personnes qui regardent importe peu. Il faut avoir conscience de qui regarde. Celui qui suit un Everton-Fulham, c'est un fan, il connaît, il faut être plus pointue sur le jeu, la tactique mise en place, sur les changements par rapport aux matchs précédents.

Seriez-vous capable de décrire votre style ?

Ce pourquoi je travaille et l'axe sur lequel je veux progresser, c'est transmettre de l'émotion. Ce que je mets tout en haut. Les stats, les infos c'est top évidemment, mais ce dont on se rappelle c'est l'émotion que nous amène le commentaire. Les plus grands commentaires de l'histoire ce n'est pas : « Kylian Mbappé en est à son douzième but cette saison. » C'est : « Vas-y mon petit ! » de Thierry Gilardi en 2006 (*France-Espagne, huitième de finale de la Coupe du monde*). Ce sont des trucs qui restent gravés à jamais. Après ça vient évidemment des matchs que vous commentez, bien sûr que sur une finale de Coupe du monde vous avez plus de chance de transmettre cette émotion que sur un Everton-Fulham. L'émotion c'est la priorité. En deux, c'est le rythme. Il faut être ni monocorde ni au taquet tout le temps. Il faut essayer d'embarquer les gens pour ne pas qu'ils s'endorment sur le canapé, mais sans qu'ils éteignent la télé au bout de cinq minutes parce qu'on est insupportable. Il faut trouver le juste milieu. Et puis, en trois, j'attache beaucoup d'importance au vocabulaire. C'est une difficulté que je rencontre : comment faire pour raconter différemment ? Pour amener quelque chose de nouveau, chasser les poncifs comme « l'ouverture du score », par exemple. On l'entend tout le temps, qui a sorti ça la première fois et pourquoi s'est-on dit que c'était super de le dire ? (*Elle éclate de rire*) Le but du jeu c'est de déjouer ces pièges-là. Même si ce sont les premiers mots qui nous viennent, il faut essayer de ne pas le dire. Je veux trouver de belles formules, de jolis mots, des références. J'essaie aussi d'écouter les autres, de voir ce qui marche ou pas.

De qui vous inspirez-vous ?

Comme je vous l'ai dit, je suis mariée avec Paul Tchoukriel (*commentateur de la Ligue 1 et de la Ligue des champions sur Canal+*). À la maison je regarde tous ses matchs. Grégoire Margotton évidemment aussi. Je l'ai écouté toute la Coupe du monde. Qui de mieux que le commentateur de l'équipe de France ? En l'occurrence pour le rythme je le trouve excellent. J'essaie de prendre beaucoup des uns et des autres. Paul a beaucoup de vocabulaire, François Marchal (*commentateur principal de la Premier League sur Canal+*) en a énormément.

Vous pratiquez le théâtre. Est-ce un plus pour le commentaire ?

Ça ne m'aide pas. On m'en parle souvent, mais ce sont deux exercices différents. Il y a ce côté sans filet qui est commun, mais au théâtre il y a un cadre dans le jeu. Quand tu as appris ton texte, c'est une liberté. Je me sens moins cloisonnée que dans le commentaire avec les infos, ce qu'il se passe sur le terrain. Au théâtre, vous êtes l'acteur. Dans le commentaire, il y a des acteurs et vous racontez ce qu'ils font.

La gestion du stress n'est-elle pas similaire ?

Pas du tout ! Ce sont deux choses différentes. Je prends des cours depuis que je suis arrivée à Paris. J'en fais de manière amateure ou semi-professionnelle. Je joue dans de petits théâtres parisiens, dans des comédies. Une fois que le texte est appris et que le rideau se lève, il y a peu de doutes. La pièce vous l'avez répétée et jouée. Dans le commentaire, vous ne savez pas ce qu'il va se passer. Vous pouvez tomber sur un vieux 0-0 comme sur un 5-4. J'ai plus de mal à retrouver cette liberté. Par contre, il peut y avoir cette petite dose d'adrénaline commune. Soit dans l'oreillette avant un match, soit quelques minutes avant que le rideau ne se lève. Mais dans l'exercice en lui-même, j'ai l'impression – peut-être à tort – que le théâtre ne m'a pas aidé. Le théâtre c'est mon loisir, le commentaire mon métier. Si je rate une représentation, ce n'est pas grave. Si je ne suis pas bonne sur un commentaire, je vais ruminer.

Vous ruminez beaucoup ?

Oui, sur tous mes matchs. C'est terrible ! Je sors parfois des matchs en me disant : « C'était mieux. » Puis je me réécoute et je ne suis pas contente. Je ressors souvent satisfaite du match que j'ai vu, mais rarement de ma performance. L'année dernière, j'ai eu la chance de faire Bayern-Benfica (5-0), j'avais vu un match de fou ! J'ai eu cette émotion de passionnée de foot, mais sur le commentaire en lui-même, il y a tellement de choses à revoir, qu'il est difficile d'avoir ce sentiment du devoir accompli. Je place la barre trop haut. On dit que « le mieux est l'ennemi du bien ». La phrase a été écrite pour moi. C'est un point sur lequel je dois travailler. Il me manque cette capacité à prendre beaucoup plus de plaisir. C'est un luxe d'aller sur les stades, mais je ne suis pas encore dans le bonheur immense. Il me faut du lâcher-prise, c'est très féminin. Ce fameux syndrome de l'imposteur. Je me suis construite sans savoir que j'allais commenter. Quoi qu'il arrive, je pars de beaucoup plus loin que quelqu'un qui sait qu'il commentera depuis ses sept ans. Il faut que je réussisse à débrancher le cerveau un peu plus, à moins préparer. C'est ce qui fait les grands commentaires, je pense. L'émotion arrive quand il n'y a plus de calculs.

Il vous faut peut-être aussi un match déclic ?

Oui, sans doute. On se met souvent au niveau du match que l'on commente. Plus vous faites un match important, plus vous êtes dans de bonnes conditions. Vous avez une plus grosse équipe autour de vous, on vous met la star des consultants. Il y a des gens qui vous glissent des infos dans l'oreillette. Plus le match est important, plus vous rayonnez. Un peu comme un joueur de foot.

Vous commentez avec des consultants différents. Est-ce un écueil difficile à surmonter ?

Plus vous avez une complicité avec votre consultant, plus vous êtes à l'aise, mais honnêtement à Canal, peu importe avec qui je suis, il n'y a jamais de problème. J'ai toujours le même discours. Je leur laisse une liberté pleine et entière, il n'y a pas de répartition morale. Je ne suis pas à cheval sur la charte tacite de ce que doit dire le journaliste ou le consultant. L'émotion vient quand on est libre. Après quand vous partez à Anfield avec Jean-Luc Arribart, il vous met dans un fauteuil. On part boire une bière avant, on s'arrête acheter un maillot à la boutique pour ma fille. Il me montre tout, il gère l'aspect organisationnel. C'est un confort absolu. Jean-Luc, je suis aussi scotchée par son vocabulaire, sa syntaxe, sa voix. Si j'étais consultante, je l'écouterais, il a toujours le bon verbe, le bon mot. L'autre jour, il commentait un match d'Aston Villa. François Marchal dit : « Martinez est toujours en Argentine. » Et Jean-Luc lui répond : « Et bien surtout, qu'il y reste ! » Je suis derrière ma TV à ce moment-là, ça me fait sourire, c'est ça qu'il faut réussir à faire.

Commenter sur place, est-ce un changement radical ?

Ça change tout ! J'espère qu'il n'arrivera jamais que tout soit commenté en cabine depuis Paris. Sur la Ligue 1 ou la D1, vous croisez les entraîneurs, les directeurs sportifs, les joueurs. Vous faites votre métier tout simplement. Vous avez des infos que vous n'auriez jamais en restant à Paris. Les acteurs du foot vous connaissent, il y a quelque chose qui se crée avec eux. Le commentaire s'en ressent. À Anfield, quand vous y allez, vous ressentez l'ambiance. Vous ne vivez pas les buts de la même façon. Par contre, il faut faire attention à ne pas être dans « le trop ». Tout est décuplé, on peut avoir tendance à forcer sa voix.

Quel est le plus grand moment que vous ayez vécu en tant que commentatrice ?

La Ligue des champions ! Là c'est du sérieux. Les meilleurs joueurs sur le terrain. Je choisirais mon premier match, le Bayern contre Benfica. J'avais été impressionnée par la qualité de jeu. J'étais au stade avec Christophe Jallet. C'est un souvenir très fort. Et puis après quoi qu'on en dise, je n'oublierai jamais mon Brésil-Jamaïque. Il y avait une joueuse qui s'appelait Khadija Shaw (*attaquante de Manchester City*), qui a joué en France. C'est une des meilleures joueuses du monde. Après le match, j'ai appelé mes parents. Mon père m'avait dit qu'il ne m'avait pas écouté, car il était trop stressé.

Y'a-t-il un événement que vous aimeriez vivre ?

Commenter l'équipe de France, ça reste ce qu'il se fait de mieux. Je vais faire une réponse à la Kylian Mbappé, mais commenter les Jeux olympiques de Paris 2024, à travers le football, ce serait fou ! Le rêve des commentateurs, c'est le rêve des footballeurs.

Votre anecdote secrète ?

On parlait de Marseille, de ma passion du football... Ma passion était aussi une passion pour Robert Pirès. Une passion ultime, on parle de la tapisserie de la chambre recouverte de posters de Robert Pirès. Quand j'avais 16 ans je l'ai rencontré, il m'a signé mon maillot d'Arsenal, je n'ai jamais lavé la manche. Je le vénérais. J'ai revu *Les Yeux dans les Bleus* deux-mille huit cent fois. Et l'an dernier pour mon deuxième match de C1, mon consultant est Robert Pirès ! Tout mon entourage a rigolé. J'avais fait un plateau avec lui dans l'avant-match et ma mère m'avait envoyé la photo sur laquelle il me signe mon maillot en me disant qu'il fallait que je lui montre. Mais je ne lui ai jamais dit ! C'était la honte de lui avouer que j'étais fan. J'avais peur de le faire complètement flipper, on était sur du fanatisme.

oppo

CHIPS ET NOI

« SUR UN MATCH POURRI, ON PEUT PARLER D'À PEU PRÈS TOUT SAUF DU MATCH, CAR ON COMPREND QUAND LES GENS S'ENNUIENT. »

Ne les appelez pas Fabien Culié et Charles Lapassat. Ces deux commentateurs stars d'eSport en France sont identifiés par les fans via leurs pseudos « Chips » et « Noi ». Connu pour ses commentaires des compétitions de League Of Legends, le duo fonde O'Gaming, en 2011, une webtv qui s'impose rapidement comme le principal média d'eSport francophone sur Twitch. Présents sur la scène du jeu vidéo en ligne dès ses balbutiements, ils accompagnent l'éclosion de ce phénomène de mode – devenu phénomène de masse – au point d'entraîner une large communauté de fidèles et de passionnés. Le meilleur symbole de leur influence se lit aujourd'hui sur le réseau social Twitter : ils y sont suivis chacun par plus de 100 000 amateurs d'eSport. Ils incarnent ainsi cette nouvelle façon de consommer le divertissement, entourés d'un public jeune, passionné et friand d'interaction. Au-delà de leur temps passé derrière le micro, « Chips » et « Noi » revêtent également la casquette d'entrepreneurs. Leur ambition est sans détour : la quête de l'évolution et du renouvellement permanent. Pour, un jour aboutir peut-être, à la couverture d'un championnat du monde en Corée du Sud. Leur Graal ultime.

Pourriez-vous chacun nous exposer votre parcours avant de plonger dans l'univers du jeu vidéo ?

Chips : Je n'étais pas forcément prédestiné à faire ça, même si j'aimais déjà beaucoup rebondir sur ce que les professionnels racontaient au micro lorsque je regardais des événements sportifs à la TV. Après le bac, je me suis lancé dans une licence droit-gestion dans laquelle j'ai rencontré Charles. Une opportunité nous est tombée dessus avec deux amis qui s'étaient lancés dans le commentaire eSport sur YouTube. On a un peu bénéficié de leur situation et on s'est lancés comme ça, sans trop de prétention, mais on a réalisé que c'était beaucoup plus fun que nos études. De fil en aiguille, c'est devenu un temps plein.

Noi : Nous avions deux chaînes YouTube : une pour Starcraft 2 et l'autre pour League of Legends. Au début, c'était une activité entre amis, car on était tombés sur des vidéos de Coréens qui commentaient dans des stades. On entendait la foule, les hurlements, on n'y comprenait rien, mais on se disait : « Quelle ambiance, c'est génial ! » Et par une belle journée d'été, à dix dans ma chambre d'étudiant, avec des amis graphistes, ingénieurs du son et monteurs, on a mis des vidéos en ligne pour s'amuser. Il n'y avait pas encore de streaming, c'était tout sur YouTube. Ce qui a provoqué le déclic, c'est un événement Facebook gratuit qu'on avait organisé au bistrot du Parc des Princes. C'était un show-match de Starcraft avec trois joueurs. L'événement était sponsorisé par un ami qui lançait sa marque de bière. La salle pouvait contenir 100 personnes et on s'est retrouvés à 700 ! Il y avait des gens à l'extérieur qui grimpaient aux arbres pour voir ce qu'il se passait à l'intérieur. On est sortis de là et on a compris qu'il y avait une demande gigantesque et une offre inexistante. Ensuite on a monté un projet au Bataclan, Kyan Khojandi est même passé faire un petit sketch sur place.

Pour assumer tous les coûts de production, nous avons été obligés de créer une structure en 2010. Ensuite seulement est arrivé le streaming. À l'époque, on avait donné une interview en disant : « Le streaming, ce n'est pas pour nous, on va rester sur YouTube, c'est plus prometteur. » Très mauvaise vision des choses ! Quand les premières plateformes de streaming se sont lancées, comme JustinTV, ça ne payait pas grand-chose. Sur des événements à 100 000 spectateurs, à la fin on touchait 300 dollars. Notre premier sponsor YouTube, pour six mois d'affichage de logo, nous offrait 2 000 € et un ordinateur. Voilà une idée de nos revenus quand on a commencé l'eSport. Après ça, le streaming et sa technologie ont réalisé un gigantesque boom, ce qui nous a poussés à lancer notre web TV avec quatre émissions. On a alors rencontré un « mécène » qui nous a offert nos premiers locaux et a investi pour 150 000 € de matériel. On a aussi pu produire un tournoi de Starcraft au Grand Rex.

Que commentez-vous au départ ?

Noi : Au début, le jeu n'avait pas d'outil de replay. Il fallait carrément contacter les joueurs pour obtenir des images enregistrées. On partait à la pêche. Les joueurs semi-pro ont fini par nous connaître et nous envoyer par eux-mêmes leurs vidéos. Problème : généralement, ils ne nous donnaient que leurs victoires, il n'y avait pas de suspense. Alors de temps en temps il fallait leur demander : « Envoie-moi une petite défaite ! » Il fallait télécharger les vidéos en quatre parties pour des matchs d'une heure, parce que YouTube n'autorisait que des formats limités à quinze minutes. C'était de l'amateurisme. On était deux pour commenter, avec les copains derrière pour les compétences techniques.

Avez-vous toujours bénéficié d'un temps d'avance sur la concurrence ?

Chips : Il n'y a pas tant de porosité entre les commentateurs des différents jeux. Ce n'est pas la norme. Mais entre 2013 et 2016, nous avons connu trois ou quatre années avec énormément de concurrence en France et de gros acteurs à côté.

Noi : Les droits étaient ouverts à tout le monde. Les éditeurs disaient : « Je veux un minimum de qualité de diffusion, mais si vous l'assurez, vous pouvez diffuser mon produit. » Sur certains événements, il y avait jusqu'à trois diffusions du même contenu, par trois structures différentes et trois duos de commentateurs. À partir de 2016, le modèle économique a changé. Depuis, il faut répondre à des appels d'offres et monter un dossier pour obtenir l'exclusivité en langue française.

Chips : Ça a surtout été une bataille pendant ces années-là, oui, afin d'accaparer l'audience. Il fallait être le plus sérieux possible. Il n'y avait pas de critères prédéfinis sur ce qui pouvait parler à l'éditeur des jeux, on naviguait à vue. Le fait est qu'on a remporté la diffusion sur place de plusieurs gros événements : les « All-Stars » 2014 et les championnats du monde 2015. Ces deux victoires industrielles nous ont permis de nous positionner au-dessus du lot et nous ont offert une légitimité supplémentaire.

Comment vos relations avec les joueurs ont-elles évolué ?

Chips : Elles ont toujours été bonnes. Nous sommes assez peu de commentateurs sur la scène, donc on est très connus. Les joueurs savent que s'ils sont potes avec nous, on parlera peut-être un peu plus d'eux. Dans nos directs, si l'on dispose de plus d'informations sur un joueur et qu'on le connaît mieux, fatalement on en parle davantage. Tout le monde est conscient de ça. Tous ne sont pas hyper accessibles, mais il y en a beaucoup avec lesquels on peut discuter assez facilement, c'est plutôt sain.

Noi : On fait un peu partie des meubles parce qu'on était là au début. On a toujours été assez bienveillants avec les joueurs. C'était la jungle au départ, beaucoup de joueurs se faisaient entuber dans leurs contrats par leurs structures, avant que le milieu ne se professionnalise. Les joueurs nous font confiance. On n'est pas là pour les détruire ni les massacrer sur la place publique, mais pour les mettre en avant. On est présents depuis un bout de temps, on dispose de notre petite notoriété, donc les joueurs s'ouvrent quand on arrive à y avoir accès, ce qui n'est pas le cas pour tous.

L'organisation d'événements vous confère une double étiquette. N'est-ce pas un poids supplémentaire pour un commentateur ?

Noi : La casquette était très grande au début, mais plus on avance, plus on se cantonne à ce rôle de commentateur. On a aussi une troisième casquette puisqu'on est actionnaires de notre boîte de production, qui est le diffuseur pour la France. Au départ, la création éditoriale constituait une grande part de notre travail. Par exemple, notre premier événement League of Legends était au Casino de Paris. On avait récolté 100 000 € grâce au crowdfunding, auquel s'était ajouté un sponsoring. On avait posé notre patte avec une décoration médiévale fantastique, on était assis sur des trônes avec des têtes de dragon. Là on avait vraiment la charge de la création, mais on a de moins en moins cette casquette-là. On a touché à tout par le passé, à la production, au montage, au cadrage, même à la régie, parce qu'on manquait cruellement de monde. Mais au fur et à mesure, on a réussi à s'entourer, ce qui nous permet de nous concentrer sur nos points forts : commenter le jeu et amener le divertissement.

En quoi le commentateur d'eSport se différencie-t-il du commentateur traditionnel ?

Chips : Il existe une vraie différence dans la liberté de ton. Sur un match pourri, on peut parler d'à peu près tout sauf du match, car on comprend quand les gens s'ennuient. Il faut qu'on les divertisse. Parfois, il nous est arrivé de parler de choses qui n'avaient rien à voir avec le match. De façon générale on se permet des petites blagues, des *private jokes* avec une communauté qui nous connaît. On a un tchat aussi, avec lequel on peut interagir. La plus grosse différence c'est la proximité avec notre audience.

Noi : Je rajoute une différence. Les règles du football sont rarement modifiées. Celles de League of Legends peuvent changer toutes les deux semaines avec les patchs. Pour que le jeu se renouvelle, certains personnages peuvent devenir plus ou moins forts. Il faut s'adapter, suivre les évolutions, pour être à jour. Cela revient à anticiper les façons de jouer de demain.

Vous êtes-vous inspirés de commentateurs sportifs ?

Chips : Je regarde énormément de sport depuis mes sept ou huit ans. Je suis fan des Girondins de Bordeaux. J'ai regardé beaucoup de football et j'ai forcément été influencé par les grands commentateurs sportifs français, Thierry Gilardi, Jean-Michel Larqué, Thierry Roland, même quelqu'un comme Grégoire Margotton. J'ai aussi été bluffé par l'expertise de Jacques Monclar sur le basket. Oui, je me suis inspiré d'eux. J'aimais bien aussi ce que faisaient certains commentateurs espagnols, je suis un grand fan d'une séquence commentée par un journaliste d'OndaCero sur le but d'Iniesta à Chelsea (*en 2009*). Le moment où il commente ça, je me dis : « Mais il est beaucoup trop fort ! » J'ai vraiment mon style, mais il y a des mecs qui m'ont fait vibrer !

Noi : Contrairement à Fabien qui a une mémoire quasi encyclopédique du sport, j'en suis moins féru. J'ai davantage puisé mes inspirations dans la télévision et les présentateurs d'émissions de divertissement, dans leur façon de concevoir des shows, de les présenter. Alain Chabat par exemple, avec Burger Quiz. Je suis resté très longtemps avec quelqu'un qui travaille dans le cinéma et l'audiovisuel donc j'ai plus été influencé par ce côté-là que par le sport. Après, j'ai aussi été marqué par le rythme des commentateurs anglais et coréens d'eSport. Un commentateur de foot n'occupe pas la totalité de l'espace, il laisse énormément de place au stade, à l'image, là où le rythme de l'eSport n'offre quasiment aucun temps mort.

Une autre différence majeure avec les commentateurs traditionnels est peut-être votre rapport aux réseaux sociaux ? Tirez-vous profit de votre importante communauté ?

Chips : Le rapport a évolué. Au début Twitter était un petit monde. À l'époque j'adorais Twitter, ça restait gérable, on retrouvait les mêmes personnes, on discutait des matchs, il y avait un côté passionné. C'était un outil important du quotidien. Ça permettait d'échanger de manière enrichissante. Ces dernières années on a explosé en termes de *followers*. Depuis, la toxicité est davantage présente, les gens sont plus à cran. On a la sensation de marcher sur des œufs. J'essaie de me protéger donc je m'y rends moins qu'avant.

Noi : Lorsque le milieu était plus ouvert et moins connu, c'était l'eSport contre les médias traditionnels. C'était un peu nous contre le monde ! La communauté se sentait stigmatisée par la vision qu'en avaient les grands médias, qui associaient le jeu vidéo à l'addiction et la violence. Depuis, le Covid a donné un grand coup de projecteur. Certains sportifs, comme Gaël Monfils, ont aussi contribué à démocratiser le jeu vidéo en venant sur Twitch. Une énorme communauté est arrivée. Aujourd'hui, il est beaucoup plus facile de streamer, il suffit d'un téléphone, il n'y a plus besoin de grands moyens. La nouvelle génération est venue grossir la masse de suiveurs. Il y a encore beaucoup de gens, notamment chez les cinquantenaires et au-delà, qui n'ont pas conscience de notre existence, mais nous ne sommes plus aussi invisibles qu'avant.

À propos des anciennes générations, quelles ont été les réactions de votre entourage lorsque vous avez choisi cette voie ?

Noi : Quand je me suis lancé, j'étais en troisième année de droit-gestion et je sentais que j'étais en train de patiner. Ça ne me plaisait pas. Par le passé, j'avais beaucoup aidé des amis qui terminaient leurs études d'audiovisuel. J'adorais. Je me suis accordé une année de pause et je m'y suis mis à fond. Mes parents ne m'ont jamais vu autant travailler de ma vie ! Ils se sont rassurés au fil du temps. Ils préféraient me voir investi dans quelque chose qui me plaisait plutôt que d'aller à la fac à reculons.

Chips : C'était une période spéciale dans ma vie, car je ne parlais pas à mon père, mais je sais qu'il suivait ça avec intérêt. C'est lui qui m'a mis aux jeux vidéo. Il savait que la licence droit-gestion ne correspondait pas à ce que j'étais, donc il était plutôt dans le soutien même si, encore une fois, on ne se parlait pas vraiment. Ma mère, elle, ne m'a jamais découragé, mais elle me demandait de finir mes études en parallèle, pour avoir ce filet de sécurité. Je lui avais dit « oui maman », mais je n'ai pas réussi, car j'ai du mal à faire les choses que je n'aime pas. Quand j'invitais ma mère sur les premiers événements, elle voyait bien que c'était précaire.

Comment s'organise votre duo ? Avez-vous également adopté ce schéma avec un commentateur et un consultant ?

Chips : Pour nous c'est très différent ! On a tous une connaissance qui va de « correcte » à « très poussée » de la technique du jeu. Quand on a commencé avec Charles, il n'y en avait pas un plus technique que l'autre, donc on occupait les deux postes à la fois. Et c'est quelque chose qui s'est démocratisé chez nous. On a un profil : celui du commentateur complet, les gens chez nous ont les deux bagages.

Noi : Au début, on était deux pour commenter une cinquantaine d'heures de matchs par semaine. On a appris à être polyvalents, car on n'avait pas le choix. Maintenant nous savons que certaines paires fonctionnent mieux que d'autres selon le contexte. Généralement, l'analyse souffre dans tous les commentaires en salle. Avec la foule, les hurlements, elle laisse place à l'émotion. Donc on adapte nos compositions.

Vous vous revendiquez « commentateurs-influenceurs ». Qu'implique ce concept ?

Noi : Le public, par ses interactions et sa proximité, s'accroche à la personnalité des commentateurs. Par le passé, la grille de diffusion n'était pas aussi remplie qu'aujourd'hui. Il fallait créer des concepts hors compétition, comme des quiz sur l'eSport, des show-matchs d'influenceurs... Ce genre de programmes est assez rafraîchissant. On a senti la différence lorsque l'on s'est rapprochés de streameurs et d'influenceurs. C'est important de sortir du cadre pour se renouveler et ramener de nouvelles têtes.

Avez-vous le sentiment d'influencer le monde des médias ?

Noi : La télévision aime beaucoup piocher dans le monde du streaming et des influenceurs. Regardez M6 : ils mettent des influenceurs un peu partout sur leurs émissions, de Stéphane Plaza à Norbert. La télévision comprend enfin qu'une partie de la jeune audience lui échappe, d'où la tentative de créer des ponts. Je ne sais pas si nous avons de l'influence ou si les chaînes ont pris l'initiative de renouer le lien avec d'autres générations. Mais que ce soit conscient ou que les changements se soient imposés d'eux-mêmes, je pense qu'il y a de bonnes choses à récupérer dans l'eSport. Notamment dans la façon d'impliquer le public dans la diffusion. Par exemple, nous avions fait une émission de jeux de rôles sur l'univers League of Legends. Et c'est le tchat qui votait pour orienter l'histoire. On avait développé un outil pour qu'ils puissent intervenir.

Chips : Le nerf de la guerre c'est toujours de renouveler son audience. Mais j'ai des doutes sur le fait que les deux mondes puissent se ressembler à 100 %. Il y aura toujours des différences notables.

Parlez-nous de votre rythme de vie.

Noi : On essaie de faire en sorte qu'il n'y ait pas plus de quatre créneaux de commentaire par personne, chaque semaine. Un créneau c'est quatre à six heures, en sachant que l'on n'est pas seul. Sur la Ligue française on est cinq, on peut tourner et se reposer. La masse de commentaires n'est pas fatigante, par contre nous sommes tributaires des compétitions et des horaires. Un jour ce sera la Corée à 9 h du matin, un autre l'Europe à 22 h. On commente aussi le week-end, l'été. Quand tous tes copains sont au bord de la piscine et que tu es dans le métro par trente-six degrés à Paris, au bout de dix ans ça peut fatiguer. On entame la saison mi-janvier et on termine en novembre. Sur cette période-là, pour trouver des pauses, il faut pousser les murs. Parfois ça tire un petit peu.

Avez-vous la possibilité de vous déplacer sur les grandes compétitions ?

Chips : Si c'est en France, on se déplace toujours, car nous commentons aussi pour la salle. C'est une des spécificités de l'eSport. À l'étranger beaucoup moins, mais on a décidé de bousculer nos habitudes. La finale du dernier championnat européen s'est disputée à Malmö, en Suède et pour la première fois on a fait en sorte de se déplacer avec notre équipe de commentateurs, de techniciens, et d'aller vivre l'événement sur place. Dans le sport traditionnel, c'est assez classique, mais pour nous c'était une première, après douze ans. Et c'est quelque chose qu'on aimerait rééditer. Ces escapades coûtent un peu d'argent, il faudrait qu'on puisse les monétiser. Mais on a une bonne idée de comment faire.

Quelle est votre vision de l'avenir ?

Chips : Nous sommes des entrepreneurs indépendants. On a un projet industriel que l'on souhaite mener le plus loin possible. On doit essayer d'identifier les voies de développement dans le secteur, les opportunités à saisir. On doit faire des choix très engageants, c'est aussi notre quotidien. Après, le rêve absolu, ce serait de commenter les championnats du monde la prochaine fois qu'ils ont lieu en Corée et de couvrir la compétition sur place. Ce serait « la fin du jeu » en quelque sorte pour nous et c'est un objectif. On aimerait que ce genre de déplacements deviennent plus récurrents. Pour bien vivre le quotidien, pour apprécier les matchs, il faut avoir ce plus d'émotions et ce plus de sensations. La cerise sur le gâteau.

WONDER
WINTER

ANNE-SOPHIE BERNADI

« JE CROIS QUE JE SUIS LÀ PARCE QUE JE SUIS UNE FILLE, DONC PLUS QUE SUBIR LE SEXISME, J'EN AI PROFITÉ. »

Il faut parfois compter sur un coup de pouce du destin pour lancer une carrière. Celle d'Anne-Sophie Bernadi s'est accélérée en un temps record… et contre son gré ! Recrutée sur concours par La Chaîne L'Équipe en 2015, la catalane est propulsée « voix du biathlon » une trentaine de mois plus tard par un rédacteur en chef soucieux de développer ses jeunes talents. Forte de six ans d'expérience au micro, la complice d'Alexis Boeuf est aujourd'hui devenue l'une figure de la chaîne numéro 21. Elle incarne à la fois le rajeunissement et la féminisation d'un média dont les hivers sont immanquablement rythmés par les exploits des biathlètes français sur les épreuves de Coupe du monde. Pourtant, le chemin conduisant à l'acceptation par ce milieu de montagnards chevronnés, fut aussi long et escarpé que le circuit du Grand-Bornand. Alors, le temps d'un café, un matin de décembre dans un bar de Boulogne-Billancourt, la native de Collioure nous compte d'abord ses angoisses et ses débuts laborieux à l'antenne. Il lui faudra trois saisons pour exorciser ses doutes, s'affranchir des difficultés de l'exercice et s'offrir une légitimité aux yeux des puristes. Plus libérée, plus naturelle, la benjamine de notre casting est désormais l'une des femmes commentatrices les plus en vogue. Son image, elle, est naturellement associée à la discipline d'une autre célébrité des Pyrénées-Orientales : le multiple champion olympique, Martin Fourcade.

Vous êtes une fan de rugby. Quel processus vous amène à commenter du biathlon ?

Effectivement, j'aime le rugby, mais à la base ce n'est pas le journalisme de sport qui m'attire. C'est plutôt la société ou la politique. Et puis un jour, je me dis qu'il y a peut-être de la place dans le sport, notamment car les rédactions se féminisent. En 2015, je remporte la bourse Jacques-Goddet (*concours pour intégrer La Chaîne L'Équipe en CDD*). En 2016, je suis en CDI et au bout de quelques mois, Thomas Suteau, le JRI (*Journaliste Reporter d'Images*) du biathlon, part à RMC Sport et je le remplace pour la deuxième partie de saison. JRI ça comprend aussi les interviews bord de piste après les courses. J'étais auprès des athlètes, c'était trop bien ! Déjà là, premier concours de circonstances, parce que moi le biathlon... Oui je viens du coin de Martin Fourcade, donc je savais que ce n'était pas « course à pied et natation », mais j'avais quand même très peu de connaissances dans le domaine. En revanche, suivre les courses et demander leur ressenti aux athlètes ça me semblait dans mes cordes.

Comment s'effectue la transition vers le rôle de commentatrice ?

À l'issue de cette saison, les chefs décident de renouveler les commentateurs. Et tous les commentateurs de la chaîne passent un test avec le consultant Alexis Boeuf. Là on me dit : « Passe le test, tu resteras JRI la saison prochaine, mais on ne sait jamais, s'il y a quelqu'un de malade un jour. » À ce moment-là je ne me sens pas du tout les épaules, donc je triche : je me renseigne sur la course qu'il fallait commenter et je la regarde en cachette pour ne pas être trop ridicule. C'est une course à Nové Město d'Anaïs Chevalier. Donc quand je la commente, je sais ce qu'il se passe. Et après... l'horreur ! Le rédacteur en chef

Arnaud de Courcelles me dit : « C'est toi qui vas le faire ! », alors que ce n'était pas le deal. Cet appel avec lui, il ne se passe pas très bien. Il me raconte que je suis celle qui a le moins bien réussi le test, mais que je suis celle chez qui il décèle le plus gros potentiel. Je lui réponds : « Je ne m'en sens pas du tout capable. C'est un sport de niche, il n'y a que des spécialistes, je vais me faire atomiser. Ne m'envoie pas au casse-pipe ! » Mais au fil de l'appel, il me fait comprendre que le « j'aimerais que tu commentes » devient : « En fait tu vas commenter, je ne te demande pas ton avis. » Ok ! (*Rires*)

Pourquoi vous sentez-vous obligée de « tricher » lors du casting ?

C'était surtout pour écouter les commentaires de Guillaume Claret. Je l'écoute en me disant : « Il dit ça à tel moment, alors je vais dire pareil. » Je dis que j'ai triché parce que je récite les notes que je me suis préparées, plus que je ne vis la course. Je savais que j'allais être ridicule et d'ailleurs c'est ce qui s'est passé : j'ai été ridicule en direct, sur la toute première course de biathlon que j'ai commentée ! Mais là, je ne voulais pas être ridicule auprès des chefs et d'Alexis qui se déplaçait uniquement pour ça. Je me suis dit : « Je vais enrober un peu le truc et on se dira qu'effectivement je suis la plus nulle, mais qu'au moins j'ai essayé comme on me l'avait demandé. » Et puis surtout je ne voulais pas lâcher mon rôle de JRI. Je voulais rester au contact des biathlètes, c'est ça qui m'a le plus coûté au début.

Racontez-nous votre première course justement...

C'est l'horreur. Je suis à Östersund en Suède, c'est un relais mixte simple avec Martin Fourcade et Marie Dorin-Habert. C'est bien simple : je ne comprends pas ce qu'il se passe. Je ne comprends pas la course. C'est un fiasco, je nage complètement.

Et cerise sur le gâteau, on fait réagir les téléspectateurs sur Twitter et c'est un déferlement de messages ! Personne ne juge la course, tout le monde est en train de me juger et de dire que je suis nulle. C'était le cas. Mais c'est ça qui m'a le plus marquée. Je voyais en direct les messages de gens tellement intransigeants. Je scrollais pour essayer de trouver des questions, mais il n'y avait pas de questions. Il n'y avait que des gars qui disaient : « Mais c'est qui cette nouvelle commentatrice ? Elle est nulle ! Rendez-nous Guillaume ! »

Comment réagissez-vous à ce flot de critiques ?

En sortant, c'est horrible. Je pleure. J'appelle Arnaud et je lui dis : « Je veux rentrer chez moi. » L'enfant quoi ! C'était la fin du monde. Je me dis que je ne suis pas à la hauteur et que je n'y arriverai pas. Par chance, derrière il y avait quelques jours de pause et là on me remet les idées en place, je suis bien entourée. Je crois qu'Arnaud de Courcelles joue aussi sa crédibilité à ce moment-là. À la rédaction, tout le monde lui a dit : « Mais t'es fou, ne la mets pas elle, ça ne va pas marcher. » Et effectivement, ça ne marche pas le premier week-end. Du coup, il fait un peu le psy, il croit au projet et il me rebooste. J'avais besoin de soutien moral, c'était trop dur.

Lui y croit, mais pas vous ?

Ah non, moi je n'y crois pas ! S'il m'avait dit « Tu prends un billet d'avion, tu rentres à Paris », j'aurais été soulagée. Mais comme il refuse… Je parlais de faire l'enfant, la petite fille, et bon il y a un moment on est adulte, c'est le travail.

Arnaud de Courcelles verbalise-t-il ce qu'il décèle en vous ?

Je crois qu'il a très envie de féminiser les voix de sa rédaction. Il met Candice (*Rolland*), Claire (*Bricogne*), je pense qu'il a vraiment cette volonté. Et il croit beaucoup en moi. Lors d'une conférence de presse, il m'appelle « le diamant ». Il dit que je suis « un diamant à polir », il croit – et il est peut-être le seul (*rires*) – que je suis brillante et que j'ai un avenir.

Cela vous met-il davantage de pression ?

Je me dis surtout : « Je vais le faire pour lui faire plaisir. Il a plus d'expérience que moi, alors peut-être qu'il a raison. » Mais moi je n'y crois pas et puis il y a les critiques des téléspectateurs et il faut aussi se faire accepter par ce milieu-là... (*Elle soupire*)

Le fait d'avoir déjà côtoyé les biathlètes en tant que JRI n'est-il pas un avantage ?

Non, très peu. Je crois que c'est un milieu de puristes, avec une « fanbase » hyper solide. Pendant longtemps, j'ai été vue comme la parisienne qui descendait à la montagne : « Mais qu'est-ce qu'elle fout là ? » Je suis peut-être un peu parano, avec le syndrome de l'imposteur, mais la première fois que je suis au Grand-Bornand, je me dis qu'il va falloir du temps pour avoir la confiance de ces gens-là. Et sans être parano, je crois que j'ai mis du temps avant qu'ils se disent : « Bon ok, elle a bossé, elle s'y connaît. » Le fameux « elle s'y connaît ». Il n'y avait pas de juste milieu, c'était soit « elle n'y connaît rien », soit « elle s'y connaît ». Personne ne se disait : « Son rôle n'est pas de connaître le biathlon sur le bout des doigts, mais de faire vivre les courses et ça va être sympa, c'est une animatrice. » On ne s'est jamais dit ça de moi. Pour me faire accepter par le milieu et prendre du plaisir à l'antenne, il m'a fallu trois saisons.

Vous sentez-vous aujourd'hui pleinement adoptée par le milieu ?

Oui je me sens totalement acceptée. Tout le monde a compris que le biathlon et La Chaîne L'Équipe allaient dans le même sens pour faire briller ce sport. On n'a jamais voulu piéger quiconque. Quand les résultats étaient mauvais, on n'a jamais tapé sur l'équipe de France. Vraiment, on est ensemble. Avant chaque début de saison depuis trois ans, je les appelle tous depuis mon canapé avec une tasse de thé et un plaid, parce que je n'ai pas de chauffage. (*Rires*) J'ai passé une heure et quart au téléphone avec Siegfried Mazet (*coach français de la Norvège*) et je n'ai rien noté. C'était exactement ce que je voulais avec ces appels : créer un lien avec eux. Le commentaire, je trouve ça assez intime. Je me dis toujours : « Ces gens vont peut-être regarder un jour leurs courses sur YouTube et sur la plus belle victoire de leur carrière, il y a ma putain de voix dessus ! » Ils vont peut-être se dire : « Ça me saoûle ! J'aurais préféré quelqu'un d'autre. » Quelque part, ça me lie à eux et j'ai envie qu'il y ait une relation de confiance entre nous. Bon, « confiance » c'est un grand mot, ça va peut-être trop loin, mais au moins du respect. Moi j'ai une admiration pour eux, j'aimerais qu'ils se disent : « Là, c'est cool, Anne-Sophie, elle respecte ma performance avec son commentaire et je suis content que ce soient ses mots et sa voix sur l'un des plus beaux moments de ma carrière. »

Sur quoi travaillez-vous pour améliorer vos commentaires ?

Ce qu'il me manquait, c'est la culture du biathlon. Alors je regarde plein d'anciennes courses, je regarde aussi énormément d'épreuves commentées. Et puis je m'appuie sur des statistiques, sur les palmarès, parce que je me dis : « C'est la seule porte d'entrée pour montrer aux gens que je bosse. » Dire « elle va vite sur les skis », je ne le vois pas donc je ne peux pas le dire, même si au début j'ai essayé de m'inventer spécialiste biathlon. J'ai essayé de le faire croire, mais on a vite compris que ça ne marchait pas. Je ne le serai jamais ! Aujourd'hui, je commente ma sixième saison, mais je n'aurai jamais la science du biathlon d'Alexis Boeuf. À un moment j'ai cru que j'allais moi aussi devenir spécialiste, mais non : « Tu n'as pas la culture, tu n'as pas les codes et il te faudrait vingt ans pour y arriver. » En revanche, la bascule s'opère dès janvier de la première saison, je comprends ce qu'on attend de moi : faire vivre la course. C'est long... Je trouve que j'ai mis un peu de temps au démarrage. (*Rires*)

Trouvez-vous rapidement vos marques avec Alexis Boeuf ?

La force du duo, c'est que le biathlon devient de plus en plus populaire, il y a de plus en plus de monde devant la télé. Et je me fais un peu la porte-parole des centaines de milliers de téléspectateurs qui se posent des questions sur ce sport. Quitte à faire l'ingénue, je pose les questions à Alexis : « Pourquoi va-t-il plus vite dans le deuxième que dans le premier tour ? » Il faut un peu de candeur, car on a une mission : c'est d'essayer de faire comprendre ce sport aux gens. Et si par la même occasion, ça peut m'aider moi aussi, alors allons-y !

Et Twitter, y jetez-vous toujours un œil aujourd'hui ?

J'ai coupé. Je suis toujours sur Twitter, mais l'ordinateur allumé pour lire les messages en direct, on ne l'a plus fait dès la deuxième course. Après le direct, je ne regarde que lorsque les gens me mentionnent. J'ai dû jeter un œil sur le hashtag à la mi-saison la première année, pour voir si les gens étaient toujours aussi méchants. J'ai vu que ça se calmait. Et aujourd'hui pfff, c'est fou, je reçois des messages dithyrambiques. Les gens n'ont aucune mesure. Maintenant, on me dit que je rends leurs week-ends merveilleux ! (*Éclats de rire*) Et ce sont peut-être les mêmes qui disaient : « Elle nous gâche la vie ! »

Quelles sont les particularités du commentaire de biathlon ?

On s'est mis des codes. Ne pas parler pendant le tir par exemple. Le biathlon, c'est le bruit des balles, le bruit des skis sur la neige. Il y a parfois des passages dans la forêt où il y a très peu de spectateurs, je m'impose des silences alors que j'ai envie de parler tout le temps. Ensuite, la technique c'est la spontanéité. J'ai déjà écrit des commentaires, comme à Pokljuka aux championnats du monde 2021 où j'avais anticipé : « Ah tiens, si Émilien Jacquelin fait le doublé et qu'il est champion du monde sur la poursuite... » Il l'a fait et je n'ai rien dit de ce que j'avais écrit. Réciter, ça ne marche pas. Et tu te fais battre par l'image.

Vous avez évoqué brièvement Martin Fourcade en début d'interview, parlez-nous de votre relation avec lui.

C'était très respectueux, mais je sais qu'il échangeait beaucoup avec les gens au-dessus. Il a été prévenu qu'on allait changer de commentateur et que ça allait être moi. Je ne sais pas si on lui a demandé de valider, mais il y a un lien très fort entre Martin et La Chaîne L'Équipe. Plus qu'entre Martin et moi. Nous, on échangeait quand on se croisait au restaurant le dimanche soir et qu'il s'autorisait une petite sortie. On papotait, mais il ne m'a pas coachée et je ne suis pas allée chercher de conseils sur le commentaire auprès de lui.

À vos débuts, Martin Fourcade vous fait pourtant un petit clin d'œil à l'antenne...

C'est lors de ma toute première étape de Coupe du monde sur place, en tant que JRI. C'est une poursuite. La veille, il avait dû faire huitième du sprint et je tends mon micro à Martin en lui disant : « Ne pas finir dans les 5 premiers, ça vous a piqué, hier ? » Et il me répond : « Ce n'est pas à une catalane que je vais dire qu'on a la tête dure là-bas ! » Je suis catalane, Martin Fourcade est catalan et à cet instant-là je n'ai jamais parlé à Martin. Il est malin, c'est un moyen de me dire « bienvenue » et de faire une petite blague !

Vous avez passé le cap des six ans aux commentaires, mais vous êtes une journaliste multi-facette. Avec le recul, ce rôle est-il celui dans lequel vous prenez le plus de plaisir ?

Oui, mais c'est le commentaire du biathlon qui me fait vraiment vibrer. Je me sens tellement chanceuse de me lever le matin pour commenter du biathlon, mais je ne crois pas que ce soit le commentaire avec un grand « C ». À la chaîne je commente aussi de l'escalade, de l'aviron… Ça me plaît une fois que j'ai compris et saisi le sport. Là je peux m'éclater. Demain, vous me demandez de commenter du vélo ou du foot, que je ne maîtrise pas du tout : non ! Au secours ! Je trouve que le commentaire est l'exercice le plus difficile. Présenter : tu as une équipe en plateau, tu peux te préparer et t'en sortir sans avoir une science du sport. Commenter : tu es piégée trop vite. Je fais beaucoup la bringue et je dis toujours à mes copines : « Si je commente le lendemain, la gueule de bois, je ne peux pas. » Si tu n'as pas le cerveau entièrement disponible, tu ne peux pas commenter. C'est le boulot le plus sollicitant physiquement et intellectuellement.

Que souhaiteriez-vous encore améliorer dans vos commentaires ?

J'aimerais arrêter de m'écouter parler. Je suis dans l'auto-analyse constamment.

A posteriori ou pendant le commentaire ?

Pendant que je commente. Le melon ! (*Elle éclate de rire*) Par exemple, je suis contente de mon commentaire de la victoire de Julia Simon le week-end dernier (*4 décembre 2022*), car je ne m'écoute pas du tout, je suis dans la spontanéité, je me lâche. J'adore tout contrôler, c'est aussi le cas dans ma vie privée et le lâcher-prise, pour moi c'est vertigineux. Mais c'est ce qui fonctionne. Et donc me convaincre qu'il faut me lâcher, c'est vraiment ce que j'aimerais améliorer. C'est ce qu'on me demande, c'est l'émotion ! Le reste, les statistiques, c'est avant et après, en plateau avec Messaoud (*Benterki*).

Parvenez-vous à maintenir une certaine distance au commentaire malgré votre proximité avec les biathlètes ?

J'en parlais il y a quelques semaines avec des amis, je pense qu'on ne demande pas la même chose à Grégoire Margotton qui parle de Kylian Mbappé qu'à Anne-Sophie Bernadi qui parle d'Émilien Jacquelin. Parce qu'Émilien est hyper accessible, qu'il va te répondre sur les réseaux sociaux, qu'il a l'air d'être le grand copain de tout le monde. Et comme en plus je l'ai au téléphone une fois par semaine, forcément, quand il gagne, il y a plus de chaleur, de couleur et d'humanité. Mais c'est aussi notre ligne éditoriale : mettre beaucoup de bons sentiments, énormément de bienveillance. Quand Julia (*Simon*) gagne dimanche, je suis trop contente, mais sincèrement contente. Ce n'est pas la commentatrice, c'est moi. Parce qu'elle le mérite, parce que je la suis depuis plusieurs saisons et que je sais que ça n'a pas toujours été facile, parce qu'elle s'est confiée à notre micro deux jours avant et qu'on sentait qu'elle avait vraiment envie de le faire. On est très proche de l'humain.

Ressentez-vous encore de l'appréhension à l'antenne ? Le trac d'avant direct ?

Je l'ai encore beaucoup. Je pensais que cette excitation et la boule au ventre se tasseraient, et bien pas du tout. Je me demande si je vais faire ça pendant vingt ans. Quand serais-je un peu apaisée et sereine ? Je suis quelqu'un de stressé. J'ai peur de ne pas être à la hauteur de l'émotion que va susciter la course, mais j'ai complètement conscience aussi qu'à certains moments, dans un sprint final par exemple, le téléspectateur ne m'écoute pas. Moi aussi je regarde du sport et je l'ai constaté. Je vais prendre l'exemple des Jeux de Pékin dont j'étais spectatrice : sur un sprint avec un coude à coude, je n'écoute pas. En revanche, lorsque Quentin Fillon-Maillet arrive tout seul sur la poursuite et que Alexandre (*Boyon*) dit « C'est le jour du Seigneur ! », j'étais énervée qu'il fasse ce commentaire (*rires*) ! Parce que c'est trop bien ! J'aurais trop aimé avoir cette idée ! Moi j'ai peur de me laisser submerger par mon émotion, même si selon certains, ça donne parfois un super commentaire, comme lors de la victoire d'Émilien Jacquelin sur la poursuite à Antholz. Mais moi je ne suis pas forcément contente de ce commentaire-là : je suis debout dans la cabine et j'hurle : « C'est bien Émilien ! Vas-y Émilien ! » Pour moi c'est naze ! Ce n'est pas digne.

Oui, mais vous êtes dans ce fameux lâcher-prise...

Là, j'ai trop débranché le cerveau, c'est assez paradoxal. J'ajoute aussi une crainte, pour répondre à la dernière question. Parfois, j'ai aussi peur de partir trop dans les aigus. Je suis une fille et j'ai peur que ce soit parfois insupportable.

La transition est parfaite, vous êtes l'une des rares commentatrices affiliées à un sport en tant que numéro 1. Est-ce difficile à vivre ?

Au début, j'ai souffert du fait que j'étais nulle et ce n'était pas du tout lié au fait d'être une fille ou un garçon. Je crois que les gens n'ont pas eu le temps de se dire que je n'étais pas bonne parce que j'étais une fille. Même sur Twitter, les commentaires sexistes étaient à la marge. Par contre, je crois que je suis là parce que je suis une fille, donc plus que subir le sexisme, j'en ai profité : le fameux « sexisme positif ». C'est le quota. (*Rires*) Ça, je n'en ai pas souffert, je me suis dit que c'était une chance et c'est comme ça que j'ai construit ma volonté d'aller vers le journalisme sportif. En 2013, je suis à La Roche-sur-Yon en stage à *Ouest-France* et on me demande de couvrir la Coupe du monde de rugby des moins de 20 ans. Je m'éclate et là je me dis : « On féminise les rédactions, il y a de la place, j'y vais ! » Ce n'est pas très féministe ce que je raconte, mais j'assume totalement. J'ai tellement souffert pour apprendre ce métier et essayer de bien le faire, qu'il y avait d'autres considérations que de savoir si j'étais un garçon ou une fille.

Vous sentez-vous dans la peau de celle qui va susciter des vocations ?

Je serais contente s'il n'y avait ne serait-ce qu'une seule fille qui changeait d'avis après s'être dit « ma voix est trop aiguë, je n'ai pas ma place au commentaire ». Mais ça aussi, ça me donne le tournis. Ça m'angoisse de penser que des petites filles puissent se dire : « Anne-Sophie Bernadi, elle le fait ! » Ça me donne trop de responsabilités, ça me met trop haut. (*Elle coupe*) J'ai l'impression d'être chez le psy. (*Rires*) On revient sur le syndrome de l'imposteur, mais je ne me sens pas les épaules pour assumer ce rôle-là, même si je sais que c'est le symbole que je devrais voir.

Vous avez évoqué votre voix. La travaillez-vous ?

J'essaie d'être naturelle, mais c'est une chose à laquelle je pense. Je ne veux pas casser la tête aux gens. Bon quand un gars hurle, ça leur casse aussi les oreilles, mais peut-être un peu moins.

Après six ans de commentaires, pouvez-vous ressortir le meilleur et le pire moment ? Même si l'on a bien compris que le pire... (*Elle coupe*)

C'était la première course ! (*Rires*) Il y en a une autre, mais je vais flinguer l'ambiance. Le pire souvenir, c'est un podium de Fabien Claude à Pokljuka. On apprend avant la course que son papa est porté disparu et on apprendra quelques jours après qu'il est décédé. C'était horrible. J'aurais aimé ne jamais avoir à commenter cette course. Il réalise la meilleure performance de sa carrière, il monte sur le podium, lui et son frère (*Florent*) sont hyper affectés, mais ils viennent quand même au micro. Et je ne sais pas, je n'ai pas envie d'être là. C'est dur émotionnellement de vivre ça, je pense à mes proches à moi aussi. Je ne sais pas si je l'aurais mieux vécu en étant au fond de mon canapé, mais ce podium est un moment douloureux à l'antenne. En plus je suis très émotive, au moment des pubs je me mets à pleurer... Le meilleur moment je vous dirais peut-être le titre d'Émilien sur la poursuite à Antholz, je suis pleine de contradictions. (*Rires*) C'est la première victoire retentissante d'un français que je commente en étant à l'aise et en prenant du plaisir.

Comment voyez-vous l'avenir ? Avez-vous d'autres des rêves ?

Le rêve c'est de sortir un « accélère, accélère » comme Julien Fébreau et de faire la une de *L'Équipe* ! C'est mégalo ça hein ? C'est hyper mégalo ! (*Éclats de rire*) J'ai l'impression qu'on se souvient autant de la course que du commentaire qui y est associé. C'était incroyable. J'ai souvenir d'une vidéo d'un petit garçon qui faisait le tour d'une piscine et qui récitait son commentaire. Deux ou trois jours après, il y a un montage vidéo du « accélère, accélère » sur un match de Griezmann. Après, pour Émilien Jacquelin, sur son tir à Pokjluka, j'avais dit « c'est Lucky Luke ! », et le lendemain dans un encart en haut à droite, sur la une de *L'Équipe*, il y a Émilien Jacquelin et il est écrit « Lucky Luke », mais je n'ai jamais demandé si c'était par rapport au commentaire. Je ne demanderai jamais, j'ai trop peur qu'on me dise non. (*Rires*)

Votre anecdote secrète ?

Les compagnies aériennes passent leur temps à perdre ma valise. C'est l'enfer. À Nové Město, une année, j'ai commenté sans rien, j'étais en « civile », avec des mini-chaussettes, des Converses... J'avais tellement froid. J'étais allée dans un magasin pour m'acheter des culottes, un t-shirt et un pull, car je n'avais rien. Et je suis coutumière du fait, ça m'est arrivé trois ou quatre fois. On me l'a refait en rentrant à Paris. On avait une correspondance avec Tangi (*Kerhoas*), mon JRI et on s'était dit : « C'est sûr, on n'aura pas nos bagages. » Ah bah si... Le sien est arrivé ! Je suis un vrai chat noir.

REMERCIEMENTS

Il aurait été difficile, peut être impossible, d'écrire ce livre sans l'aide précieuse des personnes suivantes. Nous tenons à profiter de cette dernière page pour remercier : Vanessa Arcilesi (beIN Sports), Henri Galipon (beIN Sports), Elsa Gueroult (Prime Vidéo Sport), Sibel Han (RMC), Wilfried Prévost (Canal+), Séverine Ray (Canal+), Maël Seror (La Chaîne L'Équipe), Patxi Berhouet, Steve Chainel, Jean Chamoulaud, Fanny Cousin, Clément Gacheny, Emmanuel Imorou, Mark Ionesco, Benjamin Lamy, Tanguy Le Séviller, Marine Marck, Christian Mpanzu, Antoine Morin, Mathieu Pelicart, Hamza Rahmani, Yoann Riou, Charlotte Sauvaget, Nicolas Skopinski et Florence Comte.

Composition et mise en pages
Nord Compo à Villeneuve-d'Ascq